房地产企业

会计核算与纳税、财务报表编制实务

平准◎编著

人民邮电出版社
北京

图书在版编目（CIP）数据

房地产企业会计核算与纳税、财务报表编制实务 / 平准编著. -- 北京 : 人民邮电出版社, 2020.10（2022.7重印）
ISBN 978-7-115-54474-2

Ⅰ. ①房… Ⅱ. ①平… Ⅲ. ①房地产企业－会计－中国②房地产企业－税收管理－中国 Ⅳ. ①F299.233.3 ②F812.423

中国版本图书馆CIP数据核字(2020)第130966号

内容提要

本书为房地产企业的财务会计人员量身定制，以房地产企业日常业务中最重要的会计核算、纳税申报、财务报表编制3个方面的工作为主要内容，帮助读者迅速了解会计工作、高质量完成会计工作。

本书囊括了房地产企业常见的会计核算事项，还系统介绍了全面推行“营改增”后的房地产企业纳税业务处理要点，并附有丰富的案例，可以帮助读者轻松领会房地产企业会计工作的精髓。

本书内容简洁、条理清楚、案例丰富，适合从事房地产企业财务工作的专业人士学习使用。

◆ 编　　著　平　准
责任编辑　李士振
责任印制　周昇亮

◆ 人民邮电出版社出版发行　北京市丰台区成寿寺路 11 号
邮编　100164　电子邮件　315@ptpress.com.cn
网址　https://www.ptpress.com.cn
北京天宇星印刷厂印刷

◆ 开本：700×1000　1/16
印张：17.75　2020 年 10 月第 1 版
字数：298 千字　2022 年 7 月北京第 6 次印刷

定价：80.00 元

读者服务热线：(010)81055296　印装质量热线：(010)81055316
反盗版热线：(010)81055315
广告经营许可证：京东市监广登字 20170147 号

前言
PREFACE

房地产行业一直是我国国民经济的支柱产业，对于我国经济的发展具有重要的作用。为了满足房地产行业会计从业者的业务需要，编者精心编写了本书，以期帮助房地产行业会计从业者领会企业会计准则的精髓，做好房地产企业的会计实务工作。

本书结合房地产企业的业务特点，将房地产企业的经营划分为设立、获取土地使用权、开发建设、转让及销售、结转分配利润，以及编制财务报表等多个阶段，依次介绍了每个阶段的业务操作和相应的会计处理及相关的税务操作，使读者能够掌握房地产行业会计核算和纳税操作的要求，实现理论规则与操作实务的紧密结合，切实提高读者动手操作的能力。

本书在编写过程中，力求体现以下特点与要求。

第一，着眼于财务流程规划。一个企业的会计工作能否顺畅、快捷地开展，取决于该企业是否形成规范的、适合本企业特点的业务流程。本书在介绍账务处理的过程中，高度重视账务处理的流程，在每一项业务中，均会详细介绍先处理哪一个步骤、后处理哪一个步骤，使每个读者都建立起合理规划财务流程的理念。

第二，着手于解决实务问题。本书融会计学知识与具体操作为一体，既讲解会计基础理论知识，又讲授会计实务操作技能，围绕房地产企业会计工作实际进行解疑释难，尤其注重会计实务的规范操作。本书对如何进行对账和结账、如何进行各类业务核算、如何编制财务报表、缴纳税款等方面进行讲解，将整个会计处理流程手把手地介绍给读者，教读者怎样具体操作，使读者的实际工作能力和水平得到进一步提高。

第三，着重于分析经济业务。从会计工作的本质而言，会计是对各类经济活动进行描述的商业语言，也就是说，经济业务是根本，会计工作是表现。只有清楚地分析了各类经济业务的来龙去脉以及它对企业财务状况和经营成果的影响，才能进行准确的账务处理。本书在讲解账务处理的过程中，特别强调对经济业务的深入分析，使财务人员始终站在“知其然，又知其所以然”的高度来开展会计工作。

第四，着力于提高读者的工作能力。一个优秀的会计人员，不应该仅是熟记各类财经法规的“书柜”，更要是善于解决实际问题的高手。本书在内容的安排上，既安排了大量的会计核算案例，又尽量全面地引入了大量房地产企业会计实务工作中特有的问题，这有利于拓宽会计人员的视野，提高会计人员解决实际问题的能力。

本书内容详实、思路创新，做到了先进理论与实践经验的充分结合，希望能对广大房地产企业会计从业人员的实务工作有所帮助。同时，尽管在本书的编写和出版过程中编者始终秉持精益求精的专业态度，但书中难免有不足之处，欢迎广大读者批评指正。

编者

目录
CONTENTS

第1章 房地产企业会计基础理论

房地产行业是我国国民经济的重要支柱产业，在现代社会经济生活中有着举足轻重的作用。其发展对刺激消费、扩大内需、拉动相关产业发展和促进国民经济增长等有着巨大作用。随着房地产行业的发展，房地产企业对财务人员的需求也不断增加并且对财务人员的业务处理能力提出更高的要求。

1.1 房地产企业特点与主要业务

房地产是土地和房屋及其权属的总称，是人类生存的重要基础。房地产业包括房地产开发经营、物业管理、房地产中介服务及其他房地产活动。

1.1.1 房地产企业的主要业务

根据《中华人民共和国城市房地产管理法》(以下简称《城市房地产管理法》)规定，房地产企业是以营利为目的，从事房地产开发和经营的企业。本书中的房地产企业从事房地产业中的一部分业务，即房地产开发经营，不包括物业管理、房地产中介服务及其他房地产活动。房地产开发经营指房地产企业进行的基础设施建设、房屋建设，并转让房地产开发项目或者销售、出租商品房的活动。具体包括以下几个方面：

1. 土地使用权的转让、买卖和租赁

房地产企业在获取土地使用权后，对其进行开发，将生地开发成建设熟地后，既可有偿转让给其他单位使用，也可自行组织建造房屋和其他设施，然后将其作为商品作价出售，还可以开展土地出租业务。

2. 房屋的开发、销售、出租

房屋包括住宅、公寓、办公楼、商业营业用房等，所以房屋的开发、销售、出租具体包括以下几点。

（1）住宅、公寓的开发、销售、出租等活动。

（2）办公楼的开发、销售、出租等活动。

（3）商业营业用房的开发、销售、出租等活动。

3. 其他建筑物的开发、销售、出租

其他建筑物、附着物包括配套设施、代建工程、周转房等。

房地产开发经营业务一般不包括以下几个方面。

（1）房屋及其他建筑物的工程施工活动。

（2）房地产商自营的独立核算（或单独核算）的施工单位。

（3）家庭旅社、学校宿舍、露营地的服务。

（1）（2）列入建筑业的相关行业类别，（3）列入其他住宿服务。

1.1.2 房地产企业涉及的主要环节

房地产企业的开发经营业务主要包括以下环节。

1. 设立企业阶段

设立房地产企业是房地产开发经营的起点，房地产企业是房地产开发经营的法律主体。设立企业阶段涉及接受投资者的出资和开办企业的相关费用，是房地产企业进行会计核算的第一个阶段。

2. 获取土地使用权阶段

土地是房地产开发不可或缺的资源，在房地产开发过程中，获取开发用土地是房地产开发的基础。获取土地使用权阶段包括前期调研和拿地两个阶段，获取土地前的调研准备是非常重要的环节，全面深入了解地块及市场情况是进行成本估算和项目经济性评价的基础。

3. 房地产开发建设阶段

本书所说的房地产开发建设阶段包括项目策划、报批报建、施工建设、竣工验收等环节，还包括开发完成后的初始产权登记。

项目策划包括根据前期调研阶段的调研结果确定项目定位、制订产品目标与发展计划。对于项目策划阶段，有的企业是在拿地前进行，有的企业则是在拿地后进行。严格来说，项目策划是一个独立的环节，因为此环节一般不发生会计和纳税业务，本书将其并入房地产开发建设阶段。

报批报建是取得项目开工建设的一系列许可证和取得项目建设用地的国有土地使用权的过程。施工建设是房地产企业委托施工单位进行项目施工的阶段，是房地产开发的重要阶段。竣工验收是房地产开发产品完工后，根据《中华人民共和国建筑法》《城市房地产管理法》等相关法规规定，进行竣工验收的过程。

4. 转让及销售房地产阶段

转让及销售房地产阶段是房地产企业出售商品房等开发产品，回收资金实现盈利的阶段。转让及销售房地产的过程包括前期的营销策划、签订销售合同、交付、登记办证等环节。房地产交付是完成销售的标志，只有进行了交付才算最终完成销售。房地产买卖存在两个交付，即房地产本身的实物交付及其产权的交付。实物交付是房地产买卖中主要的义务，出卖人完成了实物交付，就是履行了合同中最主要的义务之一。登记办证主要是按照相关规定，办理产权登记，并办理产权证。办理房地产交付手续标志着转让及销售的实现，办理登记办证从法律上标志着房地产开发程序的终结。

5. 持有房地产阶段

房地产开发产品完成后，有的房地产企业将其转让或销售，而有的房地产企业却将其持有。在市场经济条件下，房地产市场日益活跃，有的房地产企业开发房地产的目的是转让或销售，而有的房地产企业开发房地产的目的是持有房地产用于赚取租金或增值收益。

1.1.3 房地产企业的经营特点

1. 开发经营的计划性

企业征用的土地，建设的房屋、基础设施以及其他设施都应严格控制在国家计划范围之内，按照规划、征地、设计、施工、配套、管理“六统一”原则和企业的建设计划、销售计划进行开发经营。

2. 开发产品的商品性

房地产企业的产品全部都作为商品进入市场，按照供需双方合同协议规定的价格或市场价格作价转让或销售。

3. 开发经营业务的复杂性

所谓复杂性包括以下两个方面：其一，经营业务内容复杂。企业除了土地和房屋开发外，还要建设相应的基础设施和公共配套设施。经营业务囊括了从征地、拆迁、勘察、设计、施工、销售到售后服务全过程。其二，涉及面广，经济往来对象多。企业不仅因购销关系与设备、材料物资供应单位等发生经济往来，而且因工程的发包和招标与勘察设计单位、施工单位发生经济往来，还会因受托代建开发产品、出租开发产品等与委托单位、承租单位发生经济往来。

4. 开发建设周期长，投资数额大

开发产品要从规划设计开始，经过可行性研究、征地拆迁、安置补偿、七通一平、建筑安装、配套工程、绿化环卫工程等几个开发阶段，少则一年，多则数年才能全部完成。另外，上述每一个开发阶段都需要投入大量资金，加上开发产品本身的造价很高，需要不断地投入大量的资金。

5. 经营风险大

开发产品单位价值高、建设周期长、负债经营程度高、不确定因素多，一旦决策失误，销路不畅，将造成大量开发产品积压，使企业资金周转不灵，导致企业陷入困境。

1.2　房地产企业会计概述

1.2.1　房地产企业会计的概念

房地产企业会计是指在土地和房屋及配套设施的开发过程中，对其劳动成果及相应的劳动耗费进行计量的专门化的会计，房地产企业会计的概念见图 1-1。

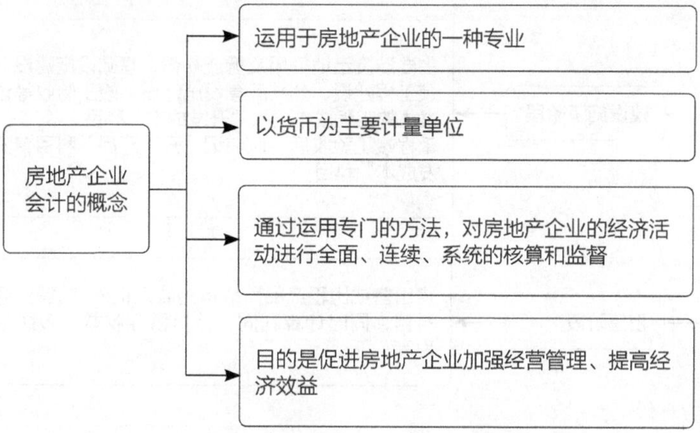

图 1-1　房地产企业会计的概念

房地产企业会计通过对经济业务事项的确认、计量、记录和报告程序，提供真实、准确、可靠的会计信息，以帮助企业利益相关方，如政府管理部门、企业投资者、经营管理者及时了解本企业的财务状况、经营成果和现金流量，并据以做出科学合理的经济决策。

房地产开发是通过对土地、建筑材料、市政设施、公共配套设施、劳动力、资金、技术和服务等多种资源的组合使用而为人们提供居住空间，并改变人们生存的物质环境的一种活动。一般情况下，房地产开发过程主要分为五个阶段。房地产企业的资金在不同阶段表现为不同的资金形态，资金运动形成资金的循环与周转，会计也应适应不同阶段的资金运动需要而进行会计核算。房地产开发过程见图 1-2。

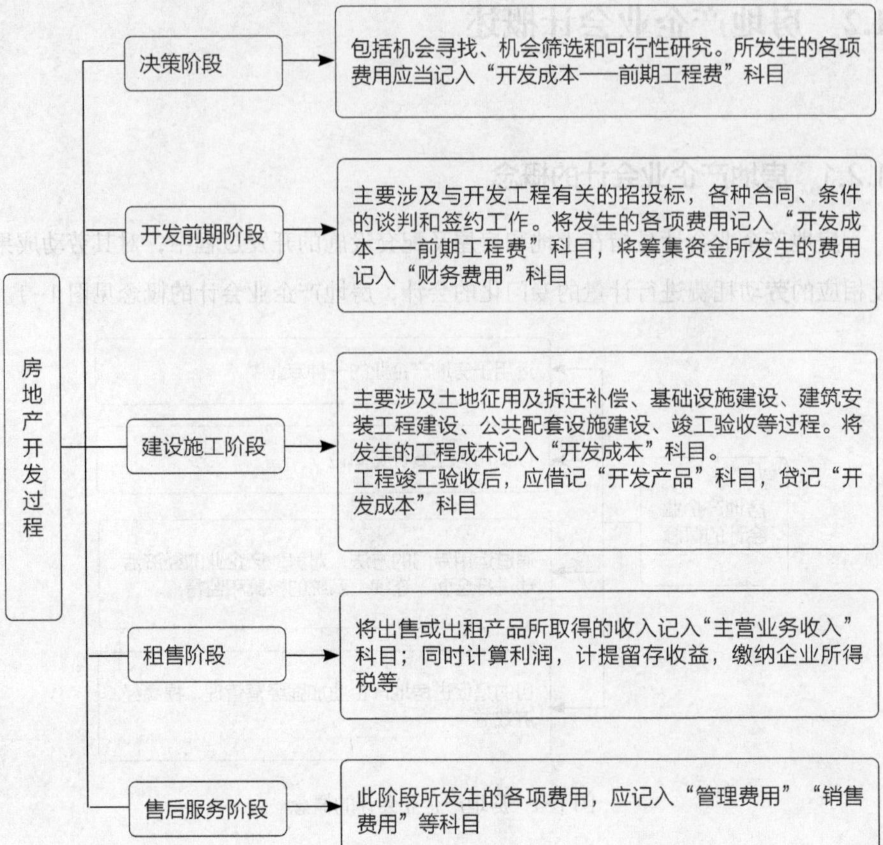

图 1-2 房地产开发过程

1.2.2 房地产企业会计的职能

房地产企业会计的职能是会计在经济管理过程中所具有的功能，在不同的经济发展水平下，在不同管理水平的企业中，会计职能的发挥有很大的不同。从我国当前会计实践和会计法规的规定来看，会计职能主要有会计核算和会计监督两大职能。《中华人民共和国会计法》（以下简称《会计法》）第五条明确规定：“会计机构、会计人员依照本法规定进行会计核算，实行会计监督。”具体的会计职能见图 1-3。

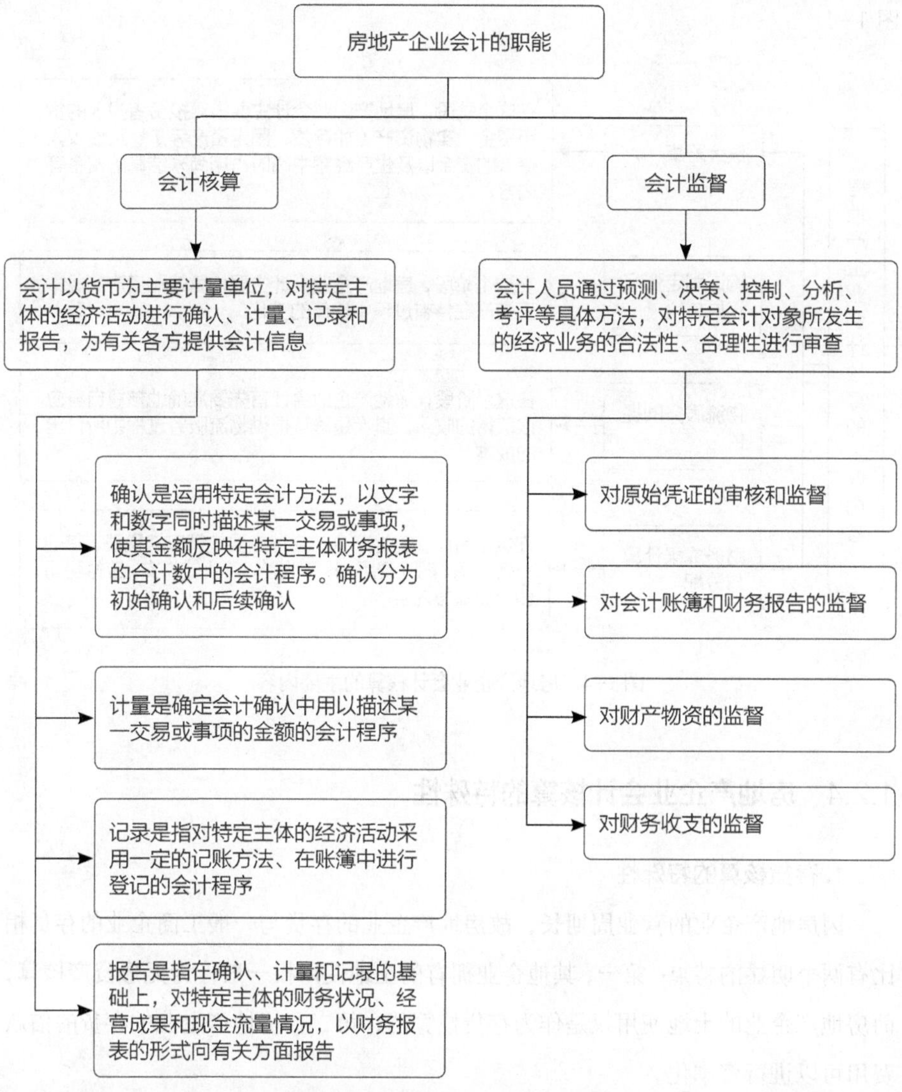
房地产企业会计的职能
会计核算
会计监督
会计以货币为主要计量单位，对特定主体的经济活动进行确认、计量、记录和报告，为有关各方提供会计信息
会计人员通过预测、决策、控制、分析、考评等具体方法，对特定会计对象所发生的经济业务的合法性、合理性进行审查
确认是运用特定会计方法，以文字和数字同时描述某一交易或事项，使其金额反映在特定主体财务报表的合计数中的会计程序。确认分为初始确认和后续确认
计量是确定会计确认中用以描述某一交易或事项的金额的会计程序
记录是指对特定主体的经济活动采用一定的记账方法、在账簿中进行登记的会计程序
报告是指在确认、计量和记录的基础上，对特定主体的财务状况、经营成果和现金流量情况，以财务报表的形式向有关方面报告
对原始凭证的审核和监督
对会计账簿和财务报告的监督
对财产物资的监督
对财务收支的监督

图 1-3　房地产企业会计的职能

1.2.3　房地产企业会计的核算内容

房地产企业的资金运作方式主要表现在以下几个方面：取得或者筹集资金，在生产过程中运营资金，通过产品（商品）销售收回资金，计算经营成果，使部分资金退出企业、部分资金重新进入企业。房地产企业会计就是对房地产企业资金运动的过程进行会计核算和会计监督。房地产企业会计核算的主要内容见

图 1-4。

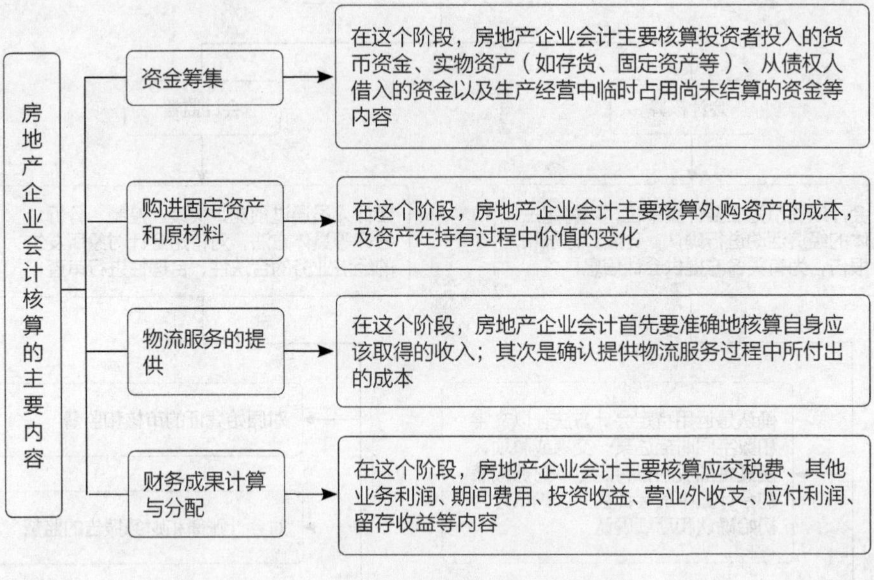

图 1-4　房地产企业会计核算的主要内容

1.2.4　房地产企业会计核算的特殊性

1. 存货核算的特殊性

因房地产企业的营业周期长，故房地产企业的存货与一般工商企业的存货相比有两个明显的特点：第一，其他企业拥有的土地使用权一般作为无形资产核算，而房地产企业的土地使用权是作为存货核算的；第二，房地产企业的存货的借款费用可以进行资本化。

2. 合同负债核算的特殊性

由于房地产企业的投资额大，营业周期长，房地产企业大多实行商品房预售制度。由于项目尚未完工，即使开发产品已预售完毕，其预售款项只能计入合同负债，一般房地产企业在符合收入确认条件前无法确认为收入，合同负债余额比较大。鉴于房地产企业合同负债的特殊性，会计上要求房地产企业在合同负债项目附注中，除列示相关工程项目、账龄余额外，还应列示期末余额、预计竣工时间和预售比例。

3. 收入核算的特殊性

由于房地产企业的特殊性，其收入核算有收入的多样性、收入确认的特殊性和各期收入的波动性等特点，见表1-1。

表1-1 收入核算的特殊性

收入核算特殊性	具体情况
收入的多样性	房地产开发产品的形式包括土地、商品房、配套设施和其他建筑物等，商品房的形式又包括住宅、办公用房、商业用房、酒店等多种不同类型
收入确认的特殊性	由于房地产开发产品和开发经营的特殊性，在会计核算时，其收入的确认同一般工商企业收入的确认相比具有一定的特殊性。房地产开发产品的价值高、开发周期长，需要大量的资金，销售往往采用预售形式。预售属于远期交易，造成收款期与房屋交付期不一致，再加上销售房地产不但需要实物交付还需要产权转移，所以房地产收入确认非常特殊，实务界和理论界对此存在较大的争议
各期收入的波动性	房地产开发产品的开发周期较长，在项目建设期内需要投入大量资金，并发生大量费用，但由于项目尚未完工，其预售款项无法确认为收入，只能计入合同负债，所以项目建设期内业绩不佳。项目验收后，大量预售款项确认为收入。一般而言，在房地产投资建设的初期往往面临资金投入大而收入较少的现象，但在建设后期，资金投入相对较少而收入大量增加

4. 成本核算的特殊性

房地产企业的成本既不是完全成本，也不是制造成本，其成本核算有其特殊性，见表1-2。

表1-2 成本核算的特殊性

成本核算的特殊性	具体情况
核算时间跨度大	由于房地产开发产品的开发周期长，所以成本核算的时间跨度很大，往往超过一年，甚至长达数年
开发产品的成本组成不同	由于房地产企业的产品种类多，且设计具有多样性，开发产品的成本组成具有很大的差异，成本核算非常复杂，所以在进行房地产成本核算时，要根据具体情况进行分析核算

续表

成本核算的特殊性	具体情况
各步骤之间的成本不能明确区分	房地产开发产品的开发周期长，涉及的施工单位多。房地产开发需要不同工种的施工单位协同作业，属于多步骤生产。但它与制造业不同，各工种可在同一时间、同一地点进行平行交叉或立体交叉作业，各生产步骤之间并无明确的时间或地点界限，因此在会计核算上，难以准确计算各步骤开发产品的成本

另外，房地产企业的成本核算还存在不同项目核算差异大、滚动开发核算难度大等特点。

5. 房地产企业的产品售价与其成本不配比

一般商品的售价总是围绕其成本上下波动，房地产开发产品的成本载体是整个建设工程，而销售则是以楼层或户型为单位，这样就造成单个楼层或户型的售价明显与其成本不配比。如同一结构的房屋，低层建筑施工成本低于高层建筑施工成本，但销售时低层售价却高于高层售价；又如“丁字形”楼房，虽然同楼层成本一样，但由于朝向不同，其售价相差也很大。通常房地产企业的成本结转方法是按当期竣工后的核算对象的总成本除以总开发建筑面积，得出每平方米建筑面积成本，然后再乘以销售面积得出本期销售成本。这样均摊计算没有考虑房屋楼层、朝向等因素，在一定期间的经营成果就可能不真实。

1.2.5 房地产企业会计科目设置

为了对房地产企业的经营活动进行会计核算，必须要设置相应的会计科目。会计科目是对会计要素进行分类所形成的具体项目，是设置会计账户的依据。

房地产企业在保证会计科目设置统一性的前提下，可以根据具体情况和核算的要求对统一规定的会计科目做必要的增设或合并。房地产企业会计科目中的大部分科目都是各个行业通用的会计科目，使用这些会计科目能够保证在会计科目设置上的统一性，只有“开发成本”“开发间接费用”“开发产品”等个别会计科目属于房地产企业专用的会计科目。

房地产企业的会计科目分为资产类、负债类、所有者权益类、成本类、损益类五大类。在资产类会计科目中，“开发产品”“周转房”是房地产企业特别设置的会计科目；在成本类会计科目中，“开发成本”“开发间接费用”是房地产企业特有的会计科目，是用于进行房地产企业成本核算的会计科目。其他科目则属于各个行业通用的会计科目。

在设置总分类科目的基础上，房地产企业还需要根据会计核算和提供信息指标的要求，设置明细分类科目。如房地产企业在“应交税费”总分类科目下可设置“应交增值税”“应交城市维护建设税”“应交教育费附加”“应交土地增值税”“应交企业所得税”等二级明细分类科目，以对应交税费的不同税种分别进行核算和反映。

以下是房地产企业应该重点设置的科目。

1. 开发成本

本科目用于核算房地产企业在土地、房屋、配套设施和代建工程的开发过程中所发生的各项费用。

房地产企业在土地、房屋、配套设施和代建工程的开发过程中发生的各项费用，包括土地征用及拆迁补偿费、前期工程费、基础设施费、建筑安装工程费、配套设施费和开发间接费用等。房地产企业发生的土地征用及拆迁补偿费、前期工程费、基础设施费和建筑安装工程费等，属于直接费用，直接记入本科目（有关成本核算对象的成本项目）；应由开发产品成本负担的间接费用，应先在“开发间接费用”科目进行归集，月末，再按一定的分配标准分配计入有关的开发产品成本。

房地产企业应根据本企业的经营特点，选择本企业的成本核算对象、成本项目和成本核算方法。本科目应按开发成本的种类，如“土地开发”“房屋开发”“配套设施开发”“代建工程开发”等设置明细账，并在明细账下，按成本核算对象和成本项目进行明细核算。

按照开发项目进行二级科目的划分，按照成本的类别进行三级科目的核算。

一般情况下，开发成本科目为借方余额，表示开发房屋商品所投入的各类成本的总和，在房屋商品转入开发产品之后，本科目清零。

本科目明细科目的设置如下所示：

开发成本——× × 开发项目（是指按“建设工程规划许可证”批准的开发项目）。

（1）开发成本——× × 开发项目——土地征用及拆迁费。

下设明细科目：土地价款、拆迁补偿费、土地契税、交易费用、市政配套设施费等。

（2）开发成本——××开发项目——前期工程费。

下设明细科目：可行性研究费、勘察测绘费、三通一平费、规划设计费、规划管理费、交通环境方案费等。

（3）开发成本——××开发项目——建安工程费。

下设明细科目：地基工程费、建筑工程费、安装工程费（含甲供材）、公共装饰工程费（含甲供材）、精装修工程费（含甲供材）、工程监理费等。

（4）开发成本——××开发项目——基础设施费。

下设明细科目：供电工程支出、供水工程支出、排污工程支出、开发小区内道路支出、照明工程支出、智能化工程支出、绿化园林环境支出等。

（5）开发成本——××开发项目——公共配套费。

下设明细科目：非经营性共用费用、单独物业用房费用、工程监理费等。

（6）开发成本——××开发项目——开发间接费。

下设明细科目：应分配开发间接费、专项借款费用等。

2. 开发间接费用

开发间接费用是指房地产企业内部独立核算单位，在开发现场组织管理开发产品而发生的各项费用。这些费用虽也属于直接为房地产开发而发生的费用，但不能确定其为某项开发产品所负担，因而无法将它直接计入各项开发产品成本。为了简化核算手续，将它先记入“开发间接费用”科目，然后按照适当分配标准，将它分配计入各项开发产品成本。

对于房地产企业，分清“开发间接费用”和“管理费用”是个难点，除了周转房摊销之外，其余费用的划分是以有无开发现场机构来确定的。如果房地产企业不设立现场机构，由企业定期或不定期地派人到开发现场组织开发活动，所发生的费用，可直接计入管理费用。

本科目的明细科目主要包括以下内容。

（1）开发间接费用——工资薪金。

（2）开发间接费用——职工福利费。

（3）开发间接费用——办公费用。

（4）开发间接费用——折旧摊销费。

（5）开发间接费用——劳动保护费。

（6）开发间接费用——房租、房屋物业管理费。

（7）开发间接费用——工程管理费。

（8）开发间接费用——项目营销设施建造费。

（9）开发间接费用——一般借款费用（符合资本化部分）。

3. 合同负债

新收入准则颁布后，合同负债是房地产企业经常用到的科目，一般核算按照《商品房预售合同》约定预收的款项。其明细科目的设置如下。

（1）合同负债——预收订金（指按照合同约定预收但未开具发票的房款）。

①合同负债——预收订金——普通住宅（按“预售许可证”附件的房号设置辅助核算项目）。

②合同负债——预收订金——非普通住宅（按“预售许可证”附件的房号设置辅助核算项目）。

③合同负债——预收订金——商铺（按“预售许可证”附件的房号设置辅助核算项目）。

④合同负债——预收订金——车库（按“预售许可证”附件的房号设置辅助核算项目）。

（2）合同负债——预收售房款（指按照合同约定预收且已开具发票的房款）。

①合同负债——预收售房款——普通住宅（按“预售许可证”附件的房号设置辅助核算项目）。

②合同负债——预收售房款——非普通住宅（按“预售许可证”附件的房号设置辅助核算项目）。

③合同负债——预收售房款——商铺（按“预售许可证”附件的房号设置辅助核算项目）。

④合同负债——预收售房款——车库（按“预售许可证”附件的房号设置辅助核算项目）。

4. 开发产品

开发产品是指房地产企业已经完成全部开发建设过程，并已验收合格，符合国家建设标准和设计要求，可以按照合同规定的条件移交订购单位，或者作为对外销售、出租的产品。开发产品包括土地（建设场地）、房屋、配套设施和代建工程。

为了正确核算开发产品的增加、减少、结存情况，房地产企业应设置资产类“开发产品”科目。开发产品科目借方登记已竣工验收的开发产品的实际成本，贷方登记月末结转的已销售、转让、结算或出租的开发产品的实际成本，月末借方余额表示尚未销售、转让、结算或出租的各种开发产品的实际成本。本科目应按开发产品的种类，如土地、房屋、配套设施和代建工程等设置明细科目，并在明细科目下，按成本核算对象设置账页。

其明细科目的设置如下。

开发产品——××开发项目（指按“建设工程规划许可证”批准的开发项目）。

（1）开发产品——××开发项目——普通住宅（按“商品房预售许可证”附件的房号设置辅助核算项目）。

（2）开发产品——××开发项目——非普通住宅（按“商品房预售许可证”附件的房号设置辅助核算项目）。

（3）开发产品——××开发项目——商铺（按“商品房预售许可证”附件的房号设置辅助核算项目）。

（4）开发产品——××开发项目——车库（按“商品房预售许可证”附件的房号设置辅助核算项目）。

5. 主营业务收入

主营业务收入科目核算房地产企业确认的销售开发产品的收入。该科目的明细科目设置如下。

主营业务收入——××开发项目（指按“建设工程规划许可证”批准的开发项目）。

（1）主营业务收入——××开发项目——普通住宅（按“商品房预售许可证”附件的房号设置辅助核算项目）。

（2）主营业务收入——××开发项目——非普通住宅（按“商品房预售许

可证”附件的房号设置辅助核算项目）。

（3）主营业务收入——× × 开发项目——商铺（按“商品房预售许可证”附件的房号设置辅助核算项目）。

（4）主营业务收入——× × 开发项目——车库（按“商品房预售许可证”附件的房号设置辅助核算项目）。

6. 主营业务成本

主营业务成本科目反映房地产企业确认开发产品收入时应结转的相应的成本。该科目二级明细科目的设置与“主营业务收入”科目的二级明细科目对应的，如下所示。

主营业务成本——× × 开发项目（指按“建设工程规划许可证”批准的开发项目）。

（1）主营业务成本——× × 开发项目——普通住宅（按“商品房预售许可证”附件的房号设置辅助核算项目）。

（2）主营业务成本——× × 开发项目——非普通住宅（按“商品房预售许可证”附件的房号设置辅助核算项目）。

（3）主营业务成本——× × 开发项目——商铺（按“商品房预售许可证”附件的房号设置辅助核算项目）。

（4）主营业务成本——× × 开发项目——车库（按“商品房预售许可证”附件的房号设置辅助核算项目）。

1.3 房地产企业纳税概述

1.3.1 房地产企业各经营环节的主要税种

目前，我国房地产企业涉及的应纳税种较多，主要有增值税、城市建设维护税（以下简称“城建税”）、教育费附加、房产税、城镇土地使用税、耕地占用税、印花税、土地增值税、契税和企业所得税。

1.3.2 计税成本对象的确定原则

成本对象是指为归集和分配开发产品开发、建造过程中的各项耗费而确定的费用承担项目。计税成本对象的确定原则如下。

（1）可否销售原则。开发产品能够对外经营销售的，应作为独立的计税成本对象进行成本核算；不能对外经营销售的，可先作为过渡性成本对象进行归集，然后再将其相关成本摊入能够对外经营销售的成本对象。

（2）功能区分原则。开发产品某组成部分相对独立，且具有不同使用功能时，可以作为独立的成本对象进行核算。

（3）定价差异原则。开发产品由其产品类型或功能等不同导致其预期售价存在较大差异的，应分别作为成本对象进行核算。

（4）成本差异原则。开发产品因建筑上存在明显差异可能使其建造成本出现较大差异的，要分别作为成本对象进行核算。

（5）权益区分原则。开发产品属于受托代建的或合作开发的，应结合上述原则分别划分成本对象进行核算。

成本对象由企业在开工之前合理确定，并报主管税务机关备案。成本对象一经确定，不能随意更改或相互混淆，如确需更改成本对象的，应征得主管税务机关同意。

1.3.3　税率与征收范围

房地产企业开发经营各阶段应纳税费及税率、征收率如表 1–3 所示。

表 1–3　开发经营各阶段应纳税费及税率、征收率

环节	涉及主要税费	
设立企业阶段	印花税	（1）权利、许可证照。包括房屋产权证、工商营业执照、土地使用证，按件贴花，5 元 / 件 （2）营业账簿。记载资金的账簿，按实收资本和资本公积的合计金额 0.5‰贴花；其他账簿按件贴花，5 元 / 件 （3）产权转移书据。包括土地使用权出让合同、土地使用权转让合同，按记载金额 0.5‰贴花
	契税	（1）接受以土地使用权等不动产出资。按照土地使用权出让、土地使用权出售、房屋买卖成交价格的 3% 至 5% 适用税率缴纳契税 （2）以自有房产作股投入本人独资经营的企业，免缴契税
获取土地使用权阶段	印花税	（1）权利、许可证照。包括房屋产权证、土地使用证，按件贴花，5 元 / 件 （2）产权转移书据。包括土地使用权出让合同、土地使用权转让合同，按记载金额 0.5‰贴花
	契税	取得土地使用权。按照国有土地使用权出让、土地使用权出售、房屋买卖成交价格的 3% 至 5% 适用税率缴纳契税
	耕地占用税	取得符合耕地条件的土地使用权，按照实际占用耕地面积和适用税额一次性缴纳耕地占用税，不符合耕地条件的不缴纳
房地产开发建设阶段	城镇土地使用税	从取得红线图次月起，按实际占用的土地面积和定额税率计算缴纳
	印花税	签订的各类合同。按规定税率（0.05‰至 1‰）计算贴花

续表

环节	涉及主要税费	
转让及销售房地产阶段	增值税	销售自行开发的房地产项目，按销售额适用 9% 税率缴纳增值税
	城市维护建设税	按增值税税额 7% 的税率（或 5%、1%）缴纳。不动产所在地为市区的，税率为 7%；不动产所在地为市区以外其他镇的，税率为 5%；不动产所在地不在市区、镇的，税率为 1%
	教育费附加	按增值税税额 3% 的征收率缴纳
	土地增值税	（1）查账征收。在项目全部竣工结算前转让房地产取得的收入，可以预征土地增值税；待该项目全部竣工、办理结算后再进行清算，多退少补 （2）核定征收
	印花税	房地产转让或销售合同。按商品房销售合同记载金额 0.5‰ 贴花
	企业所得税	（1）查账征收。销售未完工开发产品取得的收入，按预计计税毛利率分季（或分月）计算出预计毛利额，计入当期应纳税所得额。开发产品完工后，及时结算其计税成本并计算此前销售收入的实际毛利额，同时将其实际毛利额与其对应的预计毛利额之间的差额，计入当年度企业本项目与其他项目合并计算的应纳税所得额。销售完工开发产品，按照应纳税所得额 25% 的税率缴纳企业所得税 （2）核定征收
持有房地产阶段	增值税	按照不含税销售额适用 9% 税率计算缴纳增值税
	城市维护建设税	按增值税税额 7% 的税率（或 5%、1%）缴纳
	教育费附加	按增值税税额 3% 的征收率缴纳
	城镇土地使用税	按土地实际占用面积和定额税率计算缴纳
	房产税	自用房产，按房产计税余值 1.2% 的税率缴纳；房产出租的，按租金收入 12% 的税率缴纳

知识链接："营改增"对房地产企业有哪些影响？

（1）新老项目划断，按照不同的方式处理。

节点为2016年4月30日（含），施工许可证注明开工时间在4月30日之前的，按老项目对待，5月1日之后的视为新项目。

老项目，在5月1日以后，按5%征收率简易征收增值税。也就是不采用增值税销项减进项的一般计税方法。税负和以前是一样的。

新项目，一般纳税人按销项减进项的方法计税。

（2）土地出让金可从销售额中减除。

土地成本是一、二线城市房地产项目的最大单项成本。这一政策基本确保了一、二线城市房地产行业整体性不加税。

（3）房地产新项目按3%征收率预征增值税。

营业税下，房地产企业是在预售时按5%税率全额缴纳营业税；新政下，按3%征收率预征增值税，这减轻了房地产企业的资金压力。

（4）二手房销售基本不变。

二手房销售依据差价按5%征收率简易征收增值税，其税负和营业税下的税负是一样的。

（5）一般纳税人新项目不动产租赁税率为9%。

第 2 章 房地产企业设立阶段的会计核算

在开发房地产项目之前，一个重要的工作就是先设立一个项目公司。为什么要设立项目公司呢？主要的原因有以下的三点：第一，便于融资，设立项目公司非常便于以股权的方式获得合作伙伴的投资；第二，便于土地使用权的转让，在项目公司取得土地使用权的时候，如果直接转让土地使用权，会有高额的纳税成本，而通过转让全部或者部分项目公司的股权，则会简单易行很多；第三，满足工商税务等国家机关管理的需要。

2.1 设立房地产企业阶段业务概述

2.1.1 《中华人民共和国公司法》对企业设立条件的规定

房地产开发公司的主要形式为有限责任公司和股份有限公司，根据《中华人民共和国公司法》（以下简称《公司法》）规定，这两种公司形式具体的设立条件略有不同。

1. 设立有限责任公司，应当具备的条件

要设立有限责任公司，应当具备下列条件：

（1）股东符合法定人数。

（2）有符合公司章程规定的全体股东认缴的出资额。

（3）股东共同制定公司章程。

（4）有公司名称，建立符合有限责任公司要求的组织机构。

（5）有公司住所。

2. 设立股份有限公司，应当具备的条件

要设立股份有限公司，应当具备下列条件：

（1）发起人符合法定人数。

（2）有符合公司章程规定的全体发起人认购的股本总额或者募集的实收股本总额。

（3）股份发行、筹办事项符合法律规定。

（4）发起人制定公司章程，采用募集方式设立的经创立大会通过。

（5）有公司名称，建立符合股份有限公司要求的组织机构。

（6）有公司住所。

2.1.2　《城市房地产开发经营管理条例》对房地产企业设立条件的规定

根据《城市房地产开发经营管理条例》规定，设立房地产开发企业，除应当符合有关法律、行政法规规定的企业设立条件外，还应当具备下列条件。

（1）有100万元以上的注册资本。

（2）有4名以上持有资格证书的房地产专业、建筑工程专业的专职技术人员，2名以上持有资格证书的专职会计人员。

《城市房地产开发经营管理条例》还规定，省、自治区、直辖市人民政府可以根据本地方的实际情况，对设立房地产开发企业的注册资本和专业技术人员的条件作出高于前款的规定。

根据《公司法》《城市房地产管理法》和《城市房地产开发经营管理条例》等规定，要设立房地产开发企业，应当向当地工商行政管理部门申请设立登记。当地工商行政管理部门对符合相关法律法规规定条件的，应当予以登记，发给营业执照；对不符合相关法律法规规定条件的，不予登记。房地产开发企业在领取营业执照后的1个月内，应当到登记机关所在地的县级以上地方人民政府规定的部门备案。

2.1.3 房地产企业开发经营资质

根据《城市房地产开发经营管理条例》的规定，房地产开发主管部门应当根据房地产开发企业的资产、专业技术人员和开发经营业绩等，对备案的房地产开发企业核定资质等级。房地产开发企业应当按照核定的资质等级，承担相应的房地产开发项目。

1. 房地产企业的资质等级

根据2018年12月22日住房和城乡建设部颁布的《房地产开发企业资质管理规定》，房地产开发企业应当按照资质管理规定申请核定企业资质登记，未取得房地产开发资质等级证书（以下简称“资质证书”）的企业，不得从事房地产开发经营业务。

房地产开发企业的资质分为一、二、三、四四个等级，资质等级实行分级审批。经资质审查合格的企业，由资质审批部门发给相应等级的资质证书。房地产企业资质的分级审核如图2-1所示。

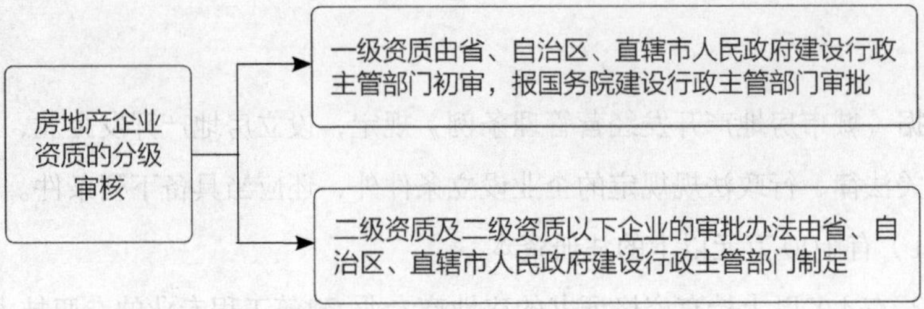

图2-1　房地产企业资质的分级审核

新设立的房地产企业应当自领取营业执照之日起30日内，在资质审批部门的网站或平台提出申请备案事项，提交营业执照、企业章程、专业技术人员资格证书和劳动合同的电子材料。房地产开发主管部门应当在收到备案申请后30日内向符合条件的企业核发《暂定资质证书》。《暂定资质证书》有效期1年。房地产开发主管部门可以视企业经营情况延长《暂定资质证书》有效期，但延长期限不得超过2年。自领取《暂定资质证书》之日起1年内无开发项目的，《暂定资质证书》有效期不得延长。房地产企业应当在《暂定资质证书》有效期满前1个月内向房地产开发主管部门申请核定资质等级。房地产开发主管部门应当根据其开发经营业绩核定相应的资质等级。

2. 不同资质等级的业务范围

根据《房地产开发企业资质管理规定》，各资质等级的房地产开发企业应当在规定的业务范围内从事房地产开发经营业务，不得越级承担任务。不同资质等级的经营范围如表 2-1 所示。

表 2-1　不同资质等级的经营范围

设置等级	经营范围
一级资质的房地产企业	一级资质的房地产企业承担房地产项目的建设规模不受限制，可以在全国范围承揽房地产开发项目
二级或以下资质的房地产企业	二级资质及二级资质以下的房地产企业可以承担建筑面积 25 万平方米以下的开发建设项目，承担业务的具体范围由省、自治区、直辖市人民政府建设行政主管部门确定

3. 房地产企业的资质年检

根据《房地产开发企业资质管理规定》，房地产企业的资质实行年检制度，对于不符合原定资质条件或者有不良经营行为的企业，由原资质审批部门予以降级或者注销资质证书。房地产企业的资质年检如表 2-2 所示。

表 2-2　房地产企业的资质年检

资质等级	资质年检
一级资质的房地产企业	一级资质的房地产企业的资质年检由国务院建设行政主管部门或者其委托的机构负责
二级或以下资质的房地产企业	二级资质及二级资质以下的房地产企业的资质年检由省、自治区、直辖市人民政府建设行政主管部门制定办法

2.2 房地产企业设立阶段会计核算

房地产企业设立阶段涉及的会计业务主要包括对接受投资者出资业务和开办费以及纳税业务的会计处理。

2.2.1 实收资本的会计核算

取得实收资本的会计核算和账务处理规定见表2-3。

表2-3 取得实收资本的会计核算和账务处理规定

实收资本的会计核算	账务处理
股份有限公司应通过“股本”科目核算，除股份有限公司以外，其他各类公司应通过“实收资本”科目核算。公司收到所有者投入公司的资本后，应根据有关原始凭证（如投资清单、银行通知单等），分别对不同的出资方式进行会计处理	公司接受投资者投入的资本，应借记“银行存款”“其他应收款”“固定资产”“无形资产”“长期股权投资”等科目，按其在注册资本或股本中所占份额，贷记“实收资本”科目（股份有限公司记“股本”科目），按其差额，贷记“资本公积——资本溢价或股本溢价”科目

所有者（包括原企业所有者和新投资者）接受投资者投入的资本，借记“银行存款”“固定资产”“无形资产”“长期股权投资”等科目，贷记“实收资本”或“股本”等科目。房地产企业增加注册资本时有新投资者加入，新加入的投资者缴纳的出资额大于其按约定比例计算的其在注册资本中所占的份额部分，应作为资本公积，记入“资本公积——资本溢价或股本溢价”科目。

1. 投资者以货币出资

房地产企业增加注册资本的，应依据投资者将货币存入设立的企业在银行开设的临时账户时，银行加盖受理章的现金缴款单，或者银行进账单回单的金额，借记“银行存款”科目；按投入资本在注册资本或股本中所占份额，贷记“实收资本”或“股本”科目，按其差额，贷记“资本公积——资本溢价”或“资本公积——股本溢价”等科目。

【例2-1】投资者以货币出资设立企业的会计核算（有资本公积）

北方房地产企业由甲、乙共同投资设立，原注册资本为 10 000 000 元。甲、乙出资分别为 5 100 000 元、4 900 000 元。2×20 年 3 月 20 日，丙企业加入北方房地产企业，投入货币资金 3 000 000 元，经协商，丙企业持股比例为 20%，投资后的注册资本为 12 500 000 元。

根据上述资料，丙企业投入资本时，北方房地产企业应做以下账务处理。

借：银行存款　　3 000 000

　贷：实收资本——丙公司　　2 500 000

　　　资本公积——资本溢价　　500 000

【例 2-2】投资者以货币出资设立企业的会计核算（无资本公积）

甲、乙、丙共同投资设立北方房地产企业，注册资本为 2 000 000 元，甲、乙、丙持股比例分别为 60%、25% 和 15%。按照章程规定，甲、乙、丙投入的资本分别为 1 200 000 元、500 000 元和 300 000 元。北方房地产企业已如期收到各投资者一次缴足的款项。北方房地产企业在进行会计处理时，应编制如下会计分录。

借：银行存款　　2 000 000

　贷：实收资本——甲　　1 200 000

　　　　　　　——乙　　500 000

　　　　　　　——丙　　300 000

2. 投资者以非货币财产出资

以非货币财产增资时，股东或者发起人应当在依法办理财产转移手续后，依据财产移交清册，借记“固定资产”“无形资产”“长期股权投资”等科目，贷记“实收资本”或“股本”等科目。

【例 2-3】以固定资产出资设立企业的会计核算

北方房地产企业于设立时收到 A 企业作为资本投入的不需要安装的机器设备一台，合同约定该机器设备的价值为 2 000 000 元，增值税进项税额为 260 000 元。合同约定的固定资产价值与公允价值相符，不考虑其他因素，北方房地产企业进行会计处理时，应编制如下会计分录。

借：固定资产　　2 000 000

　　应交税费——应交增值税（进项税额）　　260 000

　贷：实收资本——A 企业　　2 260 000

本例中，该项固定资产的合同约定的价值与公允价值相符，由于固定资产进项税额可以抵扣，固定资产应按合同约定价值与增值税进项税额的合计金额 2 260 000 元入账。北方房地产企业接受 A 企业投入的固定资产按合同约定价值全额作为实收资本，因此，可按 2 260 000 元的金额贷记“实收资本”科目。

【例 2-4】以原材料出资设立企业的会计核算

北方房地产企业收到 A 企业按合资协议投入的原材料一批，双方所确认的价值为 226 000 元，其中增值税进项税额为 26 000 元。编制的会计分录如下。

借：原材料　　200 000

　　应交税费——应交增值税（进项税额）　　26 000

　　贷：实收资本　　226 000

【例 2-5】以无形资产出资设立企业的会计核算

北方房地产企业接受 C 企业以一项专利权作为投资，该项专利权经双方商定确认其价值为 100 000 元。北方房地产企业在取得该项专利的使用权时，编制如下会计分录。

借：无形资产——专利权　　100 000

　　贷：实收资本　　100 000

3. 以债权出资

以债务转为资本方式进行债务重组的，应分以下情况处理。债务人为股份有限公司时，债务人应将债权人因放弃债权而享有股份的面值总额确认为股本；股份的公允价值总额与股本之间的差额确认为资本公积。重组债务的账面价值与股份的公允价值总额之间的差额确认为债务重组利得，计入当期损益。债务人为其他公司时，债务人应将债权人因放弃债权而享有的股权份额确认为实收资本；股权的公允价值与实收资本之间的差额确认为资本公积。重组债务的账面价值与股权的公允价值之间的差额作为债务重组利得，计入当期损益。

【例 2-6】以债权出资（债转股）设立企业的会计核算

2×19 年 7 月 1 日，北方房地产企业应付 A 企业账款的账面余额为 60 000 元，由于北方房地产企业发生财务困难，无法偿付应付账款。经双方协商同意，采取将北方房地产企业所欠债务转为该企业股本的方式进行债务重组。假定北方房地产企业普通股的面值为 1 元，该企业以 20 000 股抵偿该项债务，每股股票市价为 2.5 元，股票登记手续已办理完毕，A 企业对其作为长期股权投资处理。

股票的公允价值减去股票的面值总额，应计入资本公积 30 000 元（2.5×20 000-20 000），债务账面价值减去股票的公允价值应确认的债务重组利得为 10 000 元（60 000-50 000），北方房地产企业应编制如下会计分录。

借：应付账款　　60 000

　　贷：股本　　20 000

　　　　资本公积——股本溢价　　30 000

　　　　营业外收入——债务重组利得　　10 000

4. 将资本公积转为实收资本或者股本

将资本公积转为实收资本或者股本。在办理增资手续后，依据股东大会决议，应借记“资本公积——资本溢价”或“资本公积——股本溢价”科目，贷记“实收资本”或“股本”科目。

【例 2-7】将资本公积转为实收资本的会计核算

北方房地产企业由甲、乙、丙共同投资设立，原注册资本为 1 000 万元，甲、乙、丙的出资分别为 500 万元、300 万元、200 万元。为了扩大经营规模，经批准，北方房地产企业按照原出资比例将资本公积 500 万元转增资本。

根据上述资料，依据股东会决议，北方房地产企业应做以下账务处理。

借：资本公积　　5 000 000

　　贷：实收资本——甲　　2 500 000

　　　　　　　　——乙　　1 500 000

　　　　　　　　——丙　　1 000 000

5. 将盈余公积转为实收资本

将盈余公积转为实收资本。在办理增资手续后，依据股东大会决议，应借记“盈余公积”科目，贷记“实收资本”或“股本”科目。

【例 2-8】将盈余公积转为实收资本的会计核算

北方房地产企业由甲、乙、丙共同投资设立，甲、乙、丙持股比例分别为 50%、30% 和 20%。2×20 年 3 月 20 日，经股东会决议批准，将盈余公积 500 万元转增资本。

根据上述资料，北方房地产企业应做以下账务处理。

借：盈余公积　　5 000 000

　贷：实收资本——甲　　2 500 000

　　　　　　——乙　　1 500 000

　　　　　　——丙　　1 000 000

6. 实收资本（或股本）的增减变动

一般情况下，房地产企业的实收资本（或股本）应相对固定不变，但在某些特定情况下，实收资本（或股本）也可能发生增减变化。实收资本（或股本）的增减变动如表 2-4 所示。

表 2-4　实收资本（或股本）的增减变动

一级资质的房地产企业	实收资本（或股本）的增加	实收资本（或股本）的减少
除国家另有规定外，房地产企业的注册资金应当与实有资金相一致。实有资金比原注册资金数额增加或者减少超过 20% 时，企业法人应持资金信用证明或者验资证明，向原登记主管机关申请变更登记。登记主管机关在核准企业法人增加或减少注册资金的申请时，应重新审核经营范围和经营方式	三个途径：接受投资者追加投资、资本公积转增资本和盈余公积转增资本 由于资本公积和盈余公积均属于所有者权益，用其转增资本时，如果是独资房地产开发公司则比较简单，直接结转即可。如果是股份有限公司或有限责任公司应该按照原投资者出资比例相应增加各投资者的出资额	房地产开发公司减少实收资本应按法定程序报经批准，股份有限公司采用收购本公司股票方式减资的，按股票面值和注销股数计算的股票面值总额冲减股本，所注销库存股的账面余额与所冲减股本的差额冲减股本溢价，股本溢价不足冲减的，再冲减盈余公积直至未分配利润。如果购回股票支付的价款低于面值总额的，所注销库存股的账面余额与所冲减股本的差额作为增加资本公积处理

【例 2-9】增加出资的会计核算

甲、乙、丙三人共同投资设立北方房地产企业，甲、乙、丙原来的持股比例分别是 12.5%、50%、37.5%。为扩大经营规模，经股东会表决通过，甲、乙、丙三位股东按照原出资比例分别追加投资 125 000 元、500 000 元和 375 000 元。北方房地产企业如期收到甲、乙、丙追加的现金投资后，进行了以下账务处理。

借：银行存款　　1 000 000

　贷：实收资本——甲　　125 000

——乙　　500 000

——丙　　375 000

【例 2-10】减少出资的会计核算

北方房地产企业 2×20 年 8 月 1 日发行的总股本为 1 亿股，面值为 1 元，资本公积（股本溢价）3 000 万元，盈余公积 4 000 万元。经股东大会批准，北方房地产企业以银行存款在证券市场上回购本公司股票并计划予以注销。

（1）当回购成本低于股票总面额时，增加资本公积时的账务处理如下。

假定北方房地产企业按每股 0.9 元回购 2 000 万股股票，其他条件不变，北方房地产企业的会计处理如下。

① 回购本企业股票时，库存股成本 =20 000 000×0.9=18 000 000（元）。

借：库存股　　18 000 000

　　贷：银行存款　　18 000 000

② 注销本企业股票时，由于折价回购，回购股票总面额与库存股成本的差额 200 万元应作为增加资本公积处理。

应增加的资本公积 =20 000 000×1－20 000 000×0.9=2 000 000（元）。

借：股本　　20 000 000

　　贷：库存股　　18 000 000

　　　　资本公积——股本溢价　　2 000 000

（2）当回购成本高于股票总面额时，只冲减资本公积时的账务处理如下。

假定北方房地产企业按每股 2.1 元回购股票 2 000 万股，不考虑其他因素，北方房地产企业的会计处理如下。

① 回购本企业股票时，库存股成本 =20 000 000×2.1=42 000 000（元）。

借：库存股　　42 000 000

　　贷：银行存款　　42 000 000

② 注销本企业股票时，应冲减的资本公积 =20 000 000×2.1－20 000 000×1=22 000 000（元）。

借：股本　　20 000 000

　　资本公积——股本溢价　　22 000 000

　　贷：库存股　　42 000 000

（3）当回购成本高于股票总面额时，需要冲减资本公积和盈余公积时账务处理如下。

假定北方房地产企业按每股 3 元回购股票，其他条件不变，由于应冲减的资本公积大于企业现有的资本公积，所以只能冲减资本公积 3 000 万元，剩余的 1 000 万元应冲减盈余公积。北方房地产企业的会计处理如下。

① 回购本企业股票时，库存股成本 =20 000 000×3=60 000 000（元）。

借：库存股　　60 000 000

　　贷：银行存款　　60 000 000

② 注销本企业股票时，应冲减的资本公积 =20 000 000×3 - 20 000 000×1=40 000 000（元）。

因为差额大于资本公积的全额，所以在冲减了全部的资本公积之后，还要冲减盈余公积。

借：股本　　20 000 000

　　资本公积——股本溢价　　30 000 000

　　盈余公积　　10 000 000

　　贷：库存股　　60 000 000

2.2.2 资本公积的核算

资本公积的概念和组成如表 2-5 所示。

表 2-5 资本公积的概念与组成

资本公积的定义	资本溢价（或股本溢价）的定义	直接计入所有者权益的利得和损失的定义	资本公积核算内容
资本公积是指企业收到投资者的超出其在企业注册资本（或股本）中所占份额的投资，以及直接计入所有者权益的利得和损失等。资本公积包括资本溢价（或股本溢价）和直接计入所有者权益的利得和损失等	资本溢价（或股本溢价）是指企业收到投资者的超出其在企业注册资本（或股本）中所占份额的投资。形成资本溢价（或股本溢价）的原因有溢价发行股票、投资者超额缴入资本等	直接计入所有者权益的利得和损失是指、不应计入当期损益、会导致所有者权益发生增减变动的、与所有者投入资本或者向所有者分配利润无关的利得或者损失	资本公积核算包括资本溢价（或股本溢价）的核算、其他资本公积的核算和资本公积转增资本的核算等内容

本节主要介绍资本溢价和股本溢价的核算，其他资本公积和资本公积转增资本的核算分别在 2.2.3 节和 2.2.4 节中介绍

（一）资本溢价

股份有限公司以外的其他类型的公司在创立时，投资者认缴的出资额与注册资本一致，一般不会产生资本溢价，但在公司重组或有新的投资者加入时，常常会出现资本溢价。因为在公司进行正常生产经营后，其资本利润率通常要高于公司初创阶段的资本利润率，另外，公司有内部积累，新投资者加入公司后，对这些积累也要分享，所以新加入的投资者往往要付出大于原投资者出资的出资额，才能取得与原投资者相同的出资比例。投资者多缴的部分就形成了资本溢价。

【例 2–11】由于资本溢价产生资本公积的会计核算

北方房地产企业是由甲、乙两位股东在 2×18 年设立，成立时甲、乙各出资 300 000 元。2×20 年 5 月丙投资者以实际出资 400 000 元、占有该企业 1/3 的股份为条件加入该企业。该企业变更登记后的注册资本为 900 000 元，甲、乙、丙三位股东各占 1/3 的股份。该企业收到丙股东的出资时，应编制如下会计分录。

借：银行存款	400 000	
贷：实收资本		300 000
资本公积——资本溢价		100 000

本例中，北方房地产企业收到的投资者的现金投资 40 万元中有 30 万元属于第三位投资者在注册资本中所享有的份额，应记入“实收资本”科目，10 万元属于资本溢价，应记入“资本公积——资本溢价”科目。

（二）股本溢价

股份有限公司是以发行股票的方式筹集股本的，股票可按面值发行，也可按溢价发行，我国目前不准折价发行。与其他类型的公司不同，股份有限公司在成立时可能会溢价发行股票，因而在成立之初，就可能会产生股本溢价。股本溢价的数额等于股份有限公司发行股票时实际收到的款额超过股票面值总额的部分。

在按面值发行股票的情况下，股份有限公司发行股票取得的收入，应全部作为股本处理；在按溢价发行股票的情况下，股份有限公司发行股票取得的收入，等于股票面值的部分作为股本处理，超出股票面值的溢价收入应作为股本溢价处理。

发行股票相关的手续费、佣金等交易费用，如果是溢价发行股票的，应从溢价中抵扣，冲减资本公积（股本溢价）；无溢价发行股票或溢价金额不足以抵扣的，应将不足抵扣的部分冲减盈余公积和未分配利润。

【例 2-12】由于股本溢价产生资本公积的会计核算

北方房地产企业首次公开发行了普通股 50 000 000 股，每股面值 1 元，每股发行价格为 4 元。北方房地产企业以银行存款支付发行手续费、咨询费等费用，共计 6 000 000 元。假定发行收入已全部收到，发行费用已全部支付，不考虑其他因素，北方房地产企业的会计处理如下。

（1）收到发行收入时，应增加的资本公积 =50 000 000×（4-1）=150 000 000（元）。

借：银行存款　　200 000 000

　　贷：股本　　50 000 000

　　　　资本公积——股本溢价　　150 000 000

本例中，北方房地产企业溢价发行普通股，发行收入中等于股票面值的部分 50 000 000 元应记入“股本”科目，发行收入超出股票面值的部分 150 000 000 元记入“资本公积——股本溢价”科目。

（2）支付发行费用时。

借：资本公积——股本溢价　　6 000 000

　　贷：银行存款　　6 000 000

本例中，北方房地产企业的股本溢价 150 000 000 元高于发行中发生的交易费用 6 000 000 元，因此，交易费用可从股本溢价中扣除，作为冲减资本公积的处理。

2.2.3 其他资本公积的核算

其他资本公积是指除资本溢价（或股本溢价）项目以外所形成的资本公积，其中主要是直接计入所有者权益的利得和损失。本书以因被投资单位所有者权益的其他变动产生的利得或损失为例，介绍相关的其他资本公积的核算。

房地产企业对某被投资单位的长期股权投资采用权益法核算的，在持股比例不变的情况下，对因被投资单位除净损益以外的所有者权益的其他变动的处理分利得和损失进行核算如果是利得，则应按持股比例计算其应享有被投资单位所有者权益的增加数额；如果是损失，则作相反的分录。在处置长期股权投资时，应转销与该笔投资相关的其他资本公积。

【例 2-13】 其他资本公积的会计核算

北方房地产企业于 2020 年 1 月 1 日向 A 企业投资 8 000 000 元。拥有该企业 20% 的股份，并对该企业有重大影响，因而对 A 企业长期股权投资采用权益法核算。2020 年 12 月 31 日，A 企业净损益之外的所有者权益增加了 1 000 000 元。假定除此以外，A 企业的所有者权益没有变化，北方房地产企业的持股比例没有变化，A 企业资产的账面价值与公允价值一致，不考虑其他因素。北方房地产企业的会计分录如下。

借：长期股权投资——A 企业　　　　200 000

　　贷：资本公积——其他资本公积　　　　200 000

北方房地产企业增加的资本公积 =1 000 000×20%=200 000（元）。

本例中，北方房地产企业对 A 企业的长期股权投资采用权益法核算，持股比例未发生变化，A 企业发生了除净损益之外的所有者权益的其他变动，北方房地产企业应按其持股比例计算应享有的 A 企业权益的数额并作为增加其他资本公积处理。

2.2.4　资本公积转增资本的核算

经股东大会或类似机构决议，用资本公积转增资本时，应冲减资本公积，同时按照转增前的实收资本（或股本）的结构或比例，将转增的金额记入“实收资本”科目（或“股本”科目）下各所有者的明细分类账。

第 3 章 房地产企业获取土地使用权阶段的会计核算

获取土地使用权是房地产项目开发的首要条件，土地成本一般占商品房成本的 30% 以上，能否及时获取相应的土地资源以及土地价格的变化都对房地产项目的开发有很大的影响。本章从详述我国土地制度出发，详细阐明了房地产企业获取土地使用权阶段所涉及的税务与会计问题。

3.1 我国的土地制度概述

3.1.1 获取土地的主要方式

根据《城市房地产管理法》《城市房地产开发经营管理条例》的规定，用于房地产开发的土地来源主要包括出让方式、划拨方式、转让方式、股东投资入股方式以及其他方式。获取土地的主要方式如表 3-1 所示。

表 3–1　获取土地的主要方式相关内容

获取土地的主要方式	含义
以出让方式取得土地使用权	土地使用权出让，是指国家将国有土地使用权（以下简称土地使用权）在一定年限内出让给土地使用者，由土地使用者向国家支付土地使用权出让金的行为。城市规划区内的集体所有的土地，经依法征收转为国有土地后，该幅国有土地的使用权方可有偿出让，但法律另有规定的除外： （1）招标出让国有土地使用权，是指市、县国土资源管理部门发布招标公告或者发出投标邀请书，邀请特定或者不特定的法人、自然人和其他组织参加国有土地使用权投标，根据投标结果确定土地使用者的行为； （2）拍卖出让国有土地使用权，是指市、县国土资源管理部门发布拍卖公告，由竞买人在指定时间、地点进行公开竞价，根据出价结果确定土地使用者的行为； （3）挂牌出让国有土地使用权，是指市、县国土资源管理部门发布挂牌公告，按公告规定的期限将拟出让宗地的交易条件在指定的土地交易场所挂牌公布，接受竞买人的报价申请并更新挂牌价格，根据挂牌期限截止时的出价结果或现场竞价结果确定土地使用者的行为
以划拨方式取得土地使用权	土地使用权划拨是指县级以上人民政府依法批准，在土地使用者缴纳补偿、安置等费用后将该幅土地交付其使用，或者将土地使用权无偿交付给土地使用者使用的行为。以划拨方式取得土地使用权的，除法律、行政法规另有规定外，没有使用期限的限制 下列建设用地的土地使用权，确属必需的，可以由县级以上人民政府依法批准划拨： （1）国家机关用地和军事用地； （2）城市基础设施用地和公益事业用地； （3）国家重点扶持的能源、交通、水利等项目用地； （4）法律、行政法规规定的其他用地 如果要在划拨土地上进行房地产开发，土地使用者也要补交土地出让金，将划拨土地转为出让土地，也就是常说的“土地变性” 划拨土地使用权，一般不得转让、出租、抵押

续表

获取土地的主要方式	含义
以转让方式取得土地使用权	土地使用权转让是指土地使用者将土地使用权再转移的行为，包括出售、交换和赠与 土地使用者通过转让方式取得的土地使用权，其使用年限为土地使用权出让合同规定的使用年限减去原土地使用者已使用年限后的剩余年限。土地使用权转让时，其地上建筑物、其他附着物所有权随之转让 根据《城市房地产管理法》规定，以转让方式取得土地使用权的，转让土地使用权应符合以下的条件，否则不允许转让 （1）按照出让合同约定已经支付全部土地使用权出让金，并取得土地使用权证书 （2）按照出让合同约定进行投资开发，属于房屋建设工程的，完成开发投资总额的25%以上；属于成片开发土地的，形成工业用地或者其他建设用地条件 未按土地使用权出让合同规定的期限和条件投资开发、利用土地的，土地使用权不得转让 土地使用权转让价格明显低于市场价格的，市、县人民政府有优先购买权。土地使用权转让的市场价格不合理上涨时，市、县人民政府可以采取必要的措施。土地使用权转让后，需要改变土地使用权出让合同规定的土地用途的，应当征得出让方同意并经土地管理部门和城市规划部门批准，依照《城市房地产管理法》的有关规定重新签订土地使用权出让合同，调整土地使用权出让金，并办理登记
投资者投入土地使用权	在房地产企业成立时，投资人以土地使用权作为出资投入房地产企业，按照投资比例或约定比例进行利润分成
其他方式获取土地使用权	房地产企业可以通过收购、兼并等方式取得被收购方、被兼并方的企业，进而取得其土地使用权

知识链接：出让土地、转让土地、划拨土地有什么不同？

划拨和出让是获得国有土地使用权的两种方式；转让土地指土地使用者将土地使用权再转移的行为，包括出售、交换和赠与。

划拨土地，是实行土地有偿使用制度以前的供地方式，实行有偿使用制度以后的基础设施、公共建筑的获取方式也是划拨土地。采用这种方式获取的土地没有使用年限，但未经市、县区人民政府或土地管理部门批准，不得擅自改变土地用途或将划拨土地使用权进入二级市场进行转让、出租、抵押等活动。

出让土地，是实行土地有偿使用制度以后出现的供地方式，用地人缴纳土地出让金，获得一定年限的国有土地使用权。采用这种方式获取的土地有使用年限，但可以自由地转让、抵押、出租，可以随时办理转让，不需要征得政府同意。

以出让方式获得的土地使用权，可以在土地二级市场上进行流通转让，其相应的权利义务与出让获得的土地使用权一致。

3.1.2　我国有关土地的主要制度

（一）土地所有权与使用权制度

根据《中华人民共和国土地管理法》（以下简称《土地管理法》）的规定，我国实行土地的社会主义公有制，即全民所有制和劳动群众集体所有制。城市市区的土地属于国家所有；农村和城市郊区的土地，除由法律规定属于国家所有的以外，属于农民集体所有；宅基地和自留地、自留山，属于农民集体所有。

国有土地和农民集体所有的土地，可以依法确定给单位或者个人使用。使用土地的单位和个人，有保护、管理和合理利用土地的义务。土地的所有权和使用权的登记，依照有关不动产登记的法律、行政法规执行。依法登记的土地的所有权和使用权受法律保护，任何单位和个人不得侵犯。

（二）闲置土地处置制度

为有效处置和充分利用闲置土地，规范土地市场行为，促进节约集约用地，2012 年 5 月 22 日中华人民共和国国土资源部修订了《闲置土地处置办法》。闲置土地的认定如表 3-2 所示。

表 3-2　闲置土地的认定

闲置土地的认定	备注
《闲置土地处置办法》所称闲置土地，是指国有建设用地使用权人超过国有建设用地使用权有偿使用合同或者划拨决定书约定、规定的动工开发日期满一年未动工开发的国有建设用地	可以认定为闲置土地的其他情形：已动工开发但开发建设用地面积占应动工开发建设用地总面积不足 1/3 或者已投资额占总投资额不足 25%，中止开发建设满一年的国有建设用地

闲置土地处置应当符合土地利用总体规划和城乡规划，遵循依法依规、促进利用、保障权益、信息公开的原则。

市、县国土资源主管部门负责本行政区域内闲置土地的调查认定和处置工作的组织实施。上级国土资源主管部门对下级国土资源主管部门的调查认定和处置闲置土地工作进行监督管理。闲置土地的管理如表 3-3 所示。

表 3-3　闲置土地管理

闲置土地类别	处置方式
因未按照国有建设用地使用权有偿使用合同或者划拨决定书约定、规定的期限、条件将土地交付给国有建设用地使用权人，致使项目不具备动工开发条件的	延长动工开发期限。签订补充协议，重新约定动工开发、竣工期限和违约责任。从补充协议约定的动工开发日期起，延长动工开发期限最长不得超过 1 年
因土地利用总体规划、城乡规划依法修改，造成国有建设用地使用权人不能按照国有建设用地使用权有偿使用合同或者划拨决定书约定、规定的用途、规划和建设条件开发的	调整土地用途、规划条件。按照新用途或者新规划条件重新办理相关用地手续，并按照新用途或者新规划条件核算、收缴或者退还土地价款。改变用途后的土地利用必须符合土地利用总体规划和城乡规划
因国家出台相关政策，需要对约定、规定的规划和建设条件进行修改的	由政府安排临时使用。待原项目具备开发建设条件，国有建设用地使用权人重新开发建设。从安排临时使用之日起，临时使用期限最长不得超过 2 年
因处置土地上相关群众信访事项等无法动工开发的	协议有偿收回国有建设用地使用权
因军事管制、文物保护等无法动工开发的	置换土地。对已缴清土地价款、落实项目资金，且因规划依法修改造成闲置的，可以为国有建设用地使用权人置换其他价值相当、用途相同的国有建设用地进行开发建设。涉及出让土地的，应当重新签订土地出让合同，并在合同中注明为置换土地
政府、政府有关部门的其他行为	市、县国土资源主管部门还可以根据实际情况规定其他处置方式

市、县国土资源主管部门与国有建设用地使用权人协商一致后，应当拟订闲置土地处置方案，报本级人民政府批准后实施。

闲置土地设有抵押权的，市、县国土资源主管部门在拟订闲置土地处置方案时，应当书面通知相关抵押权人。

（三）终止土地使用权

终止土地使用权的情形如表 3-4 所示。

表 3-4 终止土地使用权的情形

涉及法规	具体情形
根据《土地管理法》规定，有下列情形之一的，由有关人民政府自然资源主管部门报经原批准用地的人民政府或者有批准权的人民政府批准，可以收回国有土地使用权	（1）为实施城市规划进行旧城区改建以及其他公共利益需要，确需使用土地的
	（2）土地出让等有偿使用合同约定的使用期限届满，土地使用者未申请续期或者申请续期未获批准的
	（3）因单位撤销、迁移等原因，停止使用原划拨的国有土地的
	（4）公路、铁路、机场、矿场等经核准报废的

依照表 3-4 中第一项的规定收回国有土地使用权的，对土地使用权人应当给予适当补偿。

出让的土地由于其用途不同，土地的使用期限也不相同。不同用途的土地对应的使用期限主要有：居住用地 70 年，工业用地 50 年，教育、科技、文化、卫生、体育用地 50 年，商业、旅游、娱乐用地 40 年，综合用地或者其他用地 50 年。土地使用权出让最高年限由中华人民共和国国务院（以下简称国务院）规定。根据相关法律法规，当居住用地的使用权期间届满的，自动续期；其他用途的土地使用权出让合同约定的使用年限届满，土地使用者需要继续使用土地的，应当至迟于届满前一年申请续期，除根据社会公共利益需要收回该幅土地的，应当予以批准。经批准准予续期的，应当重新签订土地使用权出让合同，依照规定支付土地使用权出让金。土地使用权出让合同约定的使用年限届满，土地使用者未申请续期或者虽申请续期但依照前款规定未获批准的，土地使用权由国家无偿收回。而土地使用权应于土地停止使用时终止。当建筑土地使用权终止时，授予者应实时进行取消注册的正式手续，而建筑土地使用权证应由土地注册处取回。

3.2 获取土地使用权阶段的税务与会计问题

3.2.1 获取土地使用权阶段的纳税处理

在取得土地使用权阶段，涉及的主要税种为契税、印花税，如果获取的土地为耕地，则还涉及耕地占用税，在取得土地使用权后，将会涉及城镇土地使用税。另外，如果是以接受投资取得的土地使用权，将涉及企业所得税的计税成本和土地增值税的扣除项目确定问题。

（一）契税

契税的纳税义务人是境内转移土地、房屋权属，承受的单位和个人。即境内土地使用权、房屋所有权发生转移时，承受的企业、事业单位、国家机关、军事单位、社会团体、其他组织和个体经营者以及其他个人均为契税的纳税人。因此，房地产企业在项目开发前，通过各种方式直接取得国有土地使用权，必然发生权属转移，成为契税的纳税义务人。

房地产企业取得土地使用权，根据《中华人民共和国契税暂行条例》（1997年7月7日国务院令第224号）及其相关规定，需要依据国有土地使用权出让、土地使用权出售成交价格按照3%至5%适用税率缴纳契税，成交价格即土地、房屋权属转移合同确定的价格，包括承受者应交付的货币、实物、无形资产或者其他经济利益。以自有房产作股投入本人独资经营的企业，免缴契税。契税的相关规定如表3-5所示。

表3-5 契税的相关规定

相关规定	具体内容
（1）契税税率	经审核属实的，市、县国土资源主管部门应当与国有建设用地使用权人协商，考虑到我国经济发展不平衡，各地经济差别较大的实际情况，契税实行3%~5%的幅度税率。契税的适用税率，由省、自治区、直辖市人民政府在前款规定的幅度内按照本地区的实际情况确定，并报中华人民共和国财政部和国家税务总局备案
（2）契税应纳税额的计算	应纳税额 = 计税依据 × 税率

续表

相关规定	具体内容
（3）契税的征收管理	纳税义务发生时间，为纳税人签订土地、房屋权属转移合同的当天，或者纳税人取得其他具有土地、房屋权属转移合同性质凭证的当天。纳税人应当自纳税义务发生之日起 10 日内，向土地、房屋所在地的契税征收机关办理纳税申报，并在契税征收机关核定的期限内缴纳税款
（4）征税范围	根据《中华人民共和国契税暂行条例》第二条规定可知，国有土地使用权出让、土地使用权转让（包括出售、赠与、和交换）均属于转移土地权属的范畴 《中华人民共和国契税暂行条例细则》第八条规定，下列转移方式，视同土地使用权转让、房屋买卖或者房屋赠与征税： （1）以土地、房屋权属作价投资、入股的； （2）以土地、房屋权属抵债； （3）以获奖方式承受土地、房屋权属； （4）以预购方式或者预付集资建房款方式承受土地、房屋权属
（5）以国家作价出资（入股）方式转移国有土地使用权	根据《中华人民共和国契税暂行条例》第二条第一款规定，国有土地使用权出让属于契税的征收范围
（6）改变土地使用权出让合同约定的土地用途涉及的契税问题	根据《国家税务总局关于改变国有土地使用权出让方式征收契税的批复》（国税函〔2008〕662 号）的规定，对纳税人因改变土地用途而签订土地使用权出让合同变更协议或者重新签订土地使用权出让合同的，应征收契税。计税依据为因改变土地用途应补缴的土地收益金及应补缴政府的其他费用

【例 3-1】已投资入股方式获得土地使用权时契税的计算

2×20 年 6 月 20 日，甲企业以账面价值为 1 000 万元、评估确认价值为 1 200 万元的土地使用权对北方房地产企业进行投资入股，当地人民政府规定契税税率为 4%。

北方房地产企业应于 6 月 30 日前向土地所在地的契税征收机关办理纳税申报，并在核定的期限内缴纳税款。契税的计税依据为甲企业投资入股评估确认价值 1 200 万元，北方房地产企业在接受投资时应缴纳契税为 1 200×4%=48（万元）。

【例 3-2】获得土地使用权时契税的计算

北方房地产企业 2×17 年 12 月摘牌取得某市 200 亩（1 亩≈666.667 平方米）

综合用地的土地使用权，每亩地价30万元，该企业按照规定缴纳了契税。

2×20年7月该市修改城市规划，调整城市支路，使该宗土地使用权的性质变为住宅用地，该企业按照要求对该宗土地进行评估，按住宅用地评估后地价为11 000万元，按综合用地评估后地价为9 000万元，该企业根据土地评估机构的评估结果补交了2 000万元的土地出让金。该市契税税率为4%，北方房地产企业应补缴契税的计算公式如下。

应缴契税 =（11 000-9 000）×4%=80（万元）。

（二）印花税

根据《财政部 国家税务总局关于印花税若干政策的通知》（财税〔2006〕162号）的规定，对土地使用权出让合同、土地使用权转让合同按产权转移书据征收印花税，按合同记载金额的0.5‰贴花。取得房产证及土地使用权证等权利许可证照按件贴花，每件5元。开发廉租住房、经济适用住房可减免印花税。开发商在经济适用住房、商品住房项目中配套建造廉租住房，在商品住房项目中配套建造经济适用住房，如能提供政府部门出具的相关材料，可按廉租住房、经济适用住房建筑面积占总建筑面积的比例免征开发商应缴纳的印花税。

【例3-3】获得土地使用权时印花税的计算

2×20年1月，北方房地产企业通过竞标取得土地使用权100亩，地价为6 000万元，3月取得该块土地的土地使用证。北方房地产企业应纳印花税税额如下所示。

（1）签订土地使用权出让合同应纳印花税税额 =6 000×0.5‰ =3（万元）。

（2）取得土地使用证应纳印花税税额为5元。

（三）耕地占用税

房地产企业获取土地使用权，根据《中华人民共和国耕地占用税法》（2018年12月29日第十三届全国人民代表大会常务委员会第七次会议通过）的规定，在中华人民共和国境内占用耕地建设建筑物、构筑物或者从事非农业建设的单位和个人，为耕地占用税的纳税人，应当依照本法规定缴纳耕地占用税。占用耕地建设农田水利设施的单位和个人，不缴纳耕地占用税。耕地占用税中“耕地”是指用于种植农作物的土地。耕地占用税的相关规定如表3-6所示。

表 3-6　耕地占用税的相关规定

相关规定	具体内容
征收范围及纳税人	在中华人民共和国境内占用耕地建设建筑物、构筑物或者从事非农业建设的单位和个人，为耕地占用税的纳税人，应当缴纳耕地占用税。占用园地、林地、草地、农田水利用地、养殖水面、渔业水域滩涂以及其他农用地建设建筑物、构筑物或者从事非农业建设的，应当缴纳耕地占用税。占用耕地建设农田水利设施的，不缴纳耕地占用税。经申请批准用地的，纳税人为农用地转用审批文件中标明的建设用地人；农用地转用审批文件中未标明建设用地人的，纳税人为用地申请人。未经批准占地的，纳税人为实际用地人
计税依据	耕地占用税以纳税人实际占用的耕地面积为计税依据，按照规定的适用税额一次性征收
税额	（1）人均耕地不超过1亩的地区（以县、自治县、不设区的市、市辖区为单位，下同），每平方米的税额为10元至50元； （2）人均耕地超过1亩但不超过2亩的地区，每平方米的税额为8元至40元； （3）人均耕地超过2亩但不超过3亩的地区，每平方米的税额为6元至30元； （4）人均耕地超过3亩的地区，每平方米的税额为5元至25元
应纳税额的计算	应纳税额 = 计税依据 × 税额 = 纳税人实际占用的耕地面积（平方米）× 适用税额
耕地占用税的征收管理	（1）纳税义务发生时间：纳税人收到自然资源主管部门办理占用耕地手续的书面通知的当日。未经批准占用耕地的，耕地占用税纳税义务发生时间为纳税人实际占用耕地的当日。因挖损、采矿塌陷、压占、污染等损毁、占用耕地的纳税义务发生时间为自然资源、生态环境等相关部门认定损毁、占用耕地的当日 （2）纳税期限：纳税人应当自纳税义务发生之日起30日内申报缴纳耕地占用税。自然资源主管部门凭耕地占用税完税凭证或者免税凭证和其他有关文件发放建设用地批准书 （3）纳税地点：纳税人占用耕地，应当在耕地所在地申报纳税

各地区耕地占用税的适用税额，由省、自治区、直辖市人民政府根据人均耕地面积和经济发展等情况，在规定的税额幅度内提出，报同级人民代表大会常务委员会决定，并报全国人民代表大会常务委员会和国务院备案。各省、自治区、直辖市耕地占用税适用税额的平均水平，不得低于《各省、自治区、直辖市耕地占用税平均税额表》（见表3-7）规定的平均税额。

表 3–7　各省、自治区、直辖市耕地占用税平均税额

省、自治区、直辖市	平均税额（元 / 平方米）
上海	45
北京	40
天津	35
江苏、浙江、福建、广东	30
辽宁、湖北、湖南	25
河北、安徽、江西、山东、河南、重庆、四川	22.5
广西、海南、贵州、云南、陕西	20
山西、吉林、黑龙江	17.5
内蒙古、西藏、甘肃、青海、宁夏、新疆	12.5

【例 3–4】耕地占用税的计算

北方房地产企业经土地管理部门批准征用耕地 200 000 平方米用于房地产开发。当地政府规定的耕地占用税税额为 22.5 元 / 平方米。该企业应缴的耕地占用税计算如下。

应缴耕地占用税 =200 000×22.5=4 500 000（元）。

（四）城镇土地使用税

房地产企业取得的土地使用权，根据《中华人民共和国城镇土地使用税暂行条例》（2019 年 3 月 2 日国务院令第 709 号）的规定，取得土地使用权后需要以纳税人实际占用的土地面积为计税依据，依照规定税额计算征收城镇土地适用税。城镇土地适用税的相关规定如表 3–8 所示。

表 3–8　城镇土地使用税的相关规定

相关规定	具体内容
差别幅度税额	城镇土地使用税采用定额税率，即采用有幅度的差别税额，按大、中、小城市和县城、建制镇、工矿区分别规定每平方米土地使用税年应纳税额的具体标准如表 3–9 所示。各省、自治区、直辖市人民政府可根据市政建设情况和经济繁荣程度在规定税额幅度内，确定所辖社区的适用税额幅度，但降低额不得超过规定最低额度的 30%

续表

相关规定	具体内容
应纳税额的计算	城镇土地使用税的应纳税额可以通过纳税人实际占用的土地面积乘以该土地所在地段的适用税额，其计算公式如下： 全年应纳税额 = 实际占用土地面积（平方米）× 适用税额
纳税期限及纳税义务发生时间	城镇土地适用税按年计算、分期缴纳的征收方法，具体纳税期限由各省、自治区、直辖市人民政府确定 以出让或转让方式有偿取得土地使用权的，应由受让方从合同约定交付土地时间的次月起缴纳城镇土地使用税，合同未约定交付土地时间的，由受让方从合同签订的次月起缴纳城镇土地使用税。房地产企业新征用的耕地，自批准征用之日起满 1 年时开始缴纳城镇土地使用税；新征用的非耕地，自批准征用的次月起开始缴纳城镇土地使用税
纳税地点和征收机构	城镇土地使用税由土地所在地的税务机关征收；城镇土地使用税在土地所在地缴纳，纳税人使用的土地不属于同一省、自治区、直辖市管辖的，应分别向土地所在地的税务机关缴纳城镇土地使用税。在同一省、自治区、直辖市管辖范围内，纳税人跨地区使用的土地，其纳税地点由各省、自治区、直辖市税务机关确定
免缴城镇土地使用税的土地	国家机关、人民团体、军队自用的土地
	由国家财政部门拨付事业经费的单位自用的土地
	宗教寺庙、公园、名胜古迹自用的土地
	市政街道、广场、绿化地带等公共用地
	直接用于农、林、牧、渔业的生产用地
	经批准开山填海整治的土地和改造的废弃土地，从使用的月份起免缴城镇土地使用税 5 年至 10 年
	由财政部另行规定免税的能源、交通、水利设施用地和其他用地

表 3–9　城镇土地使用税税额

级别	人口（人）	年税额（元 / 平方米）
大城市	大于 50 万	1.5 ～ 30
中等城市	20 万 ~ 50 万	1.2 ～ 24
小城市	小于 20 万	0.9 ～ 18
县城、建制镇、工矿区		0.6 ～ 12

【注】

（1）房地产企业的城镇土地使用税缴纳截止时间是如何规定的？

对于房地产企业城镇土地使用税缴纳的截止时间，目前税法并没有明确的规定，通常认为是给业主办理了产权证后，以产权证上时间的次月为缴纳截止时间，但从税法对城镇土地使用税缴纳规定的“开始”时间看，这种理解并不正确。税法对城镇土地使用税缴纳义务的确定，首先强调的是“实质”原则。《财政部 国家税务总局关于房产税城镇土地使用税有关政策的通知》（财税〔2006〕186号）明确规定，开发商与相关部门单位签订协议，以出让或转让方式有偿取得土地使用权的，应由受让方从合同约定交付土地时间的次月起缴纳城镇土地使用税；合同未约定交付土地时间的，由受让方从合同签订的次月起缴纳城镇土地使用税。从该规定可以看出，税法对城镇土地使用税征税的“开始”时间，强调的是“取得土地使用权的次月”或“合同签订的次月”，并未强调“取得土地使用权证（权证的取得一般滞后）的次月”。从税法对城镇土地使用税征收规定的“开始”时间看，房地产企业城镇土地使用税缴纳的截止时间也应按“实质”原则确定，具体如下所示。

①如果房地产企业将房屋交付使用时已经代业主办理了土地使用证书，则城镇土地使用税缴纳的截止时间就是交付使用月，交付使用次月不再对房地产企业征收城镇土地使用税。

②如果房地产企业交付使用时尚未代业主办理土地使用证，虽然此时土地使用证件在房地产企业名下，但该块土地的实际使用者已变为业主，房地产企业的城镇土地使用税缴纳截止时间也应该是交付使用月，即从交付使用的次月起房地产企业不再缴纳城镇土地使用税。

（2）一次签订合同，分次、分批取得的土地应如何缴纳城镇土地使用税？

《财政部 国家税务总局关于房产税城镇土地使用税有关政策的通知》（财税〔2006〕186号）第二条规定，以出让或转让方式有偿取得土地使用权的，应由受让方从合同约定交付土地时间的次月起缴纳城镇土地使用税；合同未约定交付土地时间的，由受让方从合同签订的次月起缴纳城镇土地使用税。

（3）房地产企业整体受让土地使用权后，分期开发、陆续销售的，如何计算房地产企业占用土地应缴纳的城镇土地使用税？

《财政部 国家税务总局关于房产税城镇土地使用税有关政策的通知》（财

税〔2006〕186 号）明确规定："以出让或转让方式有偿取得土地使用权的，应由受让方从合同约定交付土地时间的次月起缴纳城镇土地使用税；合同未约定交付土地时间的，由受让方从合同签订的次月起缴纳城镇土地使用税。"据此，房地产企业整体受让土地使用权后，应从取得土地使用权的次月（或签订合同的次月）起缴纳城镇土地使用税，但房地产企业开发的房屋一旦售出，房屋占用范围内的土地使用权也随之转移至业主，房地产企业不用再缴纳城镇土地使用税。因此，在房地产企业整体受让土地使用权、分期开发、陆续销售的，应以售出房屋的建筑面积占总规划建筑面积的比例计算售出房屋应扣除的土地面积，然后以总规划建筑面积减去售出房屋应扣除的土地面积后，作为城镇土地使用税的计税依据。

【例 3-5】城镇土地使用税的计算

北方房地产企业拥有一宗 50 万平方米的土地使用权，其中市政道路及绿化带用地 8 万平方米，一所学校占地 2 万平方米，已完成销售商品房占用土地 20 万平方米，该地城镇土地使用税税额为 5 元 / 平方米，按季缴纳。

涉税分析：根据税法规定，房地产企业规划的学校用地能与企业其他用地明确区分的，免征城镇土地使用税。市政街道、绿化地带等公共用地，免征城镇土地使用税。对已经完成销售的商品房占用的土地，因相关的土地使用权已经不再归属于房地产企业，所以在计算城镇土地使用税时需要将其相应的土地面积从房地产企业的计税面积中扣除。

已销售房屋的占地面积计算公式如下：已销售房屋的占地面积 =（已销售房屋的建筑面积 ÷ 开发项目房屋总建筑面积）× 总占地面积。

对于可以扣除"已销售房屋"的具体时点，税法并无明确的规定，一般自承购人获取商品房权属证书后对该土地计税面积进行扣除。根据以上分析，北方房地产企业应纳城镇土地使用税税额计算方法如下。

应缴纳城镇土地使用税的土地面积 =50-8-2-20=20（万平方米）。

年度应纳税额 =200 000×5=1 000 000（元）。

每季度应纳税额 =1 000 000÷4=250 000（元）。

（五）接受土地使用权出资的涉税问题

对于接受投资取得的土地使用权，被投资企业因并未取得土地使用权转让发票，所以在商品房完工销售后，将涉及企业所得税计税成本和土地增值税的扣除项目金额确定的问题。

（1）企业所得税。被投资企业接受的土地使用权出资，可按经评估确认后的价值确定有关资产的成本。即如果投资企业已经按照税法规定确认投资环节应纳税所得额，土地使用权的增值部分在税收上已经得到实现，被投资企业可以凭评估报告作为税前扣除的依据，有的地方税务机关还要求房地产企业提供投资企业主管税务机关出具的投资企业已调增应纳税所得额证明，作为税前扣除的依据。

（2）土地增值税。这种获取土地使用权的方式在土地增值税中比较复杂，税法并未对此进行明确规定。在《财政部 国家税务总局关于土地增值税若干问题的通知》在（财税〔2006〕21号）出台前，原土地增值税规定，以土地使用权作为出资，对出资方而言，在出资环节一律不征土地增值税；但在《财政部 国家税务总局关于土地增值税若干问题的通知》（财税〔2006〕21号）出台后，关于以房地产进行投资或联营的，凡所投资、联营的企业从事房地产开发的，或者房地产企业以其建造的商品房进行投资和联营的，均不适用《财政部 国家税务总局关于土地增值税一些具体问题规定的通知》（财税字〔1995〕48号）第一条暂免征收土地增值税的规定。《财政部 国家税务总局关于土地增值税若干问题的通知》（财税〔2006〕21号）自2006年3月2日起执行。

在2006年3月2日以前，对被投资企业而言，将来对此作为出资的土地进行开发销售后，计算土地增值税时，取得土地使用权的扣除金额十分关键，因这不但涉及扣除项目金额本身，还涉及房地产企业加计扣除20%的问题。在实务中有不同观点：一种观点认为与企业所得税一样，依其评估价值即被投资企业的入账价值作为扣除项目金额，因出资环节并未计征土地增值税，故税务机关一般难以认同这个观点；二是依投资方企业土地使用权的取得成本作为扣除项目金额，但这种观点会带来征管上的不便。在《财政部 国家税务总局关于土地增值税若干问题的通知》（财税〔2006〕21号）出台后，因均不适用暂免征收土地增值税的规定，扣除金额将容易确定。在当前的征管实务中，多数税务机关的要求是：被投资企业的土地使用权成本可以计入扣除项目金额，并可作加计20%扣除的基数，但需纳税人提供支持性证明材料，包括出资协议、该宗地的评估报告、验资报告、出资方以该宗地出资环节已经接受土地增值税税务管理的证明等。

【注】

无产权证建筑物的土地增值税应如何计算缴纳？

根据《国家税务总局关于房地产开发企业土地增值税清算管理有关问题的通知》（国税发〔2006〕187号）的规定，属于多个房地产项目共同的成本费用，应按清算项目可售建筑面积占多个项目可售总建筑面积的比例或其他合理的方法，计算确定清算项目的扣除金额。因而，土地增值税中可售建筑面积同样是成本分摊的标准之一。

根据《城市房地产管理法》（修订版）的规定，无产权证建筑物属于不可转让的房地产。但不可转让的房地产能够产生较大的收益，并且一些无产权证建筑物在测绘报告中亦有明确的标识，成本的归集和分摊并不存在难题，因而无产权证建筑物成了税企双方时有争议的对象。

根据《中华人民共和国物权法》以下简称《物权法》第七十三条的规定，建筑区划内的其他公共场所、公用设施和物业服务用房，属于业主共有。

根据《物权法》第七十四条的规定，建筑区划内，规划用于停放汽车的车位、车库的归属，由当事人通过出售、附赠或者出租等方式约定。

根据《国家税务总局关于房地产开发企业土地增值税清算管理有关问题的通知》（国税发〔2006〕187号）的规定，房地产企业开发建造的与清算项目配套的居委会和派出所用房、会所、停车场（库）、物业管理场所、变电站、热力站、水厂、文体场馆、学校、幼儿园、托儿所、医院、邮电通信等公共设施，按以下原则处理：建成后产权属于全体业主所有的，其成本、费用可以扣除。

3.2.2　获取土地使用权阶段的会计处理

房地产企业取得土地使用权，根据土地使用权的取得方式和持有目的的不同设置不同的会计账户，进行不同的账务处理。

（一）取得土地使用权确认

房地产企业取得土地使用权的方式一般有接受土地使用权出让、接受土地使用权转让、投资者投入的土地使用权以及其他方式，房地产企业较少有无偿划拨取得土地使用权的情况。不同方式下取得土地使用权的入账价值如表 3-10 所示。

表 3-10　不同方式下取得土地使用权的入账价值

取得方式	会计处理
通过出让方式取得的土地使用权	通过出让方式取得土地使用权的入账价值通常是土地出让金加上相关税费，如果还发生了与取得该土地使用权有关的费用，如缴纳的行政事业性收费、征地补偿费等，应一并计入土地使用权取得成本 在城市行政区域内的开发项目，除实行有偿出让方式取得国有土地使用权且地价款中含基础设施配套费的项目之外，房地产企业应按规定缴纳城市基础设施费。城市基础设施费的征收基数，以批准的年度投资计划的建筑面积（包括地下建筑面积）为准。相关税费是指取得土地使用权时涉及的契税、印花税，取得的土地为耕地的，还涉及耕地占用税
通过转让方式取得的土地使用权	通过土地使用权转让取得土地使用权的入账价值，包括购买价款、其他行政事业性收费和其他税费等。如果接受转让的土地为无偿划拨取得，且约定由受让方办理出让手续及补交土地出让金，土地使用权的成本应包括按照相关规定补交的土地出让金及相关税费。如果受让土地原来属于出让土地，土地使用权的成本包括支付的转让费和相关税费
投资者投入的土地使用权	投资者投入的土地使用权，应当按照投资合同或协议约定的价值作为入账价值，但合同或协议约定价值不公允的除外
其他方式取得的土地使用权	房地产企业合并取得的土地使用权的入账价值，应当按照《企业会计准则第 20 号——企业合并》确定；非货币性资产交换取得的土地使用权的入账价值，应当按照《企业会计准则第 7 号——非货币性资产交换》确定；债务重组取得的土地使用权的入账价值，应当按照《企业会计准则第 12 号——债务重组》确定；政府补助取得的土地使用权的入账价值，应当按照《企业会计准则第 16 号——政府补助》确定

【注】

（1）企业、单位以换取开发产品为目的，将土地使用权投资企业的，按下列规定进行处理。

①换取的开发产品如是该项土地开发、建造的，接受投资的企业在接受土地使用权时暂不确认其成本，待首次分出开发产品时，再按应分出开发产品（包括首次分出的和以后应分出的）的市场公允价值和土地使用权转移过程中应支付的相关税费计算确认该项土地使用权的成本。如涉及补价，土地使用权的取得成本还应加上应支付的补价款或减除应收到的补价款。

②换取的开发产品如是其他土地开发、建造的，接受投资的企业在投资交易发生时，按应分出开发产品市场公允价值和土地使用权转移过程中应支付的相关税费计算确认该项土地使用权的成本。如涉及补价，土地使用权的取得成本还应加上应支付的补价款或减除应收到的补价款。

（2）企业、单位以股权的形式，将土地使用权投资企业的，接受投资的企业应在投资交易发生时，按该项土地使用权的市场公允价值和土地使用权转移过程中应支付的相关税费，计算确认该项土地使用权的取得成本。如涉及补价，土地使用权的取得成本还应加上应支付的补价款或减除应收到的补价款。

（二）获取土地使用权的会计处理

与土地使用权相关的会计处理如表 3-11 所示。

表 3-11　与土地使用权有关的会计处理

用途类别	会计处理
房地产企业取得的土地使用权	根据《企业会计准则第 6 号——无形资产》应用指南的规定，通常应确认为无形资产
改变土地使用权用途，用于赚取租金	转为投资性房地产
取得土地使用权，用于建造对外出售的房屋建筑物	相关的土地使用权账面价值应当计入所建造的房屋建筑物成本
取得土地使用权缴纳的相关契税、印花税及耕地占用税	契税、耕地占用税视取得土地使用权的用途记入不同的会计账户，印花税直接记入“管理费用”账户

1. 用于土地开发的土地使用权

房地产企业如果取得的土地使用权用于土地开发的，应将土地使用权的取得成本记入“开发成本”，即借记“开发成本——土地开发”科目，贷记“银行存款”“应付账款”等科目，所缴纳的印花税直接记入“管理费用”科目。

【例 3-6】获取用于土地开发的土地使用权的会计处理

北方房地产企业通过投标方式取得 100 亩土地的土地使用权，用于开发商品性土地，总价款 5 000 万元，单价 50 万元 / 亩，契税征收率为 4%，当地政府规定的耕地占用税税额为 22.5 元 / 平方米，通过银行转账支付土地出让金及相关税费。

（1）支付土地出让金时，依据财政部门开具的土地使用权出让金专用票据和银行转款手续，北方房地产企业应进行的会计处理如下。

借：开发成本——土地开发——土地征用及拆迁补偿费　　50 000 000

　　贷：银行存款　　50 000 000

（2）应缴纳的契税 200（5 000×4%）万元。

依据契税完税凭证和付款证明，北方房地产企业应进行的会计处理如下。

借：开发成本——土地开发——契税　　2 000 000

　　贷：银行存款　　2 000 000

（3）应缴纳的耕地占用税 1 500 008(100×666.67×22.5）元。

依据耕地占用税完税凭证和付款证明，北方房地产企业应进行的会计处理如下。

借：开发成本——土地开发——耕地占用税　　1 500 008

　　贷：银行存款　　1 500 008

（4）签订土地使用权出让合同，应缴纳的印花税为 2.5（5 000×0.5‰）万元。

缴纳印花税时，依据印花税完税凭证和付款证明，北方房地产企业应进行的会计处理如下。

借：管理费用——印花税　　25 000

　　贷：银行存款　　25 000

2. 用于商品房开发的土地使用权

根据企业会计准则，房地产企业取得的土地使用权用于建造对外出售的房屋建筑物，相关的土地使用权应当计入所建造的房屋建筑物成本，即借记“开发成本——房屋开发”科目，贷记“银行存款”“应付账款”等科目。取得的土地使用权所缴纳的印花税直接记入“管理费用”科目。

【例 3-7】获得用于商品房开发的土地使用权的会计核算

2×20 年 6 月，北方房地产企业取得 85 亩的土地使用权，用于商品房开发，价款 2 500 万元，契税征收率为 4%，当地政府规定的耕地占用税税额为 22.5 元 / 平方米，通过银行转账支付土地出让金及相关税费。

（1）支付土地出让金时，依据财政部门开具的土地使用权出让金专用票据和银行转款手续，北方房地产企业应进行的会计处理如下。

借：开发成本——房屋开发——土地征用及拆迁补偿费　25 000 000

　　贷：银行存款　25 000 000

（2）应缴纳的契税为 100（2 500×4%）万元。

依据契税完税凭证和付款证明，北方房地产企业应进行的会计处理如下。

借：开发成本——房屋开发——土地征用及拆迁补偿费　1 000 000

　　贷：银行存款　1 000 000

（3）应缴纳的耕地占用税为 1 275 006（85×666.67×22.5）元。

依据耕地占用税完税凭证和付款证明，北方房地产企业应进行的会计处理如下。

借：开发成本——土地开发　1 275 006

　　贷：银行存款　1 275 006

（4）签订土地使用权出让合同，应缴纳的印花税为 1.25（2 500×0.5‰）万元。

缴纳印花税时，依据印花税完税凭证和付款证明，北方房地产企业应进行的会计处理如下。

借：管理费用——印花税　12 500

　　贷：银行存款　12 500

3. 自建用房的土地使用权

房地产企业取得的土地使用权用于自建用房等地上建筑物时，土地使用权的取得成本直接记入“无形资产”账户，且土地使用权的账面价值不与地上建筑物合并计算成本，而仍作为无形资产进行核算，土地使用权与地上建筑物分别进行摊销和计提折旧。为建造办公楼等自用房而取得的土地使用权所缴纳的契税，记入“无形资产”账户。

【例 3–8】取得自建用房的土地使用权的会计核算

2×20 年 3 月 12 日，北方房地产企业以出让方式取得一项土地使用权，以银行存款转账支付 500 万元，并在该土地上自行建造两栋办公楼自用，发生建筑工程支出 1 100 万元。两栋办公楼已经完工并达到预定可使用状态。假定土地使用权的使用年限为 50 年，无净残值；办公楼的使用年限为 25 年，预计净残值 100 万元；都采用直接法进行摊销和计提折旧。契税的征收率为 4%。

（1）支付土地出让金时，依据财政部门开具的土地使用权出让金专用票据和银行转款手续，北方房地产企业进行的会计处理如下。

借：无形资产——土地使用权　　5 000 000

　　贷：银行存款　　5 000 000

（2）应缴纳的契税为20（500×4%）万元。

依据契税完税凭证和付款证明，北方房地产企业进行的会计处理如下。

借：无形资产——土地使用权　　200 000

　　贷：银行存款　　200 000

（3）签订土地使用权出让合同，应缴纳的印花税为0.25（500×0.5‰）万元。

缴纳印花税时，依据印花税完税凭证和付款证明，北方房地产企业进行的会计处理如下。

借：管理费用——印花税　　2 500

　　贷：银行存款　　2 500

（4）在土地上自行建造办公楼，发生建造费用时，根据付款凭证、税务部门监制的发票或财政部门监制的收据，北方房地产企业进行的会计处理如下。

借：在建工程　　11 000 000

　　贷：应付账款等　　11 000 000

（5）办公楼达到预定可使用状态，北方房地产企业进行的会计处理如下。

借：固定资产——办公楼　　11 000 000

　　贷：在建工程　　11 000 000

（6）每年分摊土地使用权并对办公楼计提折旧，北方房地产企业进行的会计处理如下。

借：管理费用　　504 000

　　贷：累计折旧　　[(11 000 000-1000 000)÷25]　　400 000

　　　　累计摊销　　[5 000 000÷50×(1+4%)]　　104 000

4. 暂时没有确定使用用途的土地使用权

如果取得的土地使用权暂时没有确定使用用途，记入“无形资产——土地使用权”科目。

【例3-9】取得暂时没有确定使用用途的土地使用权的会计核算

2×20年8月，北方房地产企业取得300亩的土地使用权，暂时没有确定使用用途，价款4 500万元，契税征收率为4%，征用土地在征用前属于城市用地，北方房地产企业通过银行转账支付土地出让金及相关税费。

（1）支付土地出让金时，依据财政部门开具的土地使用权出让金专用票据和银行转款手续，北方房地产企业进行的会计处理如下。

借：无形资产——土地使用权　　45 000 000

　　贷：银行存款　　45 000 000

（2）应缴纳的契税为180（4 500×4%）万元。

依据契税完税凭证和付款证明，北方房地产企业进行的会计处理如下。

借：无形资产——土地使用权　　1 800 000

　　贷：银行存款　　1 800 000

（3）签订土地使用权出让合同，应缴纳的印花税为2.25（4 500×0.5‰）万元。

缴纳印花税时，依据印花税完税凭证和付款证明，北方房地产企业进行的会计处理如下。

借：管理费用——印花税　　22 500

　　贷：银行存款　　22 500

5. 用于赚取租金的土地使用权

房地产企业改变土地使用权的用途，将其用于对外出租时，应将其转为投资性房地产。

【例3-10】取得用于赚取租金的土地使用权的会计核算

北方房地产企业2×19年10月从土地市场通过受让取得土地使用权，价款9 000万元，用于房地产开发，其中增值税进项税额为810万元。已完成土地开发，土地开发成本800万元。因房地产市场萎缩，北方房地产企业准备减缓房地产开发，将已开发完成的土地用于出租。2×20年2月与甲企业签订了经营租赁合同，将这块土地出租给甲企业使用，租赁期开始日为2×20年2月1日，租期2年。

（1）支付土地出让金时，依据财政部门开具的土地使用权出让金专用票据和银行转款手续，北方房地产企业进行的会计处理如下。

借：开发成本——土地开发　　90 000 000

应交税费——应交增值税（进项税额）　　　8 100 000

贷：银行存款　　　98 100 000

（2）支付土地开发成本时，根据付款依据、税务部门监制的发票或财政部门监制的收据，北方房地产企业进行的会计处理如下。

借：开发成本——土地开发　　　8 000 000

贷：银行存款　　　8 000 000

（3）2×20年2月1日，应将已开发的土地转换为投资性房地产，北方房地产企业进行的会计处理如下。

借：投资性房地产——土地使用权　　　98 000 000

贷：开发成本——土地开发　　　98 000 000

第 4 章 房地产企业开发建设阶段的会计核算

开发建设阶段是房地产开发的重要阶段。在此阶段，房地产企业要在土地上完成房地产产品的开发，形成开发产品；会计核算上，一方面要进行成本费用的核算，另一方面要对工程发包、材料、设备采购及其往来账项进行核算。为了加强开发成本的管理，降低开发过程耗费的活劳动和物化劳动，提高企业经济效益，必须正确核算开发产品的成本，在各个开发环节控制各项费用支出。

房地产企业在其生产经营的活动中发生的费用有两部分：开发产品成本和期间费用。房地产企业应当合理划分期间费用和开发产品成本的界限。一般说来，开发成本应适用配比性原则，把发生的各类开发成本经过归集和分配后，计入所开发的产品成本。期间费用由于很难分配到各个成本项目中，则应当直接计入当期损益。

4.1 开发产品成本核算概述

开发产品成本是指房地产企业在开发过程中所发生的各项费用支出，必须区别于完全成本。房地产企业的完全成本是指为开发项目而发生的全部成本费用。

进行正确的成本、费用核算，是精细化经营管理的需要，也是房地产企业控制成本变动、洞悉成本动向、掌握投资进度的必然要求。

4.1.1 成本核算的基本程序

图 4-1 为房地产企业成本核算的基本程序，房地产企业应该通过严格执行该程序来正确确认开发产品成本。

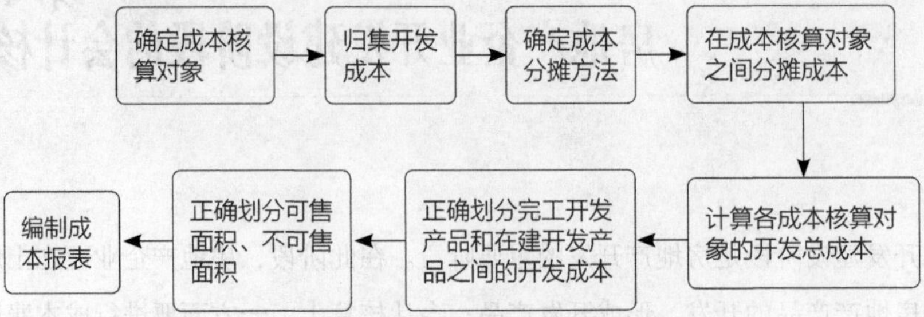

图 4-1 房地产企业成本核算的基本程序

4.1.2 房地产企业成本费用核算特点

与一般行业相比，房地产开发行业成本费用核算具有如下特点。

（1）核算时间跨度大。房地产项目开发的周期较长，少则 1 年、2 年，多则超过 5 年，这使房地产成本费用核算的时间跨度很大。

（2）核算难度较大。房地产项目开发的完全成本不仅包括常见的土地、建安成本，还包括基础设施、公共配套、管理费用、销售费用和利息支出等各类成本，这些成本具备不同的特性、涉及不同的专业领域，从而导致成本的核算难度较大。

（3）成本核算的差异性较大。不同的房地产项目受地域、项目定位、产品功能、用途、规模等各方面因素的影响很大，这导致不同项目之间的差异性很大，每个项目都或多或少有自己的特点。

4.1.3 划分成本核算项目

在核算上一般将开发产品成本分为土地征用及拆迁补偿费、前期工程费、建筑安装工程费、基础设施费、公共配套设施费和开发间接费用 6 个部分。

（一）土地征用及拆迁补偿费

土地征用及拆迁补偿费是指为取得土地开发使用权（或开发权）而发生的各

项费用，包括支付的土地使用权出让金或转让金、征地费、房屋拆迁补偿费以及支付的有关税费等。

（二）前期工程费

前期工程费是指取得土地使用权后，为开发项目而进行的规划，设计，项目可行性研究，水文，地质勘察，测绘，“三通一平”，报批报建等前期支出。

（三）建筑安装工程费

建筑安装工程费是指项目开发过程中发生的列入建筑安装工程施工图预算项目的各项费用，其中包含设备费、出包工程向承包方支付的临时设施费和劳动保险费。具体而言，包括桩基施工、基坑支护、施工图设计、主体施工、土石方、电气设备（强电）、电信设备（弱电）以及安装工程费用，还包括公共部位装修、室内装修等支出。

（四）基础设施费

基础设施费是指开发项目内道路、排水、供电、供热、供气、排污、通信、电视、照明、环卫、绿化和围墙等工程发生的支出。主要包括：道路工程费、供电工程费、给排水工程费、煤气工程费、通信工程费、电视工程费等。

（五）公共配套设施费

公共配套设施费是指在开发项目内发生的，不能有偿转让应计入开发成本的公共配套设施发生的支出，公共配套设施如派出所、幼儿园、变电站等。

（六）开发间接费用

开发间接费用是指房地产企业内部独立核算单位在开发现场组织管理开发产品而发生的各项费用。这些费用虽也属于直接为房地产开发而发生的费用，但不能确定其为某项开发产品所负担，因而无法将它直接计入各项开发产品成本。为了简化核算手续，将它先记入“开发间接费用”账户，然后按照适当分配标准，将它分配计入各项开发产品成本。一般分为开发管理费和可资本化利息支出两大部分，其中开发管理费是指工程现场管理部门所发生的职工薪酬、折旧费、修理费、办公费、水电费、劳动保护费及周转房摊销等。

另外，如果计算房地产企业产品的完全成本，还要包含期间费用，即房地产企业为组织和管理开发经营活动而发生的管理费用、财务费用以及为销售开发产品、出租投资性房地产而发生的销售费用，它们都是经营期间的费用支出。为了准确、真实地反映企业的经营状况，正确考核项目开发的成本水平和成本管理责任，按现行会计制度的规定应将期间费用计入当期损益，不计入开发产品成本。

4.2 开发产品成本归集、分配的会计处理

开发产品成本的归集和分配是房地产企业成本核算的重要内容。成本归集就是将成本支出计入成本项目的过程，而成本分配就是将计入成本项目的成本支出进行合理分摊，并计入成本对象的过程。房地产企业通过成本归集和成本分配，可以反映出每个成本对象的成本支出，为计算销售成本创造条件。

4.2.1 成本分配法

房地产企业开发、建造的开发产品应按制造成本法进行计量与核算。其中，应计入开发产品成本的费用属于直接成本和能够分清成本对象的间接成本，直接计入成本对象；共同成本和不能分清成本对象的间接成本，应按受益原则和配比原则分配至各个成本对象。房地产企业应根据项目的具体情况，选择合适的分配方法。

房地产项目总成本的分配有 4 种方法：占地面积法、建筑面积法、直接成本法以及预算造价法。

（一）占地面积法

占地面积法指按已动工开发成本对象占地面积占开发用地总面积的比例进行分配。

一次性开发的，按某一成本对象占地面积占全部成本对象占地总面积的比例进行分配。

分期开发的，首先按本期全部成本对象占地面积占开发用地总面积的比例进行分配，然后再按某一成本对象占地面积占期内全部成本对象占地总面积的比例进行分配。

期内全部成本对象应负担的占地面积为期内开发用地占地面积减除应由各期成本对象共同负担的占地面积。

土地成本一般按照此方法进行分配。土地开发同时联结房地产开发的，属于一次性取得土地分期开发房地产的情况，其土地开发成本经商税务机关同意后可先按土地整体预算成本进行分配，待土地整体开发完毕再进行调整。

（二）建筑面积法

建筑面积法指按已动工开发成本对象建筑面积占开发用地总建筑面积的比例进行分配。

一次性开发的，按某一成本对象建筑面积占全部成本对象建筑面积的比例进行分配。

分期开发的，首先按期内成本对象建筑面积占开发用地计划建筑面积的比例进行分配，然后再按某一成本对象建筑面积占期内全部成本对象总建筑面积的比例进行分配。

一般情况下，分配时的建筑面积采用可售建筑面积。

（三）直接成本法

直接成本法指按期内某一成本对象的直接开发成本占期内全部成本对象直接开发成本的比例进行分配。

一般来说，直接成本可以理解为土地征用及拆迁补偿费和建筑安装工程费之和。

借款费用属于不同成本对象共同负担的费用，按直接成本法或按预算造价法进行分配。

（四）预算造价法

预算造价法下，按期内某一成本对象预算造价占期内全部成本对象预算造价的比例对项目总成本进行分配。

4.2.2　土地征用及拆迁补偿费的归集与分配

（一）土地征用及拆迁补偿费的相关概念

土地征用及拆迁补偿费，是指为取得土地开发使用权而发生的各项费用，主要包括土地征用费、拆迁补偿费、市政配套费等。土地征用费是指支付的土地出让金、土地转让费、土地效益金、土地开发费，缴纳的契税、耕地占用税，土地变更用途和超面积补交的地价，补偿合作方地价，合作项目建房转入分给合作方的房屋成本和相关税费等。拆迁补偿费是指有关地上、地下建筑物或附着物的拆迁补偿支出，安置及动迁支出，农作物补偿费，危房补偿费等；拆迁旧建筑物回收的残值应估价入账，分别冲减有关成本。市政配套费是指向政府部门交纳的大市政配套费，征用生地向当地市政公司交纳的红线外道路、水、电、气、热、通信等的建造费、管线铺设费等。

（二）土地征用及拆迁补偿费的归集

（1）能分清成本核算对象的，应直接记入有关开发成本核算对象的“土地征用及拆迁补偿费”账户。

【例 4–1】归集土地征用及拆迁补偿费的会计核算

A房地产企业受市政府委托，对一块面积为5万平方米的湖东危改地块进行土地储备整理，并于2×19年11月5日，用银行存款支付征地拆迁费50万元，该企业应编制如下会计分录。

借：开发成本——土地征用及拆迁补偿费　　500 000

　贷：银行存款　　500 000

（2）分不清成本核算对象的，应先对其支出进行归集，会计期末按照一定的分配标准分配给各个受益对象。

【例 4–2】归集土地征用及拆迁补偿费的会计核算

2×19年8月，A房地产企业通过竞拍获得了一块土地，该土地价款总额为5亿元，用银行存款支付。该块土地整体项目规划为别墅区、住宅区和商业区，具体技术经济指标未知。该企业应编制如下会计分录。

借：开发成本——土地征用及拆迁补偿费——待分摊成本　500 000 000

　贷：银行存款　　500 000 000

（三）土地征用及拆迁补偿费的分配

按照税法的有关规定，土地成本一般按占地面积法进行分配。如确需结合其他方法进行分配的，应经税务机关同意。

如果成本对象的占地面积已知，原则上房地产企业应该按占地面积进行分摊。房地产企业取得成本对象占地面积的途径有两个：一是政府规划审批部门在项目规划中测定的占地面积，二是房地产企业根据项目规划自行测定的占地面积。

但在项目的实际运作过程中，并不是所有的成本对象都可以单独取得其占地面积，垂直排列的成本对象就无法取得各自的占地面积。如有的开发商品房，1 至 5 层是购物中心，地下 1 层是超市，因为购物中心和超市的占地面积是重合的，所以，这种情况下就不能使用占地面积法对土地征用及拆迁补偿费进行分配。

对于无法按占地面积法对土地征用及拆迁补偿费进行分配的土地成本，从目前的分摊方法来看，建筑面积法是最合理的方法之一。

【例 4-3】分配土地征用及拆迁补偿费的会计核算

2×20 年 6 月，A 房地产企业通过竞拍取得了一块土地，土地总价值 5 亿元，用银行存款支付。该块土地占地面积 10 万平方米，总建筑面积 50 万平方米。整体项目规划为住宅区、商业区和别墅区 3 个区域，具体经济技术指标如下。

（1）住宅区：占地面积 5 万平方米，建筑面积 30 万平方米。

（2）商业区：占地面积 3 万平方米，开发产品为 3 层楼的商场和 10 层楼的写字楼，总建筑面积 16 万平方米，其中：商场建筑面积为 6 万平方米，写字楼的建筑面积为 10 万平方米。

（3）别墅区：占地面积 2 万平方米，建筑面积 4 万平方米。

A 房地产企业根据经济业务，编制如下会计分录。

（1）土地价款归集。

借：开发成本——土地征用及拆迁补偿费——待分摊成本　500 000 000

　　贷：银行存款　　　　　　　　　　　　　　　　　　　500 000 000

（2）土地价款分摊。

根据该项目实际情况，A 房地产企业确定的成本对象为：住宅、商场、写字楼和别墅。各成本对象分摊的土地成本如下。

① 住宅的土地成本：住宅的土地成本按占地面积法进行分配。

住宅的土地成本 =5÷10×50 000=25 000（万元）。

② 商场和写字楼的土地成本：商业区的土地成本按占地面积法进行分配。

商业区的土地成本 =3÷10×50 000=15 000（万元）。

商场和写字楼的土地成本按建筑面积法进行分配。

商场的土地成本 =6÷16×15 000=5 625（万元）。

写字楼的土地成本 =10÷16×15 000=9 375（万元）。

③别墅的土地成本：别墅的土地成本按占地面积法进行分配。

别墅的土地成本 =2÷10×50 000=10 000（万元）。

会计分录如下。

借：开发成本——住宅——土地征用及拆迁补偿费　　250 000 000

　　　　　　——商场——土地征用及拆迁补偿费　　56 250 000

　　　　　　——写字楼——土地征用及拆迁补偿费　　93 750 000

　　　　　　——别墅——土地征用及拆迁补偿费　　100 000 000

　贷：开发成本——土地征用及拆迁补偿费——待分摊成本 500 000 000

在进行土地征用及拆迁补偿费的分摊时，应注意以下几种特殊情况的处理方法。

（1）回迁房的成本如果作为拆迁补偿费，不分摊土地征用及拆迁补偿费。

（2）单独建造由开发产品承担的配套设施，应分摊土地征用及拆迁补偿费。

（3）在进行土地征用及拆迁补偿费的分摊时，如果开发产品属于单独建造的、具有独立使用功能的地下建筑物，应分摊土地征用及拆迁补偿费；如果开发产品属于为建造地上建筑物而形成的、不具有独立使用功能的地下基础设施，不分摊土地征用及拆迁补偿费。

4.2.3 前期工程费的归集与分配

（一）前期工程费的相关概念

前期工程费是指取得土地使用权后，为开发项目而进行的规划，设计，项目可行性研究，水文，地质勘察，测绘，“三通一平”，报批报建等前期支出。主要包括以下内容。

（1）项目前期报批报建费。项目前期报批报建费指项目报建时按规定向政府有关部门支付的报批费，如墙改专项基金、水泥基金、人防工程建设费、规划管理费、招投标管理费等。

（2）规划设计费。规划设计费包括项目立项后的总体规划设计费、单体设计费、管线设计费、改造设计费、可行性研究费、市场调研费、制图费、晒图费、规划设计模型制作费以及方案评审费等。

（3）勘测丈量费。勘测丈量费包括水文、地质、文物和地基勘察费，沉降观测费，日照测试费等。

（4）临时设施费。临时设施费包括工地甲方临时办公室、场地占用费，以及沿红线周围设置的临时围墙、围挡等设施的费用。

（5）预算编、审费。预算编、审费指支付给社会中介服务机构受聘为项目编制或审查预算而发生的费用。

（6）其他相关费用，包括环境监测费等。

（二）前期工程费的归集

（1）能分清成本核算对象的，应直接记入有关房屋开发成本核算对象的"前期工程费"账户。

【例4-4】 归集前期工程费的会计核算

假定2×19年10月，甲企业的A高档写字楼项目竣工验收，在各相关部门对所涉及的单项工程全部进行结算处理后，最终确定了该项目的直接成本，经过相应的账务处理后，A高档写字楼项目的开发成本账户明细如下：土地征用及拆迁补偿费17 200万元、前期工程费5 000万元。甲企业董事会决定将该项目作为投资性房地产长期持有，并决定采用成本模式计量。次月，甲企业进行了开发产品的结转，应编制如下会计分录。

借：投资性房地产——A写字楼项目　　222 000 000

　　贷：开发成本——A写字楼项目——土地征用及拆迁补偿费　172 000 000

　　　　　　　　——A写字楼项目——前期工程费　　50 000 000

（2）分不清成本核算对象的，应先将其支出进行归集，会计期末按照一定的分配标准分配给受益对象。

【例4-5】 归集前期工程费的会计核算

A房地产开发公司有一块土地，规划分为两期开发，现已支付工程招投标代理服务费30万元、可行性研究编制费10万元、临时道路修建费5万元、地基测量定桩费15万元、临时围栏费70万元、建设场地平整费110万元。A房地产开发公司应编制如下会计分录。

A房地产开发公司总成本=300 000+100 000+50 000+150 000+700 000+1 100 000=2 400 000

借：开发成本——前期工程费——待分摊成本　　2 400 000

　　贷：银行存款或应付账款等　　2 400 000

（三）前期工程费的分配

前期工程费的分配方法包括占地面积法、建筑面积法、直接成本法和预算造价法等。房地产企业在分配前期工程费时，可自行选择其中的一种方法。对于前期工程费中的具体支出项目，房地产企业应具体分析，分别采用不同的分配方法。如果没有确实的理由，前期工程费的支出项目应采用统一的分配方法，即不能人为地通过分配方法的选择来调节各成本对象的成本。

【例 4-6】分配前期工程费的会计核算

（接上例）A 房地产企业规划第一期开发的建筑面积为 20 万平方米，第二期开发的建筑面积为 30 万平方米。A 房地产企业使用建筑面积法对前期工程费进行分摊，会计分录如下。

借：开发成本——一期——前期工程费　　960 000

　　　　　　——二期——前期工程费　　1 440 000

　　贷：开发成本——前期工程费——待分摊成本　　2 400 000

4.2.4 建筑安装工程费的归集与分配

（一）建筑安装工程费的相关概念

建筑安装工程费是指项目开发过程中发生的列入建筑安装工程施工图预算项目的各项费用（含设备费、出包工程向承包方支付的临时设施费和劳动保险费），还应包括相应的甲供材料、设备费。主要包括以下内容。

（1）土建工程费，包括：① 基础工程费：土石方、桩基、基坑支护费，桩基检测费。② 主体工程费，即土建结构工程费（含 ±0 以下部分）。

（2）安装工程费，包括以下几种费用。① 电气安装工程费，其中包含主体工程内的照明、电表等电气设施的设备费、安装费。② 弱电安装工程费，其中包含主体工程内的通信、监控、有线电视等智能化系统的设备费、安装费。③ 给排水安装工程费，其中包含主体工程内的上下水、水表等给排水设施的设备费和安装费。④ 电梯安装工程费，其中包含主体工程内的电梯及其安装费、调试费。⑤ 空调安装工程费，其中包含主体工程内的中央空调、户式中央空调等设备费及安装费。⑥消防安装工程费，其中包含主体工程内的自动喷洒、消防栓、报警系统等消防设施安装费。⑦煤气、燃气安装工程费，其中包含主体工程内的供气管线等燃气设施的设备费及安装费。⑧采暖安装工程费，其中包含主体工程内的供热设施的设备费及安装费。⑨门窗安装工程费，其中包含主体工程内的门、窗的设备费以及安装费。

上述各项如有甲供材料的，还应包括相应的甲供材料费。所谓甲供材料方法，就是房地产企业和施工企业之间材料供应、管理和核算的一种方法，即：房地产企业在进行施工招投标与施工单位签订施工合同时，房地产企业为甲方，合同中规定该工程项目中所使用的主要材料由甲方（房地产企业）统一购入，材料价款的结算按照实际的价格结算，数量的结算按照甲方（房地产企业）调拨给乙方（施工企业）的数量结算。在甲供材料方法中，材料的价格风险由房地产企业承担，材料的数量风险由施工企业承担。房地产企业根据施工图计算施工所需的材料量，列出材料供应清单，各个施工单位根据工程进度预算所需要的材料量提前上报计划，房地产企业统一购入管理，在工程款结算时将这部分材料款从结算总额中剔除。

（3）装修工程费，包括以下几种费用。①公共部位装修费用，指过道、入户大门、电梯间等公共部位的装修费用。②粗装修费用，主要指为达到交工验收标准而对毛坯房进行的一般装修的费用。③精装修费用，主要指根据与客户签订的精装修合同进行的装修所支付的材料费和装修费。

（4）项目或工程监理费，即指支付给工程监理单位的费用。

（5）其他费用，即工程收尾所发生的零星工程费和工程保险费、文明施工费等。

房地产企业可以采用发包和自营两种施工方式。对于不同的施工方式，房地产企业应采用不同的核算方法。

（二）采用发包方式的核算

对发包的基础设施和建筑安装工程，房地产企业一般采用招标、议标方式，通过工程公开招标或邀请施工企业议标，将工程发包给施工企业，按工程标价进行结算。房地产企业一般要根据工程承包合同条例的规定，同承包工程的施工企业签订工程承包合同。

采用发包方式进行建筑安装工程施工的开发项目，其建筑安装工程支出，应根据房地产企业承付的已完工程价款确定，直接记入有关开发成本核算对象的“建筑安装工程费”账户。

1. 工程价款结算办法

房地产企业与施工企业在工程承包合同中规定的工程价款的结算，应根据国家有关工程价款结算办法，结合当地的有关规定具体确定。从目前各地区所采用的工程价款结算办法来看，归纳起来，主要有如下3种，如图4-2所示。

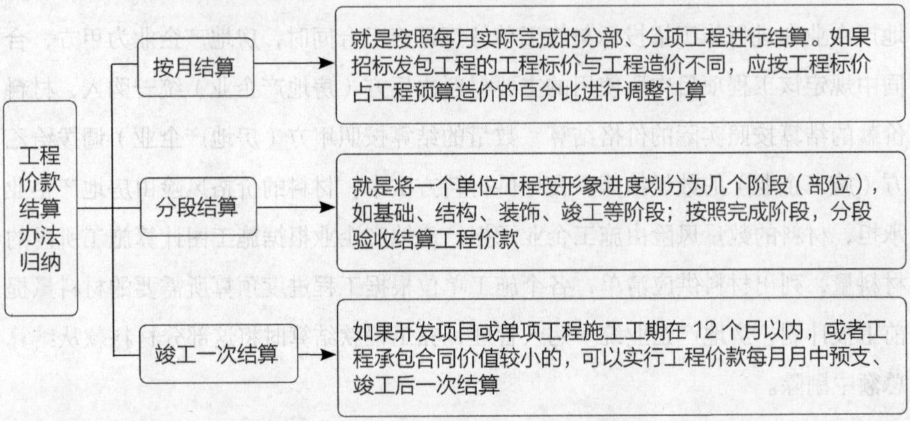

图4-2　工程价款结算办法归纳

不论采用何种结算办法，施工期间结算的工程价款一般都不得超过承包工程合同价值的95%。结算双方可以在5%的幅度内协商确认尾款比例，并在工程承包合同中订明。尾款应存入银行专户，待工程竣工验收后清算。但如承包施工企业已向开发企业出具履约保函或有其他保证的，可以不留工程尾款。

2. 支付工程合同款的会计核算

房地产企业与施工企业有关发包工程款和预付备料款、工程款的核算，应在“应付账款——应付工程款”和“预付账款——预付承包单位款”两个科目进行。

房地产企业按照规定预付给施工企业的备料款和工程款，应记入“预付账款——预付承包单位款”科目的借方；按照工程价款结算账单应付给施工企业的工程款，应记入“开发成本”等科目的借方和“应付账款——应付工程款”科目的贷方。如有扣除应付工程款的预付备料款和预付工程款，应将扣回的预付备料款和预付工程款记入“预付账款——预付承包单位款”科目的贷方，“应付账款——

应付工程款”科目的贷方仅记扣减预付备料款和预付工程款后的应付账款。支付工程款时，记入“应付账款——应付工程款”科目的借方和“银行存款”等科目的贷方。

合同最后结算时，按最终结算值与已累计结算值差额结转开发成本，借记“开发成本”科目，贷记“应付账款”科目，“应付账款”科目贷方余额反映尚欠施工企业的款项。

【例 4–7】支付工程合同款的会计核算

A 房地产企业某项发包工程年度合同总值为 600 000 元，按照合同规定开工前应付预付备料款 15 000 元，以银行存款支付。

（1）支付预付备料款时，应编制如下会计分录。

借：预付账款——预付承包单位款　15 000
　贷：银行存款　15 000

（2）9 月份根据施工企业当月施工计划所列工作量的二分之一，即 35 000 元，用银行存款预付工程款时，应编制如下会计分录。

借：预付账款——预付承包单位款　35 000
　贷：银行存款　35 000

（3）10 月初根据施工企业提出 9 月份工程价款结算账单中的已完工工程价值为 75 000 元，根据已完工工程价值减去应扣回预付备料款 15 000 元、月中预付工程款 35 000 元，尚应支付工程款 25 000 元（75 000-15 000-35 000），应编制如下会计分录。

借：开发成本　75 000
　贷：预付账款——预付承包单位款　50 000
　　应付账款——应付工程款　25 000

（4）用银行存款支付应付工程款时，应编制如下会计分录。

借：应付账款——应付工程款　25 000
　贷：银行存款　25 000

3. 非合同建筑安装工程费支出的核算

非合同建筑安装工程费支出（以下简称“非合同建安支出”）需要通过“应

付账款”科目转入“开发成本”科目，实务中的处理如下。在“应付账款”科目下按成本项目设置明细科目，发生支出时先借记“应付账款”科目，贷记“银行存款”科目，同时借记“开发成本”科目，贷记“应付账款”科目。

可以看出，对于非合同建安支出，应通过“应付账款”科目进行过渡，不能直接记入“开发成本”科目。这样操作的理由是：可以通过“应付账款”科目的累计发生额完整反映项目建安支出的情况。

这里要注意的是，核算非合同建安支出时，“应付账款”的明细科目是按“开发成本”的明细科目来设置的，这与支付工程合同款，按客户单位设置应付账款明细科目不同。

4. 工程水电费的核算

施工期间工程临时水电费一般由房地产企业直接支付，施工合同中约定房地产企业和施工企业分担比例。实际支付时，应该由房地产企业承担的部分直接记入“开发成本”科目，应由施工企业应承担的部分，由施工企业直接记入“应付账款”科目的借方。

发生水电费时金额不能准确确定的，房地产企业可以通过“其他应收款”科目先归集，借记“其他应收款”科目，贷记“银行存款”科目。最后由房地产企业应承担的部分借记“开发成本”科目，按由施工企业承担的部分借记“应付账款——施工企业”科目，按全部的水电费金额贷记“其他应收款”科目。

需要注意的是，房地产企业应将取得的水电费发票复印件及原始凭证分割单一并交与施工企业，施工企业据此入账。

（三）采用自营方式的核算

对于用自营方式进行的基础设施和建筑安装（包括装饰）等工程，如果工程规模不大，在施工过程中发生的各项工程费用，可直接计入有关开发成本的核算对象，记入“开发成本——具体成本对象——建筑安装工程费”等科目的借方和“银行存款”“库存材料”或“原材料”“应付职工薪酬”等科目的贷方，编制如下会计分录。

借：开发成本——具体成本对象——建筑安装工程费

　　贷：银行存款

　　　　库存材料或原材料

应付职工薪酬等

如果工程规模较大，由房地产企业所属施工企业进行内部核算的，可根据需要设置“工程施工”“施工间接费用”等科目，用来核算和归集自营工程费用，并按工程施工成本核算对象和成本项目，设置工程施工成本明细分类账进行工程成本明细分类核算，在月末将其实际成本转入“开发成本——具体成本对象——建筑安装工程费”科目的借方。

房地产企业用于项目开发的各项设备，即附属于工程主体的各项设备，应在出库交付安装时，记入有关项目开发成本核算对象的“建筑安装工程费”科目，即记入“开发成本——具体成本对象——建筑安装工程费”科目的借方和“库存设备”科目的贷方。

（四）建筑安装工程费的分配

房地产企业如果对建筑安装工程采用招标方式发包的，并将几个工程一并招标发包，则在发生建筑安装工程费时，应先将其支出通过“开发成本——建筑安装工程费——待分摊成本”科目进行归集，会计期末按照一定的分配标准分配给各受益对象。

应由开发产品受益的，将其分配计入有关成本核算对象，即记入“开发成本——具体受益对象——建筑安装工程费”科目的借方。应由投资性房地产或固定资产受益的，将其分配记入“在建工程”科目的借方。

1. 按工程计算额分配

建筑安装工程费与其他成本项目不同，开发产品一般以每一独立编制设计概算或施工图预算的单项开发工程为成本核算对象，也就是说，成本核算对象都具有独立的设计概算或施工图预算，房地产企业发生的建筑安装工程费在最后完工结算工程价款时，都可以准确确定每一个成本对象的建筑安装工程费。因此，在一般情况下，房地产企业在工程完工时，按照工程结算值分配计入相应的成本对象。

2. 按工程预算造价分配

房地产企业如果对建筑安装工程采用招标方式发包，并将几个工程一并招标发包，则在工程完工结算价款时，也可以按各项工程的预算造价的比例，计算它们的标价即实际建筑安装工程费，并计入相应的成本对象。

【例 4–8】建筑安装工程费的分配

A 房地产企业将两栋商品房建筑安装工程进行招标，标价为 8 000 万元，这两栋商品房的预算造价为：一号商品房为 6 000 万元，二号商品房为 4 000 万元，合计 10 000 万元。

工程完工结算工程价款时，计算各栋商品房的实际建筑安装工程费。

一号商品房建筑安装工程费 =8 000×6 000÷10 000=4 800（万元）。

二号商品房建筑安装工程费 =8 000×4 000÷10 000=3 200（万元）。

该企业应编制如下会计分录。

借：开发成本——一号商品房——建筑安装工程费	48 000 000
——二号商品房——建筑安装工程费	32 000 000
贷：银行存款或应付账款	80 000 000

4.2.5 基础设施费的归集与分配

（一）基础设施费的相关概念

基础设施费是指项目开发过程中发生的小区内、建筑安装工程施工图预算项目之外的供电、供水、供气、供热、道路、排污、排洪、通信、照明、绿化等基础设施工程费用，红线外两米与大市政接口的费用，以及向水、电、气、热、通信等专业公司交纳的费用。主要包括以下内容。

（1）供电工程费，指开发项目内的变电、配电设备的购置费，设备安装及电缆铺设费，贴费，增容费等。

（2）给排水工程费，指开发项目内的自来水、雨水、污水、防洪等给排水设施的建造、管线铺设等费用。

（3）供气工程费，指开发项目内的煤气、燃气管道的铺设费，增容费，集资费，配套费，挂表费等。

（4）供热工程费，指开发项目内的暖气管道的铺设费等。

（5）道路工程费，指开发项目内的道路铺设费。

（6）通信工程费，指开发项目内的电话、宽带网络等线路的铺设费、配套费等。

（7）电视工程费，指开发项目内的有线电视（闭路电视）的线路铺设和按规定应交纳的有关费用。

（8）照明工程费，指开发项目内的路灯等照明设施的支出。

（9）绿化工程费，指开发项目内的草坪、栽花、种树等绿化支出、设计费等。

（10）环卫工程费，指开发项目内的环境卫生设施支出，如垃圾箱等支出。

（11）其他费用：项目周围设置的永久性围墙、围栏支出，园区大门、园区监控工程支出等。

（二）基础设施费的归集

（1）能分清成本核算对象的，应直接记入有关房屋开发成本核算对象的“基础设施费”账户。

【例 4-9】基础设施费的归集

A 房地产企业于 2×20 年 5 月在 A 地开发一块土地，占地面积 50 000 平方米。开发完成后准备将其中的 30 000 平方米对外转让，其余的 20 000 平方米自行开发商品房。假设在土地开发过程中只发生了以下经济业务：支付土地出让金 50 000 000 元，支付拆迁补偿费 3 000 000 元，支付勘察设计费 500 000 元。以上款项已用银行存款支付。某施工企业承包的地下管道安装工程已经竣工，应支付价款 2 000 000 元。

该企业应做如下会计分录。

借：开发成本——土地开发——土地征用及拆迁补偿费	53 000 000	
——前期工程费	500 000	
——基础设施费	2 000 000	
贷：银行存款		53 500 000
应付账款——某施工单位		2 000 000

（2）分不清成本核算对象的，应先将支出进行归集，会计期末按照一定的分配标准分配给受益对象。

（三）基础设施费的分配

基础设施费的分配方法包括占地面积法、建筑面积法、直接成本法和预算造价法。房地产企业在分配时，可以自行选择其中一种方法。对于基础设施费中的具体支出项目，房地产开发企可以具体分析，分别采用不同的分配方法。如果没有确实的理由，基础设施费的支出项目应采用统一的分配方法，不能人为地通过分配方法的选择来调节各成本对象的成本。

【例 4-10】基础设施费的分配

A 房地产企业开发了商品房 A（写字楼）、商品房 B（住宅）。该项目的占地面积为 10 000 平方米，容积率为 2.0，可以建设商品房 20 000 平方米。其中商品房 A 为 5 000 平方米，商品房 B 为 15 000 平方米。在 2×20 年 3 月，该企业用银行存款支付承包施工企业基础设施工程款 60 万元。

基础设施费一般是按照建筑面积法分配成本的。商品房 A、商品房 B 分别应负担的基础设施费计算如下。

商品房 A 应负担的基础设施费 =60×5 000÷20 000=15（万元）。

商品房 B 应负担的基础设施费 =60×15 000÷20 000=45（万元）。

依据结算单及建筑发票和银行付款凭据，A 房地产企业应做以下会计处理。

借：开发成本——基础设施费——商品房 A　　150 000

　　　　　　——基础设施费——商品房 B　　450 000

　贷：银行存款　　600 000

4.2.6 开发间接费用的归集与分配

（一）开发间接费用的相关概念

开发间接费用是指房地产企业内部独立核算单位在开发现场组织管理开发产品而发生的各项费用。这些费用虽也属于直接为开发房地产而发生的费用，但不能确定其为某项开发产品所应负担，因而无法将它直接计入各项开发产品成本。具体内容见表 4-1。

表 4-1 开发间接费用明细项目

明细项目名称	具体含义及内容
工资	工资指房地产企业内部独立核算单位现场管理机构行政、技术、经济、服务等人员的工资、奖金和津贴
福利费	福利费指按上述人员工资总额的一定比例（目前为 14%）提取的职工福利费
折旧费	折旧费指房地产企业内部独立核算单位使用属于固定资产的房屋、设备、仪器等提取的折旧费

续表

明细项目名称	具体含义及内容
修理费	修理费指房地产企业内部独立核算单位使用属于固定资产的房屋、设备、仪器等发生的修理费
办公费	办公费指房地产企业内部独立核算单位各管理部门办公用的文具、纸张、印刷、邮电、书报、会议、差旅交通、烧水和集体取暖用煤等费用
水电费	水电费指房地产企业内部独立核算单位各管理部门耗用的水电费
劳动保护费	劳动保护费指用于房地产企业内部独立核算单位职工的劳动保护用品的购置、摊销和修理费，供职工保健用营养品、防暑饮料、洗涤肥皂等物品的购置费或补助费，以及工地上供职工洗澡、饮水的燃料等费用
周转房摊销	周转房摊销指不能确定为某项开发项目安置拆迁居民周转使用的房屋计提的摊销费
利息支出	利息支出指房地产企业为开发房地产借入资金所发生的不能直接计入某项开发成本的利息支出及相关的手续费，但应冲减使用前暂存银行而发生的利息收入。开发产品完工以后的借款利息，应作为财务费用，计入当期损益
其他费用	其他费用指上列各项费用以外的其他开发间接费用支出

从上述开发间接费用的明细项目中，可以看出开发间接费用与土地征用及拆迁补偿费、建筑安装工程费等变动费用不同，它属于相对固定的费用，其费用总额并不随着开发产品量的增减而成比例增减。但就单位开发产品分摊的费用来说，其随着开发产品量的变动而成反向变动，即完成开发产品数量增加，单位开发产品分摊的费用随之减少；反之，完成开发产品数量减少，单位开发产品分摊的费用随之增加。因此，超额完成开发任务，就可降低开发成本中的开发间接费用。

（二）开发间接费用的归集

为了简化核算手续，将开发间接费用先记入“开发间接费用”科目，然后按照适当分配标准，将它分配计入各项开发产品成本。企业内部独立核算单位发生的各项开发间接费用，都要自“应付职工薪酬”“累计折旧”“递延资产”“长期待摊费用”“银行存款”“周转房——周转房摊销”等科目的贷方转入“开发间接费用”科目的借方。

（三）开发间接费用的分配

每月终了，应对开发间接费用进行分配，按实际发生数计入有关开发产品的成本。开发间接费用的分配方法包括占地面积法、建筑面积法、直接成本法和预算造价法等，企业可根据开发经营的特点自行确定分配方法。

不论土地开发、房屋开发、配套设施和代建工程，均应分配开发间接费用。为了简化核算手续并防止重复分配，对应计入房屋等开发成本的自用土地和不能有偿转让的配套设施的开发成本，均不分配开发间接费用，这部分开发产品应负担的开发间接费用，可直接分配计入有关房屋开发成本。也就是说，企业内部独立核算单位发生的开发间接费用，可仅在有关开发房屋、商品性土地、能有偿转让配套设施及代建工程之间进行分配。

开发间接费用的分配标准，可按月份内各项开发产品实际发生的直接成本（包括土地征用及拆迁补偿费或批租地价、前期工程费、基础设施费、建筑安装工程费、配套设施费）进行分配。

【例 4–11】开发间接费用的分配

A房地产企业某内部独立核算单位在2×20年5月共发生开发间接费用41 600元，应分配开发间接费用的各开发产品实际发生的直接成本如表 4–2 所示。

表 4–2　开发产品直接成本明细　　单位：元

开发产品编号、名称	直接成本
101 商品房	50 000
102 商品房	120 000
151 出租房	75 000
181 周转房	70 000
201 大配套设备——酒店	80 000
301 商品性土地	125 000
合计	520 000

根据上述资料，A 房地产企业即可为各开发产品计算 5 月应分配的开发间接费用。

分配比率 =41 600÷520 000×100%=8%。

101 商品房应分配的开发间接费用 =50 000×8％ =4 000（元）。

102 商品房应分配的开发间接费用 =120 000×8% =9 600（元）。

151 出租房应分配的开发间接费用 =75 000×8% =6 000（元）。

181 周转房应分配的开发间接费用 =70 000×8% =5 600（元）。

201 大配套设施——酒店 =80 000×8% =6 400（元）。

301 商品性土地应分配的开发间接费用 =125 000×8% =10 000（元）。

该企业应编制如下会计分录。

借：开发成本——房屋开发成本	25 200
开发成本——配套设施开发成本	6 400
开发成本——商品性土地开发成本	10 000
贷：开发间接费用	41 600

4.3　公共配套设施费的会计核算

4.3.1　成本对象的确定和核算

（一）公共配套设施的分类

房地产企业开发的公共配套设施，可以分为如下两类。

（1）在开发小区内开发不能有偿转让的公共配套设施，如居委会、派出所、消防设施、幼儿园、自行车棚、水塔、锅炉房等。

（2）能有偿转让的城市规划中规定的大型公共配套设施项目，包括：开发小区内营业性公共配套设施，如商店、银行、邮局等；开发小区内非营业性配套设施，如中小学、文化站、医院等；开发项目之外的、为居民服务的给排水、供电、供气设施及交通道路等。

如果第二类的公共配套设施没有投资来源，则不能有偿转让，也将它归入第一类，计入房屋开发成本。

（二）支出的核算原则

为了正确核算和反映房地产企业开发建设中各种公共配套设施所发生的支出，并准确地计算房屋开发成本和配套设施的开发成本，对公共配套设施支出的核算原则如下。

（1）对于在开发小区内不能有偿转让的公共配套设施，不能直接计入有关房屋开发成本，应在“开发成本——公共配套设施”科目下核算。如果工程规模较大，可以将各公共配套设施作为成本核算对象。如果工程规模不大，与其他项目建设地点较近，且开竣工时间相差不多，并由同一施工企业施工，也可考虑将它们合并，作为一个成本核算对象。

对于只为一个单体开发项目服务的、应摊入开发项目成本且造价较低的配套设施，可以不单独作为成本核算对象，发生的开发费用直接计入单体开发项目的成本。

（2）能有偿转让的城市规划中规定的大型公共配套设施项目，应以各配套设施项目作为成本核算对象，以正确计算各配套设施的开发成本。

根据公共配套设施的核算原则，对公共配套设施支出的归集分为3种情况（如表4-3所示），即在配套设施开发成本中核算的配套设施支出，只包括不能直接计入有关房屋等成本核算对象的、不能有偿转让的公共配套设施支出和能有偿转让的大型公共配套设施支出。

表4-3　公共配套设施支出的归集

情况	会计核算
对能分清并直接计入某个成本核算对象的第一类配套设施支出	可直接计入有关房屋等开发成本，并在“开发成本——房屋开发成本”科目中归集其发生的支出
对不能直接计入有关房屋开发成本的第一类配套设施支出	应先在“开发成本——公共配套设施”科目进行归集，于开发完成后再按一定标准分配计入有关房屋等开发成本
对能有偿转让的第二类大型公共配套设施支出	应在“开发成本——公共配套设施”科目进行归集

4.3.2　会计核算方法

（一）预提公共配套设施费

由于小区的开发时间较长，所以在开发小区时先建房屋，后建公共配套设施。当房屋建好或已经出售时，很可能有的公共配套设施尚未完工。这种房屋建设与配套设施建设的时间差，使得那些已具备使用条件并已出售的房屋应负担的配套设施费，无法以配套设施的实际开发成本进行结转和分配，只能以未完成配套设施的预算成本或计划成本为基数，计算出已出售房屋应负担的数额，用预提方式计入出售房屋等的开发成本。

值得注意的是，并不是所有的公共配套设施都可以预提成本，只有不能有偿转让的公共配套设施在尚未完工的情况下，且公共配套设施必须符合已在售房合同、协议等中明确承诺建造且不可撤销，或按照法律法规规定必须配套建造的条件，才可以按照预算成本预提建造费用。能有偿转让的公共配套设施不能预提成本。

预提公共配套设施费的步骤如下。

（1）预提成本。预提公共配套设施时，根据预提金额，借记“开发成本——公共配套设施费——具体成本对象”等科目，贷记“应付账款——预提费用”科目。

（2）实际发生费用。实际发生公共配套设施费时，按支付款项的金额，借记“应付账款——预提费用”科目，贷记“银行存款”“应付账款——应付工程款”科目。

（3）完工结算。当成本结算完成，对已经按照预提成本结转的销售成本和资产账面价值以及开发产品成本进行调整。如果实际成本大于预提成本，按其差额，借记“主营业务成本”“投资性房地产”“固定资产、“开发产品”等科目，贷记“银行存款”“应付账款——应付工程款”等科目。如果实际成本小于预提成本，按其差额，借记“应付账款——预提费用”科目，贷记“主营业务成本”“投资性房地产”“固定资产”“开发产品”等科目。

开发产品预提的配套设施费的计算，一般可按以下公式进行。

某项开发产品预提的公共配套设施费 = 该项开发产品预算成本（或计划成本）× 公共配套设施费预提率

公共配套设施费预提率 = 该公共配套设施的预期成本（或计划成本）÷ 应

负担该公共配套设施费各开发产品的预算成本（或计划成本）合计

上式中：应负担公共配套设施费的开发产品一般包括开发房屋、能有偿转让的在开发小区内开发的大型公共配套设施。

【例 4-12】预提公共配套设施费的会计核算

A房地产企业开发的小区内幼托所设施开发成本应由商品房、公寓、写字楼、商铺和配套设施商店负担。由于幼托所设施在商品房等设施完工出售时尚末完工，为了及时结转完工的商品房等成本，应先将幼托所设施配套设施费预提计入商品房产品等的开发成本。假定各项开发产品和幼托所设施的预算成本如下：商品房 2 000 万元、公寓 500 万元、写字楼 600 万元、商铺 400 万元、商店 1 500 万元、幼托所设施 125 万元。

幼托所设施配套设施费预提率 =125÷（2 000+500+600+400+1 500）×100%=2.5%。

各项开发产品预提幼托所设施的配套设施费计算如下。

商品房 =2 000×2.5%=50（万元）。

公寓 =500×2.5%=12.5（万元）。

写字楼 =600×2.5%=15（万元）。

商铺 =400×2.5%=10（万元）。

商店 =1 500×2.5%=37.5（万元）。

（1）预提公共配套设施费时，编制如下会计分录。

借：开发成本——商品房——公共配套设施费	500 000
——公寓——公共配套设施费	125 000
——写字楼——公共配套设施费	150 000
——商铺——公共配套设施费	100 000
——商店——公共配套设施费	375 000
贷：应付账款——预提费用	1 250 000

（2）支付公共配套设施建造费时，编制如下会计分录。

借：应付账款——预提费用	1 250 000
贷：银行存款或应付账款	1 250 000

按预提率计算的各项开发产品的公共配套设施费与实际支出数的差额，应在公

共配套设施完工时，按预提数的比例，调整增加或减少有关开发产品的成本。假设本例中实际支出数为130万元。

（3）公共配套设施完工时（实际成本大于预提成本），分以下两种情况进行账务处理。

①如果开发产品没有全部销售，则账务处理如下。

借：开发产品　　50 000

　　贷：银行存款或应付账款　　50 000

②如果开发产品已全部销售，则账务处理如下。

借：销售费用——其他　　50 000

　　贷：银行存款或应付账款　　50 000

（二）公共配套设施费的会计核算方法

（1）对于不能有偿转让的公共配套设施支出的核算包括两种情况：公共配套设施单独作为成本对象的核算和公共配套设施不作为成本对象的核算。具体会计核算如下。

①公共配套设施单独作为成本对象核算的，不能有偿转让的公共配套设施开发成本，通过“开发成本——具体成本对象——公共配套设施”科目进行核算，并于会计期末按照一定的分配标准分配给各受益对象。

②公共配套设施不作为成本对象核算的，不能有偿转让的公共配套设施开发成本，如果只为单个开发项目服务的，应计入开发项目成本。借记“开发成本——具体成本对象”科目，贷记“银行存款”“应付账款”等科目。

（2）能有偿转让的公共配套设施项目应该通过“开发成本——具体成本对象——成本项目”科目进行核算，房地产企业自用的应按建造固定资产进行核算的除外。

对能有偿转让的公共配套设施分配的不能有偿转让的公共配套设施支出，应记入能转让公共配套设施开发成本的明细科目的“公共配套设施”项目，即借记“开发成本——具体成本对象（能有偿转让）——公共配套设施”科目，贷记“开发成本——具体成本对象（不能有偿转让）——公共配套设施”科目。

对能有偿转让的公共配套设施分配的开发间接费用，应记入能有偿转让的公共配套设施明细科目的“开发间接费”项目，借记“开发成本——具体成本对象——开发间接费用”科目，贷记“开发间接费用”科目。

【例 4–13】公共配套设施费的会计核算方法

A房地产企业根据建设规划要求，在开发小区内负责建设一间商店和一座水塔、一所幼托所。上述设施均发包给施工企业施工。商店建成后，有偿转让给商业部门。水塔和幼托所的开发支出按规定计入有关开发产品的成本。水塔与商品房等同步开发，幼托所与商品房等不同步开发，其支出经批准采用预提办法。

上述各公共配套设施共发生的有关支出如表 4–4 所示（单位：万元）。

表 4–4　公共配套设施支出明细

项目	商店	水塔	幼托所	合计
支付土地征用及拆迁补偿费	1 500	50	100	1 650
支付承包设计单位前期工程款	30	10	20	60
应付承包施工企业基础设施工程款	100	5	10	115
应付承包施工企业建筑安装工程款	1 200	30	50	1 280
分配水塔设施配套设施费	5	–5		0
分配开发间接费	40			40
预提幼托所设施配套设施费	5			5
合计	2 880	90	180	3 150

A房地产企业相关账务处理如下。

（1）用银行存款支付土地征用及拆迁补偿费时，编制如下会计分录。

借：开发成本——商店——土地征用及拆迁补偿费

——拆迁补偿费——公共配套设施　　15 000 000

开发成本——水塔——土地征用及拆迁补偿费

——拆迁补偿费——公共配套设施　　500 000

开发成本——幼托所——土地征用及拆迁补偿费

——拆迁补偿费——公共配套设施　　1 000 000

贷：银行存款　　16 500 000

（2）用银行存款支付承包设计单位前期工程款时，编制如下会计分录。

借：开发成本——商店——前期工程款——公共配套设施　　300 000

——水塔——前期工程款——公共配套设施　　100 000

——幼托所——前期工程款——公共配套设施 200 000

贷：银行存款 600 000

（3）将应付承包施工企业基础设施工程款和建筑安装工程款入账时，编制如下会计分录。

借：开发成本——商店——基础设施费——公共配套设施 1 000 000

——水塔——基础设施费——公共配套设施 50 000

——幼托所——基础设施费——公共配套设施 100 000

——商店——建筑安装工程费——公共配套设施 12 000 000

——水塔——建筑安装工程费——公共配套设施 300 000

——幼托所——建筑安装工程费——公共配套设施 500 000

贷：应付账款——应付工程款 13 950 000

（4）按规定应将其开发成本分配计入商品房等开发产品成本的不能转让的公共配套设施，如水塔设施，在完工验收后，应将其发生的实际开发成本按一定的标准（有关开发产品的实际成本、预算成本或计划成本），分配计入有关房屋和能转让公共配套设施的开发成本，做如下账务处理。

借：开发成本——商品房 900 000

——商店——公共配套设施费——公共配套设施 50 000

贷：开发成本——水塔——土地征用及拆迁补偿费拆迁补偿费——公共配套设施 500 000

——水塔——前期工程款——公共配套设施 100 000

——水塔——基础设施费——公共配套设施 50 000

——水塔——建筑安装工程费——公共配套设施 300 000

（5）分配应计入商店配套设施开发成本的开发间接费用时，编制如下会计分录。

借：开发成本——商店——开发间接费——公共配套设施 400 000

贷：开发成本——开发间接费 400 000

（6）预提应由商店配套设施开发成本负担的幼托所设施支出时，编制如下会计分录。

借：开发成本——商店——公共配套设施费——公共配套设施 50 000

贷：应付账款——预提费用 50 000

（7）对能有偿转让给有关部门的公共配套设施，如商店设施，应在完工验收后将其实际成本自相关科目的贷方转入“开发产品——商店——公共配套设施”科目的借方。

借：开发产品——商店——公共配套设施　　28 800 000

　贷：开发成本——商店——土地征用及拆迁补偿费

　　　　——拆迁补偿费——公共配套设施　　15 000 000

　　　　——商店——前期工程款——公共配套设施　　300 000

　　　　——商店——基础设施费——公共配套设施　　1 000 000

　　　　——商店——建筑安装工程费——公共配套设施　　12 000 000

　　　　——商店——公共配套设施费——公共配套设施　　100 000

　　　　——商店——开发间接费——公共配套设施　　400 000

能有偿转让的公共配套设施有偿转让收入，应作为销售收入处理。

（8）对用预提方式将配置设施支出计入有关开发产品成本的公共配套设施，如幼托所等设施，应在完工验收后，将其实际发生的开发成本冲减预提的配套设施费，做如下账务处理。

借：开发成本——商品房　　1 750 000

　应付账款——预提费用　　50 000

　贷：开发成本——幼托所——土地征用及拆迁补偿费

　　　　——拆迁补偿费——公共配套设施　　1 000 000

　　　　——幼托所——前期工程款——公共配套设施　　200 000

　　　　——幼托所——基础设施费——公共配套设施　　100 000

　　　　——幼托所——建筑安装工程费——公共配套设施　　500 000

如预提配套设施费大于或小于实际开发成本，可将其多提数或少提数冲减有关开发产品成本或进行追加分配。如有关开发产品已完工并办理竣工决算，可将其差额冲减或追加分配于尚未办理竣工决算的开发产品的成本。

4.4　土地开发成本与代建工程成本会计核算

4.4.1　土地开发成本的会计核算

房地产企业开发的土地，按其用途可以分为两种：第一，为了转让、出租而开发的商品土地；第二，为开发商品房而开发的自用土地。前者是房地产企业的最终开发产品，其费用支出单独构成土地的开发成本；而后者则是房地产企业的中间开发产品，其费用支出应计入房屋开发成本。

房地产企业开发的土地，因其开发的层次、程度和内容都不相同，有的只是进行场地的清理平整，如原有建筑物、障碍物的拆除和土地的平整；有的除了场地平整外，还要进行地下各种管线的铺设、地面道路的建设等。所以房地产企业要根据所开发土地的具体情况设置土地开发项目的成本项目。根据土地开发支出的一般情况，房地产企业对土地开发成本的核算，可设置如下几个成本项目：① 土地征用及拆迁补偿费；② 前期工程费；③ 基础设施费；④ 开发间接费。其中，土地征用及拆迁补偿费是指按照城市建设总体规划进行土地开发所发生的土地征用费、耕地占用税、劳动力安置费，及有关地上、地下物拆迁补偿费等，拆迁旧建筑物回收的残值应入账并冲减有关成本。前期工程费是指土地开发项目前期工程发生的费用，包括规划费、设计费，项目可行性研究费，水文、地质勘察、测绘费，场地平整费等；基础设施费是指土地开发过程中发生的各种基础设施费，包括道路、供水、供电、供气、排污、排洪、通信等设施费用；开发间接费是指应由商品性土地开发成本负担的开发间接费。

【例 4-14】土地开发成本的会计核算

A 房地产企业受市政府委托，对一块面积为 10 万平方米的地块进行土地储备整理。截至 2×19 年 11 月，A 房地产企业共发生了下列有关土地开发支出。

（1）11 月 5 日，用银行存款支付征地拆迁费 150 万元。

（2）11 月 11 日，用银行存款支付规划设计单位 210 万元设计费用。

（3）11 月 20 日，用银行存款支付施工企业 50 万元管道施工费用。

（4）本月发生开发间接费 4 万元，根据 A 房地产企业各开发项目的投入情况，应分配计入该土地开发项目 2 万元，于 11 月 30 日进行了费用的分摊结转。

A房地产企业的账务处理如下。

（1）核算土地征用及拆迁补偿费时，应做如下会计分录。

借：开发成本——土地开发成本——土地征用及拆迁补偿费 1 500 000

　　贷：银行存款 1 500 000

（2）核算前期工程费用时，应做如下会计分录。

借：开发成本——土地开发成本——前期工程费 2 100 000

　　贷：银行存款 2 100 000

（3）核算配套设施费时，应做如下会计分录。

借：开发成本——土地开发成本——公共配套设施 500 000

　　贷：银行存款 500 000

（4）核算开发间接费用时，应做如下会计分录。

借：开发成本——土地开发成本——开发间接费 20 000

　　贷：开发间接费 20 000

已完工土地开发成本的结转，应根据已完工开发土地的用途，采用不同的成本结转方法。为转让、出租而开发的商品性土地，在开发完工并经有关部门验收后，应将其实际成本从“开发成本——土地开发成本”科目的贷方转入“开发产品”科目的借方。

【例4-15】结转土地开发成本的会计核算

（接上例）假如上述地块累计支出412万元后，完工并办理了验收手续，应做如下会计分录。

借：开发产品 4 120 000

　　贷：开发成本 4 120 000

对于用于本企业商品房开发的土地，房地产企业应于土地开发完工并投入使用时，将土地开发的实际成本结转计入有关商品房等项目的开发成本，结转计入开发成本的土地开发支出。

【例4-16】结转土地开发成本的会计核算

（接上例）假如A房地产企业拍卖得到了某危改地块，该地块可用于开发别墅、多层和高层住宅。假设上述地块系其中的一部分，该企业将其用于营建高档别墅，则自该地块开发完成后应做如下会计分录。

借：开发成本——房屋开发成本——土地征用及拆迁补偿费　　4 120 000
　　贷：开发成本——土地开发成本　　4 120 000

4.4.2　代建工程成本的会计核算

代建工程是指房地产企业接受委托单位的委托，代为开发的各种工程，包括土地、房屋、市政工程等。

房地产企业发生的各项代建工程支出和对代建工程分配的开发间接费用，应记入“开发成本——代建工程”科目的借方和“银行存款”“应付账款——应付工程款”“库存材料”“原材料”等科目的贷方。同时，应按照成本核算对象和成本项目分别归集各个代建工程开发成本明细分类账。代建工程开发成本明细分类账的格式，基本和房屋开发明细分类账的格式相同。

对于完成全部开发过程并经验收的代建工程，房地产企业应将其实际开发成本自“开发成本——代建工程”科目的贷方转入“开发产品”科目的借方，并在将代建工程移交委托代建单位、办妥工程借款结算手续后，将代建工程开发成本自“开发产品”科目的贷方转入“主营业务成本”科目的借方。

4.5　开发完工产品成本的结转

4.5.1　开发完工产品的确认条件

开发完工产品是指企业已经完成全部开发过程，并已验收合格，可以按照合同规定的条件移交购买单位，或者可以作为商品对外销售的产品。通常情况下符合下列条件之一的，应视为开发产品已经完工。

（1）开发产品竣工证明材料已报房地产管理部门备案。

（2）开发产品已开始投入使用。

（3）开发产品已取得了初始产权证明。

开发产品完工后交付使用，会计上要确认收入，房地产企业应按规定及时对开发产品进行成本的结转，“开发成本”科目归集的成本费用相应按照已售建筑面积占可售建筑面积的比例结转销售成本。

4.5.2 开发产品成本的核算

开发产品完工前发生的成本费用通过“开发成本”科目反映，“开发成本”科目包括如下内容。

（1）土地征用费及拆迁补偿费。土地征用费及拆迁补偿费指为取得土地开发使用权（或开发权）而发生的各项费用，主要包括土地买价或出让金、市政配套费、契税、耕地占用税、土地使用费、土地闲置费、土地变更用途和超面积补交的地价及相关税费、拆迁补偿支出、安置及动迁支出、回迁房建造支出、农作物补偿费、危房补偿费等。

（2）前期工程费。前期工程费指项目开发前期发生的水文、地质勘察，测绘，规划，设计，可行性研究，筹建，场地通平等前期费用。

（3）建筑安装工程费。建筑安装工程费指开发项目开发过程中发生的各项建筑安装费用，主要包括开发项目建筑工程费和开发项目安装工程费等。

（4）基础设施费。基础设施费指开发项目在开发过程中所发生的各项基础设施支出，主要包括开发项目内道路、供水、供电、供气、排污、排洪、通信、照明等社区管网工程费和环境卫生、园林绿化等园林环境工程费。

（5）公共配套设施费。公共配套设施费指开发项目内发生的、独立的、非营利性的，且产权属于全体业主的，或无偿赠予地方政府、政府公用事业单位的公共配套设施支出。

（6）开发间接费。开发间接费指房地产企业为直接组织和管理开发项目所发生的，且不能将其归属于特定成本对象的成本费用性支出，主要包括管理人员工资、职工福利费、折旧费、修理费、办公费、水电费、劳动保护费、工程管理费、周转房摊销以及项目营销设施建造费等。

在开发产品完工前，预售收入是不进行损益结转的，所以“开发成本”科目累计借方发生额或期末余额反映了开发产品项目成本费用的实际投入。

成本核算对象的成本归集完成后，需要确定哪些成本核算对象是开发产品，哪些不是开发产品。不能转让的公共配套设施不是开发产品成本的核算对象，其各项费用支出属于待分摊公共配套设施成本（共同成本），归集的成本按照收益原则和配比原则分摊到开发产品中。

房地产企业在结转开发产品成本时，先通过成本的归集和分配，确定各成本核算对象的开发总成本，然后，再将不是开发产品的成本核算对象归集的成本按照建筑面积法分摊到开发产品中，最终确定开发产品开发总成本。在实际操作中，房地产企业一般采用成本核算对象成本明细表（见表 4-5）来完成这一过程。

表 4-5　成本核算对象成本明细　　单位：元

成本项目		成本核算对象			待分摊配套设施成本			合计	分摊方法简要说明
一级	二级	多层	高层	别墅	学校	会所	幼托所		
土地征用及拆迁补偿费									
前期工程费									
基础设施费									
建筑安装工程费									
公共配套设施费									
开发间接费									
待分摊配套设施成本	学校								
	会所								
	幼托所								
成本合计									
建筑面积（平方米）									
单位建筑面积成本									
销售面积（平方米）									
单位销售面积成本									

【注】

房地产企业开发产品发生的共同成本和不能分清负担对象的间接成本应如何

分配？

房地产企业开发、建造的开发产品的成本应按制造成本法进行计量与核算。其中，应计入开发产品成本中的费用属于直接成本和能够分清成本对象的间接成本，直接计入成本对象；共同成本和不能分清负担对象的间接成本，应按受益原则和配比原则分配至各成本对象，具体分配方法可按以下方法选择其一。

（1）占地面积法。占地面积法指按已动工开发成本对象占地面积占开发用地总面积的比例进行分配。

一次性开发的，按某一成本对象占地面积占全部成本对象占地总面积的比例进行分配。

分期开发的，首先按本期全部成本对象占地面积占开发用地总面积的比例进行分配，然后再按某一成本对象占地面积占期内全部成本对象占地总面积的比例进行分配。

期内全部成本对象应负担的占地面积为期内开发用地占地面积减除应由各期成本对象共同负担的占地面积。

（2）建筑面积法。建筑面积法指按已动工开发成本对象建筑面积占开发用地总建筑面积的比例进行分配。

一次性开发的，按某一成本对象建筑面积占全部成本对象建筑面积的比例进行分配。

分期开发的，首先按期内成本对象建筑面积占开发用地计划建筑面积的比例进行分配，然后再按某一成本对象建筑面积占期内成本对象总建筑面积的比例进行分配。

（3）直接成本法。直接成本法指按期内某一成本对象的直接开发成本占期内全部成本对象直接开发成本的比例进行分配。

（4）预算造价法。预算造价法指按期内某一成本对象预算造价占期内全部成本对象预算造价的比例进行分配。

4.5.3 结转完工开发产品成本

在结转完工开发产品成本时，应注意以下几个方面：对于本期发生的应该由前期、本期或后期项目分摊的支出，应按照权责发生制原则作待摊处理；在结转完工开发产品成本前，要跟企业各部门沟通，确认开发成本并没有应该属于待结转产品承担的成本且还没有发生的情况，以防止遗漏某部分开发成本；在复核开发成本的完整性时，需要重点关注报批报建项目和项目后期待建的公共配套设施。如有应支未支的报批报建项目，应根据相关收费文件和收费标准等规定进行预提。对项目规划应该建设而计划在后期项目建设的应在本期分摊的公共配套设施等成本支出，应该按照成本分摊原则进行预提。

在开发产品完工后，房地产企业对已完成开发过程的商品房、代建房、出租房、周转房等产品，应在竣工验收以后将其开发成本结转至“开发产品”科目或“库存商品”科目。会计人员应根据房屋开发成本明细分类账记录的完工房屋实际成本，记入“开发产品”科目或“库存商品”科目的借方和“开发成本”科目的贷方。“开发产品”科目或“库存商品”科目应按房屋类别分别设置商品房、代建房、出租房、周转房等二级明细科目，并按各成本核算对象进行明细分类核算。

房地产开发产品成本明细表格式如表 4-6 所示。

表 4-6　开发产品成本明细　　**单位：元**

成本项目	多层	高层	公寓	别墅	合计
土地征用及拆迁补偿费					
前期工程费					
基础设施费					
建筑安装工程费					
公共配套设施费					
开发间接费					
成本合计					
建筑面积（平方米）					
单位建筑面积成本					
销售面积（平方米）					
单位销售面积成本					

4.5.4 结转开发产品销售成本

通常情况下，房地产企业的销售行为在开发产品完工前即已开始，完工后还会继续下去，直至开发产品售出完毕。开发产品完工前不结转销售成本，完工后根据配比原则对应结转已售部分的开发成本。

会计期末，根据收入确认原则分产品确认实现的销售收入和销售面积，同时根据实现的销售面积结转相应的开发产品销售成本。

结转的已实现销售开发产品成本 = 实现的销售面积 × 该开发产品单位面积成本

结转已实现销售开发产品的成本时，相应的账务处理如下：借记“主营业务成本”科目，贷记“开发产品”科目。结转销售成本时，编制销售产品成本明细表（见表 4-7），在该表中详细登记实现销售的每套房源信息。

表 4-7 销售产品成本明细

项目分期：　　面积：　　平方米　　金额：　　元

项目档案	公寓	车位	底商	合计	备注
本期总面积					实测面积
本期总成本					
单位成本					
待结转总面积					
待结转总成本					
本次结转面积					
本次结转成本					
未结转总面积					
未结转总成本					
未结转比例					

开发产品成本结转完后，又发生成本支出的情况，会造成开发产品成本与实际成本不符，会出现成本差异。在发生差异的开发产品已经全部销售的情况下，成本差异记入“销售费用——其他”科目；在没有全部销售的情况下，发生的成本先差异通过“开发成本”科目归集，然后转入“开发产品”科目，调整剩余开发产品成本，重新计算未售开发产品单位面积成本。

4.6　开发建设阶段的税务处理

房地产企业在进行开发建设环节中，主要涉及印花税、城镇土地使用税、土地增值税、企业所得税等税种。

房地产企业计税成本核算的一般程序如下。

（1）对当期实际发生的各项支出，按其性质、经济用途及发生的地点、时间进行整理、归类，并将其区分为应计入成本对象的成本和应在当期税前扣除的期间费用。同时还应按规定对有关预提费用和待摊费用进行计量与确认。

（2）将应计入成本对象的各项实际支出、预提费用、待摊费用等合理地划分为直接成本、间接成本和共同成本，并按规定将其合理地归集、分配至已完工成本对象、在建成本对象和未建成本对象。

（3）对前期已完工成本对象应负担的成本费用，按已销开发产品、未销开发产品和固定资产进行分配，其中应由已销开发产品负担的部分，在当期纳税申报时进行扣除，未销开发产品应负担的成本费用待其实际销售时再予扣除。

（4）将本期已完工成本对象分类为开发产品和固定资产并对其计税成本进行结算。其中属于开发产品的，应按可售面积计算其单位工程成本，据此再计算已销开发产品计税成本和未销开发产品计税成本。本期已销开发产品的计税成本，准予在当期扣除，未销开发产品计税成本待其实际销售时再予扣除。

（5）对本期未完工和尚未建造的成本对象应当负担的成本费用，应分别建立明细台账，待开发产品完工后再予结算。

4.6.1　印花税

房地产企业在整个房地产开发业务流程中主要涉及缴纳印花税的事项如下所示。

（1）房屋销售合同，适用“产权转移书据”税目，按合同所载金额的万分之五贴花。土地使用权出让合同、土地使用权转让合同同样按“产权转移书据”缴纳印花税。

（2）其他各类经济合同，如：购销合同，包括供应、预购、采购、购销结合，及协作、调剂、补偿、易货等合同，按购销金额的万分之三贴花。

（3）建筑安装工程承包合同，按承包金额的万分之三贴花。

（4）财产租赁合同，包括租赁房屋、机动车辆、机械、器具、设备等合同，按租赁金额的千分之一贴花，税额不足一元的按一元贴花。

（5）借款合同，按借款金额的万分之零点五贴花，立合同人单据作为合同使用的按合同贴花。

（6）财产保险合同，包括财产、责任、保证、信用等保险合同，按所载金额的千分之一贴花，立合同人将单据作为合同使用的按合同贴花。

此外，印花税纳税事项还包括以下几个事项：其他产权转移书据，如财产所有权和版权、商标专用权、专利权、专有技术使用权等转移书据，按所载金额万分之五贴花；营业账簿、生产经营用账簿，按实收资本和资本公积总额的万分之五贴花；权利许可证照，包括政府部门发的房屋产权证、工商营业执照、商标注册证、专利证和土地使用证，每件贴花五元。

【注】

（1）土地使用权出让、转让合同按产权转移书据征收印花税。

房地产企业以出让、受让方式取得土地，须签订土地使用权出让合同、土地使用权转让合同。根据《财政部 国家税务总局关于印花税若干政策的通知》（财税〔2006〕162号）第三条规定，对土地使用权出让合同、土地使用权转让合同按产权转移书据征收印花税。

（2）开发廉租住房、经济适用住房可减免印花税

《财政部 国家税务总局关于廉租住房经济适用住房和住房租赁有关税收政策的通知》（财税〔2008〕24号）规定，开发商在经济适用住房、商品住房项目中配套建造廉租住房，在商品住房项目中配套建造经济适用住房，如能提供政府部门出具的相关材料，可按廉租住房、经济适用住房建筑面积占总建筑面积的比例免征开发商应缴纳的印花税。

开发建设阶段房地产企业签订的各类合同需要缴纳印花税，涉及印花税的合同项目主要是以下四种（见表4-8）。这些合同涉及的印花税采用从价计征，计算公式如下。

应纳税额 = 计税金额 × 税率

表 4-8　各类合同涉及印花税明细

合同	印花税税率
采购甲供材料、建筑安装工程承包合同	0.03%
建设工程勘察设计合同、不动产销售合同	0.05%
借款合同	0.005%
财产保险合同	0.1%

【例 4-17】开发建设阶段应纳印花税的计算

北方房地产企业 2×20 年 8 月与甲建筑设计企业签订建设 A 工程勘察设计合同，合同总金额为 3 000 万元。当月应缴印花税的计算如下。

应缴印花税 =3 000×0.05%=1.5（万元）。

4.6.2　城镇土地使用税

城镇土地使用税（以下简称“土地使用税”）是在城市、县城、建制镇和工矿区范围内，对拥有土地使用权的单位和个人以实际占用的土地面积为计税依据，按规定税额、按年计算、分期缴纳的一种税目。

（一）城镇土地使用税纳税人的确定

《中华人民共和国城镇土地使用税暂行条例》（国务院令第 17 号）第二条规定：“在城市、县城、建制镇、工矿区范围内使用土地的单位和个人，为城镇土地使用税（以下简称土地使用税）的纳税人，应当依照本条例的规定缴纳土地使用税。前款所称单位，包括国有企业、集体企业、私营企业、股份制企业、外商投资企业、外国企业以及其他企业和事业单位、社会团体、国家机关、军队以及其他单位；所称个人，包括个体工商户以及其他个人。”

因此，若房地产企业取得的土地位于城市、县城、建制镇、工矿区范围内，房地产企业自然成为土地使用税纳税人。正如《国家税务总局关于受让土地使用权者应征收土地使用税问题的批复》（国税函发〔1993〕501 号）对成都市税务局《关于对国内受让土地者是否征收土地使用税的请示》（成税函〔1992〕463 号）的批复，《中华人民共和国城镇土地使用税暂行条例》第二条规定：“在城市、县城、建制镇、工矿区范围内使用土地的单位和个人，为城镇土地使用税纳税义务人，应当依照本条例的规定缴纳土地使用税。”《中华人民共和国城镇国有土地使用权出让和转让暂行条例》第四十九条也明确规定：“土地使用者应当依照国家税收法规的规定纳税。”因此，凡在土地使用税开征区范围内使用土地的单位和个人，不论通过出让方式还是转让方式取得的土地使用权，都应依法缴纳土地使用税。

（二）纳税人实际占用的土地面积的确定办法

（1）由省、自治区、直辖市人民政府确定的单位组织测定土地面积的，以测定的面积为准。

（2）尚未组织测量，但纳税人持有政府部门核发的土地使用证书的，以证书确认的土地面积为准。

（3）尚未核发土地使用证书的，应由纳税人申报土地面积，据以纳税，待核发土地使用证以后再作调整。

（4）对在土地使用税征税范围内单独建造的地下建筑用地，按规定征收土地使用税。其中，已取得地下土地使用权证的，按土地使用权证确认的土地面积计算应征税款；未取得地下土地使用权证或地下土地使用权证上未标明土地面积的，按地下建筑垂直投影面积计算应征税款。对上述地下建筑用地暂按应征税款的 50% 征收土地使用税。

（三）房地产企业新征用的土地，缴纳土地使用税的规定

（1）征用的耕地，自批准征用之日起满一年时开始缴纳土地使用税。

（2）征用的非耕地，自批准征用次月起缴纳土地使用税。

以出让或转让方式有偿取得土地使用权的，应由受让方从合同约定交付土地时间的次月起缴纳土地使用税；合同未约定交付土地时间的，由受让方从合同签订的次月起缴纳土地使用税。

（四）土地使用税的应纳税额的计算方式

土地使用税的应纳税额可以通过纳税人实际占用的土地面积乘以该土地所在地段的适用税额求得。其计算公式如下。

全年应纳税额 = 实际占用应税土地面积（平方米）× 适用税额

当存在公共服务设施或是廉租房等情况时，计算公式相应进行调整如下。

年应纳税税额 =（实际占用的土地面积 - 施工许可证上注明的配套公共服务设施建筑面积 ÷ 总可售建筑面积 × 实际占用的土地面积）× 适用税额 ÷12× 应税期限

开发产品完工交楼后，可以将交楼面积折算成占地面积，扣减土地使用税应纳税额。

年应纳税税额 =〔实际占用的土地面积 ×（1－廉租房或经适房建筑面积 ÷ 总建筑面积－预售（销售）许可证可销售面积 ÷ 项目总可销售面积）× 适用税额 ÷12〕× 应税期限

【例 4-18】开发建设阶段应纳土地使用税的计算

在某城市的一家房地产企业正在开发的土地面积为 10 000 平方米，经税务机关核定，该土地为应税土地，每平方米年税额为 4 元。请计算该企业全年应纳的土地使用税税额。

全年应纳土地使用税税额 =10 000×4=40 000（元）。

4.6.3　企业所得税

房地产企业因产品建造周期长，所以会采取在开发建设阶段预售的方法提前处理未完工产品。

根据《国家税务总局关于印发〈房地产开发经营业务企业所得税处理办法〉的通知》（国税发〔2009〕31 号）第九条，企业销售未完工开发产品取得的收入，应先按预计计税毛利率分季（或月）计算出预计毛利额，计入当期应纳税所得额。开发产品完工后，企业应及时结算其计税成本并计算此前销售收入的实际毛利额，同时将其实际毛利额与其对应的预计毛利额之间的差额，计入当年度企业本项目与其他项目合并计算的应纳税所得额。在年度纳税申报时，企业须出具对该项开发产品实际毛利额与预计毛利额之间差异调整情况的报告以及税务机关需要的其他相关资料。

根据国税发〔2009〕31 号第八条的规定，企业销售未完工开发产品的计税毛利率由各省、自治、直辖市税务局按下列规定进行确定。

（1）开发项目位于省、自治区、直辖市和计划单列市人民政府所在地城市城区和郊区的，不得低于 15%。

（2）开发项目位于地及地级市城区及郊区的，不得低于 10%。

（3）开发项目位于其他地区的，不得低于 5%。

（4）属于经济适用房、限价房和危改房的，不得低于 3%。

其中，工程的共同成本和不能分清负担对象的间接成本，应按受益原则和配比原则分配至各成本对象，具体分配方法有：占地面积法、建筑面积法、直接成本法、预算造价法等。

土地造价一般按占地面积法进行分摊。土地开发同时联结房地产开发的，属一次性取得土地；分期开发房地产的，其土地开发成本在征得税务机关同意后，可以按照土地整体预算成本进行分配，待全部完工后可以调整。

单独作为过渡性成本对象核算的公共配套设施开发成本，按建筑面积法进行分摊。

属于不同成本对象共同负担的借款费用，按直接成本法或预算造价法进行分摊，其他成本项目的分配方法由房地产企业自行决定。

【注】预售收入相关的税金及附加税前扣除问题

（1）月度或季度申报时，不得扣除。

《国家税务总局关于印发〈房地产开发经营业务企业所得税处理办法〉的通知》（国税发〔2009〕31号）第六条规定，房地产企业按当年实际利润据实分季（或月）预缴企业所得税的，对开发、建造的住宅、商业用房以及其他建筑物、附着物、配套设施等开发产品，在未完工前采取预售方式销售取得的预售收入，按照规定的预计利润率分季（或月）计算出预计利润额，计入利润总额预缴，开发产品完工、结算计税成本后按照实际利润再行调整。

因此，在房地产企业月度或季度申报企业所得税时，预售收入缴纳的税金及附加不能从当期利润额或所得额中扣除。

（2）年度所得税汇算清缴时，可以扣除。

房地产企业销售未完工开发产品取得的收入，应先按预计计税毛利率分季（或月）计算出预计毛利额，计入当期应纳税所得额。

由于毛利额与所得额是两个不同的概念，只有将毛利额扣除相应的税金及其费用才变成所得额。在年度企业所得税汇算清缴时，与预计收入相匹配的税金、附加及相关费用应该予以扣除。

此外，税金是否属于当期的费用，应该以纳税义务发生时间为依据判断，即：纳税义务时间发生，则属于当期费用；纳税义务时间尚未发生，则不属于当期费用（如预缴税款）。因此，房地产企业按照预售收入缴纳的税款，是按税法规定的纳税义务发生时间应该缴纳的税款，不属预缴税款性质，可以在缴纳发生当期计入当期的税金及附加，可以作为当期利润总额的抵减项目在税前扣除。目前不少地方将预缴的土地增值税税前扣除。

【例 4–19】开发阶段应纳企业所得税的计算

A 房地产企业 2018 年 9 月开始开发甲房地产项目，2019 年 7 月开始开发乙房地产项目。2020 年 5 月，甲、乙房地产项目均处于预售阶段，当月甲项目取得预收款 1 000 万元，乙项目取得预收款 1 200 万元，假设 A 企业按月申报，当月除期间费用 100 万元外没有其他可以在税前扣除的项目。2020 年 5 月 A 公司的会计处理及增值税、土地增值税（预征率均为 1%）、企业所得税（预计毛利率 15%）处理如下（以万元为单位）：

分析：

1. 增值税

甲项目预缴增值税：1 000÷（1+5%）×3%=28.57（万元）。

乙项目预缴增值税：1 200÷（1+11%）×3%=32.43（万元）。

共预缴增值税 28.57+32.43=61（万元）。

2. 土地增值税

预征土地增值税的计征依据 =（1 000+1 200）−61=2 139（万元）。

预征土地增值税额：2 139×1%=21.39（万元）。

3. 企业所得税

当月企业所得税应当确认的预计毛利为：2 200×15%=330（万元）。

当月应纳所得税额 =（330−100）×25%=57.5（万元）。

第5章 房地产企业转让及销售阶段的会计核算

房地产转让及销售阶段是房地产企业取得收入、实现资金回笼的重要阶段。房地产企业的主要业务是从事土地、房屋和其他建筑物的开发和经营，故此阶段的主要业务是转让开发的土地、销售商品房及其他建筑物。会计处理上不仅要进行预售房的业务核算，还要对收入进行核算。

5.1 转让及销售阶段业务概述

房地产企业的转让及销售阶段的业务包括转让土地使用权，销售房屋及其他建筑物、附着物、配套设施等。

5.1.1 土地使用权转让

土地使用权的转让是指房地产企业通过出让等形式取得土地使用权后，将土地使用权再转让的行为，其包括出售、交换和赠与，属于土地买卖的二级市场。根据《城市房地产管理法》和《城市房地产转让管理规定》的规定，房地产权利人可以通过买卖、赠与或者其他合法方式将其房地产转让予他人或法律实体。房屋转让时，房屋所有权和该房屋所在地的土地使用权须同时转让，房地产转让当事人须签订书面房地产转让合同并须在房地产转让合同签订后90日内向房地产所在地的房地产管理部门提出申请，并申报成交价格。

土地使用权转让的条件如表 5-1 所示。

表 5-1　土地使用权转让的条件

1	如果以出让方式初步取得土地使用权，则须符合下列条件后方可转让房地产：① 按照出让合同约定已经支付全部土地使用权出让金，并取得土地使用权证；② 按照出让合同约定进行开发且属于房屋建设工程的项目，开发项目须占完成投资总额 25% 以上
2	以出让方式初步取得土地使用权的，则转让房地产后，其土地使用权的使用年限为原土地使用权出让合同约定的使用年限减去原土地使用者已经使用年限后的剩余部分
3	受让人拟改变原出让合同约定的土地用途，则必须首先取得原出让方和有关市或县人民政府规划行政主管部门的同意，签订土地使用权出让合同变更协议或重新签订土地使用权出让合同，对土地使用权出让金做出相应调整
4	以划拨方式取得土地使用权，则转让土地使用权须按照国务院的规定，报有批准权的人民政府审批。否则须由受让方办理土地使用权出让手续，并依照有关法律规定缴纳出让金
5	房地产企业开发的商品性土地，可以将土地使用权进行转让。但在向其他单位转让时，必须按照法律和合同的规定，投入相当的资金，完成相应的开发
6	土地使用权的转让，应签订转让合同，在合同中写明土地的位置、四周边界和面积、地上附着物、土地用途、建筑物高度、绿化面积、土地转让期限、土地转让金的支付方式和违约责任等
7	土地转让的交易方式，可以采用协议、招标及拍卖等方式。土地转让的价格受地理位置、经济环境、土地用途、土地转让期限和房地产市场供求等因素影响

5.1.2　商品房销售

商品房销售根据开始销售的时间不同，分为商品房预售和商品房现售；根据销售主体的不同，分为自行销售和委托代理销售，委托代理销售包括视同买断方式、支付手续费和保底加提成方式等；商品房销售根据付款方式不同，可以分为一次性付款、分期付款和按揭付款等。

（一）商品房预售与现售

根据《商品房销售管理办法》的规定，商品房销售包括商品房现售和商品房预售。

1. 商品房预售

商品房预售，是指房地产企业将正在施工建设中的商品房预先出售给承购人，并由承购人支付定金或者房价款的行为。商品房预售实行许可制度。房地产企业要进行商品房预售应当向房地产管理部门申请预售许可，取得商品房预售许可证。未取得商品房预售许可证的，不得进行商品房预售。

商品房预售的条件如图 5-1 所示。

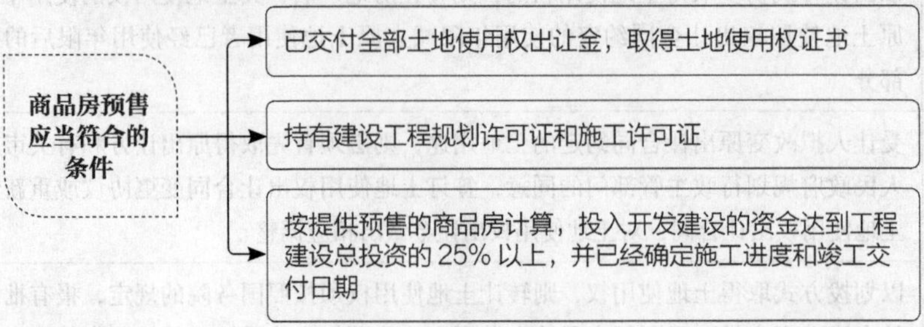

图 5-1　商品房预售的条件

2. 商品房现售

商品房现售，是指房地产企业将竣工验收合格的商品房出售给承购人，并由承购人支付房价款的行为。商品房现售的条件如图 5-2 所示。

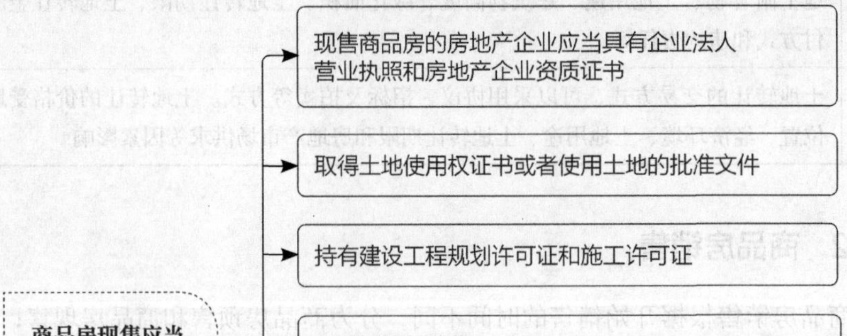

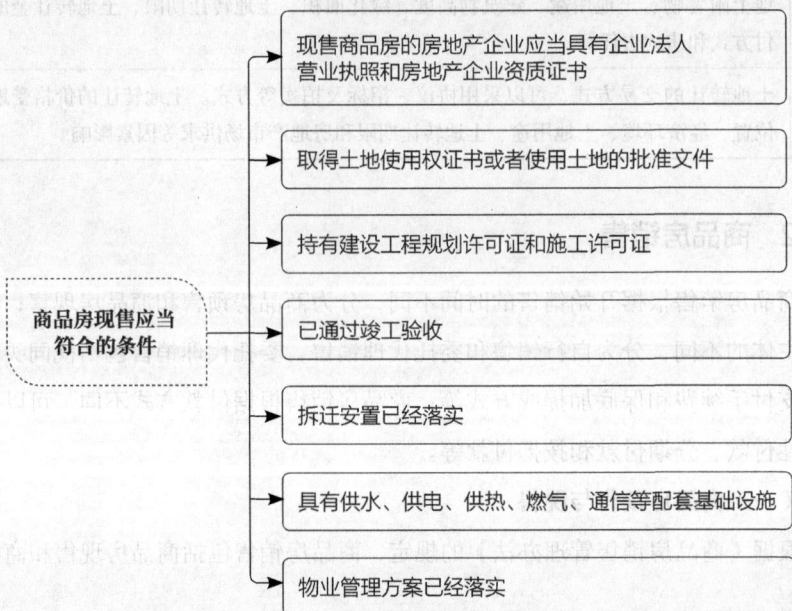

图 5-2　商品房现售的条件

房地产企业应当在商品房现售前将房地产开发项目手册及符合商品房现售条件的有关证明文件报送房地产开发主管部门备案。

（二）自行销售与委托代理销售

房地产企业的商品房销售可以自行销售，也可以委托房地产中介服务机构代理销售。采取委托代理方式销售商品房的，主要有以下方式：①采取支付手续费方式委托代理销售商品房的；②采取视同买断方式委托销售商品房的；③采取基价（保底价）并实行超基价双方分成方式委托代理销售商品房的；④采取包销方式委托代理销售商品房的。

（三）一次性付款、分期付款、按揭付款

承购人购买商品房，可以根据持有的资金情况，选择不同的付款方式，具体的付款方式如表 5-2 所示。

表 5-2　付款方式情况

付款方式	具体情况
一次性付款	一般而言，一次性付款是指承购人付清定金后 10~30 天内补足所有房款的付款方式。此种付款方式下，房地产企业给予一定的价格折扣，相对而言比较优惠，但一次性付款涉及大额款项支出
分期付款	分期付款是指承购人按照销售合同约定的价款和付款日期分期支付购房款的付款方式 分期付款分为三种：① 预收款销售商品房，指在商品房交付前按合同或协议约定分期付款，房地产企业在收到最后一笔款项才将商品房交付承购人的付款方式；② 分期收款销售商品房，指商品房已交付承购人，承购人按合同或协议约定分期支付购房款的付款方式；③ 以上两种方式的结合，指在商品房交付前，承购人已按销售合同约定分期支付部分房款，交付后分期支付余款的付款方式
按揭付款	按揭付款即购房抵押按揭贷款，是指承购人支付首付款，余款以所购商品房作抵押，向银行申请贷款，由贷款银行先行支付房款给开发商，承购人按月向银行分期支付本息的付款方式。按揭贷款实行双重担保，即"抵押加保证"，借款人（即承购人）以所购的住房给贷款银行做抵押，在借款人取得该住房的房产证和办妥抵押登记之前，由开发商提供第二重担保（连带保证责任）。发放贷款时，贷款银行会收取一定比例的按揭保证金（一般为贷款额的 10%），作为开发商承担连带保证责任的保证金。一旦借款人发生违约情形，贷款银行有权从按揭保证金专户中直接扣收保证金，以此作为借款人违约拖欠贷款本息、罚息等的担保

按揭付款方式下，贷款额最高可达购房费用总额的80%，具体的贷款额度由贷款银行根据借款人的资信、经济状况和抵押物的审查情况来确定；贷款的最长期限不能超过30年；贷款利率按合同签订时人民银行公布的个人住房贷款利率执行，如果在合同执行期间遇到利率调整，贷款利率将采取“一年一定”的原则，在第二年的1月1日作相应调整。

贷款银行不同，办理按揭贷款的程序也不完全相同。房地产企业办理按揭贷款的一般程序如图5-3所示。

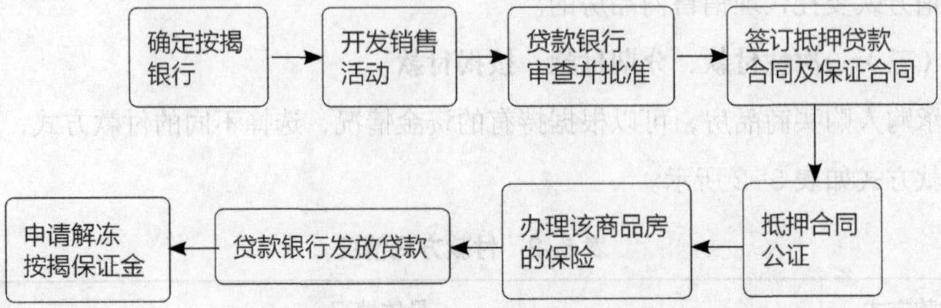

图5-3　办理按揭贷款的一般程序

（1）确定按揭银行。房地产项目在对外销售之前，一般由房地产企业与银行签订按揭协议，约定由该银行对房地产企业的房地产项目提供按揭贷款，其中包括贷款的额度、最高年限和成数以及房地产企业的保证责任等。

（2）开展销售活动。房地产企业在取得项目的预售许可证后对社会公开销售，与承购人签订商品房买卖合同。承购人采用按揭付款方式的，按照申请的贷款成数支付首付款，剩余购房款向银行申请按揭贷款，并办理商品房买卖合同的登记手续。

（3）贷款银行审查并批准。贷款银行对经律师见证、公证处公证的提交资料进行审查，对合格者予以批准。

（4）签订抵押贷款合同及保证合同。贷款银行与承购人签订抵押贷款合同，贷款银行与房地产企业签订保证合同。

（5）抵押合同公证。签订抵押贷款合同后，承购人到贷款银行认可的公证处办理相关公证手续。

（6）办理该商品房的保险。承购人办理商品房的保险，抵押期间保险单正本由贷款银行收押。

（7）贷款银行发放贷款。贷款银行经审批提供文件资料后发放贷款，通常按贷款合同或保证合同的约定直接汇入房地产企业在贷款银行开立的银行账户。

（8）申请解冻按揭保证金。房产证办理完毕，房地产企业向贷款银行申请解冻按揭保证金。

（四）商品房销售流程

房地产企业商品房销售的主要流程包括前期策划及营销、取得预售许可证后开盘预售、签订销售合同及收款、商品房交付和办理房屋权属登记及房产证等环节，如图 5-4 所示。

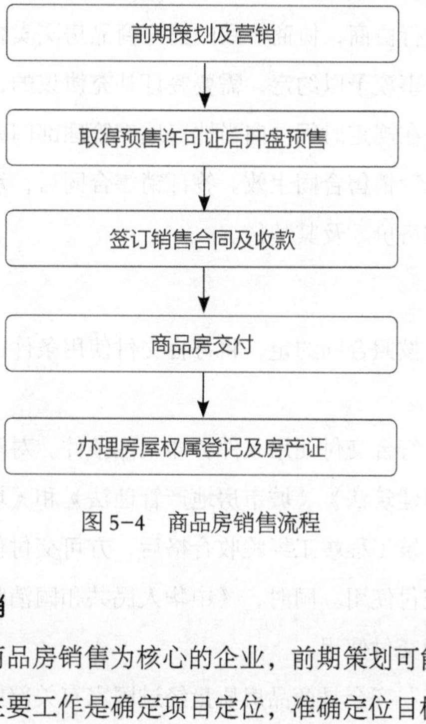

图 5-4　商品房销售流程

1. 前期策划及营销

房地产企业是以商品房销售为核心的企业，前期策划可能在拿地前进行，也可能在拿地后进行，主要工作是确定项目定位，准确定位目标市场，制订产品目标与发展计划，选择性价比较高的产品。前期策划是销售的重要阶段，该阶段决定了产品未来的销售状况。

房地产营销的目的是通过详细的介绍、生动的描述来塑造产品的形象，刺激客户的购买欲。在销售阶段，房地产企业通常会采取一系列的营销手段，目前我国常用的营销手段包括广告、房地产展销会、活动推介及人员推销等。广告是房产营销手段中用得最多、最有成效的方法之一，广告包括户外路牌展板广告、电视广告、电台广播和报纸杂志广告等。

2. 取得预售许可证后开盘预售

项目开发建设达到规定条件的可以取得预售许可证，然后就可以确定开盘日期对外发售。开盘是指房地产企业在取得商品房预售许可证后开始对外公开发售商品房，房地产企业为成功地将开发的商品房推向市场，一般会在开盘日举行一个盛大的开盘仪式。

3. 签订销售合同及收款

开盘后，客户即可到现场看房，有意向购买的客户即可与销售人员就房屋销售价格等合同条款进行协商，协商一致的签订商品房买卖合同，双方也可以对标准合同文本中的空白事项予以约定，需要签订补充协议的，双方商定具体补充内容。合同签订后，要在规定时间内向当地房地产管理部门办理备案，到房地产管理部门办理备案登记后销售合同生效。签订销售合同后，承购人要根据所签合同约定的付款时间交纳房价款及其契税。

4. 商品房交付

房地产企业应当按照合同约定，将符合交付使用条件的商品房按期交付给承购人。

商品房交付必须符合交付使用条件，即入住条件。对于交付使用条件，我国的《中华人民共和国建筑法》《城市房地产管理法》和《城市房地产开发经营管理条例》都规定了建筑工程竣工经验收合格后，方可交付使用；未经验收或者验收不合格的，不得交付使用。同时，《中华人民共和国消防法》规定，单体必须经过消防验收，才能交付使用。

“三书一证一表”齐全是商品房质量经过国家有关部门权威认可的标准，是商品房交付使用的必要条件。“三书”是指住宅质量保证书、住宅使用说明书及建筑工程质量认定书，“一证”是指房地产开发建设项目竣工综合验收合格证，“一表”是指建筑工程竣工验收备案表。根据建设部颁发的《商品住宅实行住宅质量保证书和住宅使用说明书制度的规定》第三条：“房地产开发企业在向用户交付销售的新建商品住宅时，必须提供《住宅质量保证书》和《住宅使用说明书》。”经过验收合格，国家有关部门发给房地产开发建设项目竣工综合验收合格证，房地产企业经过备案获得建筑工程竣工验收备案表。

另外，对于具体的交付使用条件，还要看具体的商品房买卖合同。具体的交付使用条件可能在商品房买卖合同及其附件、补充协议中加以约定，如将公共配套设施验收合格（包括水、电、煤气、宽带、有线、安防、绿化、道路和电梯等）作为交付使用的条件，同时在合同中约定房地产企业未达到交付使用条件时的违约责任。符合交房条件的商品房即可按合同约定办理交付手续。

5. 办理房屋权属登记及房产证

房地产企业应当在商品房交付使用之日起60日内，将需要由其提供的办理房屋权属登记的资料报送商品房所在地房地产行政主管部门，并协助承购人办理土地使用权变更和房屋所有权登记手续。

5.1.3　其他建筑物销售

其他建筑物销售包括销售能有偿转让的配套设施、周转房等。

配套设施是指房地产企业根据城市建设规划的要求，或开发项目建设规划的要求，为满足居住的需要而与开发项目配套建设的各种服务性设施。配套设施可以分为不能有偿转让的公共配套设施和能有偿转让的配套设施两类。对于建成后能够有偿转让的配套设施，房地产企业应单独核算其成本，作为开发产品对外销售。

周转房改变用途，可作为商品房对外销售。

5.1.4　代建工程

房地产企业的代建工程包括代建房屋、场地和城市道路、基础设施等市政工程。在房地产企业的实务中，代建工程存在两种形式，见表5-3。

表 5–3 代建工程的两种形式

第一种方式是受托方（房地产企业）与委托方（委托建房单位）实行全额结算（原票转交），只向委托方收取代建手续费的业务，就是说在建设过程中施工方、设计方、监理等不与受托方签订合同，而直接与委托方签订合同，受托方只收取一定代理费的房地产开发方式。其特点包括以下几个方面： （1）由委托方自行立项； （2）不发生土地使用权或产权转移； （3）受托方不垫付资金，单独收取代建手续费（或管理费）； （4）事先与委托方订有委托代建合同； （5）受托方将建筑业发票全额开具给委托方	第二种方式是受托方与委托方实行拨付结算，就是说在建设过程中施工方、设计方、监理等直接与受托方（房地产企业）签订合同，不与委托方签订合同，资金由委托方拨付给受托方，受托方再拨付给施工方、设计方、监理等。在代建工程最后销售或移交给委托方时，受托方不收委托方的代建手续费也不参与利润分配

知识链接：商品房销售的几种模式

一、商品房销售有哪几种方式

根据现行的法律法规等有关规定，目前商品房销售分为商品房现售和商品房预售。

商品房现售，是指房地产企业将竣工验收合格的商品房出售给购房人，并由购房人支付房价款的行为。

商品房预售，是指房地产企业将尚未竣工验收、正在建设中的商品房预先出售给购房人，并由购房人支付定金或房价款的行为。

二、商品房具备上市销售的条件

《商品房销售管理办法》第七条规定了商品房现售的条件。

（一）现售商品房的房地产企业应当具有企业法人营业执照和房地产企业资质证书。

（二）取得土地使用权证书或者使用土地的批准文件。

（三）持有建设工程规划许可证和施工许可证。

（四）已通过竣工验收。

（五）拆迁安置已经落实。

（六）供水、供电、供热、燃气、通信等配套基础设施具备交付使用条件，其他配套基础设施和公共设施具备交付使用条件或者已确定施工进度和交付日期。

（七）物业管理方案已经落实。

而较之商品房现售，商品房预售对于购房人来说具有更大的法律风险，购房人面临着“半拉子工程”“烂尾楼”，甚至钱被开发商卷走，辛辛苦苦积攒的“家底”血本无存的风险。所以，国家对商品房预售做了更严格的规定。

《城市商品房预售管理办法》第五条规定了商品房预售的条件。

（一）已交付全部土地使用权出让金，取得土地使用权证书。

（二）持有建设工程规划许可证和施工许可证。

（三）按提供预售的商品房计算，投入开发建设的资金达到工程建设总投资的25%以上，并已经确定施工进度和竣工交付日期。

并且在第六条规定，开发企业进行商品房预售，应当向房地产管理部门申请预售许可，取得《商品房预售许可证》。未取得《商品房预售许可证》的，不得进行商品房预售。

5.1.5　其他业务收入

房地产企业的其他业务收入是指除主营业务收入以外的其他业务收入，包括商品房售后服务收入、材料销售收入等。

1. 商品房售后服务收入

房地产企业的商品房售后服务是指房地产企业接受其他单位的委托，对已经销售出去的商品房进行管理，如房屋及其所属设备的维修、电梯看管、卫生清理和治安管理等劳务性的服务。房地产企业提供的这种售后服务，可向用户收取服务费，形成商品房售后服务收入。

2. 材料销售收入

房地产企业的材料销售是指企业将不需要的库存材料对外销售。房地产企业的开发周期比较长，项目开发结束后，通常需要把在开发阶段剩余的材料物资进行销售处理，销售材料取得的价款构成房地产企业的材料销售收入。

5.2 销售及转让的账务处理

5.2.1 商品房销售收入的会计核算

（一）商品房销售收入的确认

房地产企业对外销售商品房的，按照《企业会计准则》中商品销售收入的确认原则处理。由于《企业会计准则》是以原则导向为主的，并没有针对房地产企业的收入确认作专门的规定，而是给出了收入确认的原则，具体的销售处理需要会计人员根据《企业会计准则》及企业自身情况做出会计职业判断。

企业应当在履行了合同中的履约义务，即在客户取得相关商品控制权时确认收入。取得相关商品控制权，是指客户能够主导该商品的使用并从中获得几乎全部经济利益，也包括有能力阻止其他方主导该商品的使用并从中获得经济利益。取得商品控制权包括三个要素。一是客户必须拥有现时权利。如果客户只能在未来的某一期间主导该商品的使用并从中获益，则表明其尚未取得该商品的控制权。二是客户有能力主导该商品的使用，即客户在其活动中有权使用该商品，或者能够允许或阻止其他方使用该商品。三是客户能够获得商品几乎全部的经济利益。商品的经济利益是指商品的潜在现金流量，既包括现金流入的增加，也包括现金流出的减少。客户可以通过使用、消耗、出售、处置、交换、抵押或持有等多种方式直接或间接地获得商品的经济利益。

（二）收入确认条件

若企业与客户之间的合同同时满足下列五项条件，企业应当在客户取得相关商品控制权时确认收入。

（1）合同各方已批准该合同并承诺将履行各自义务。

（2）该合同明确了合同各方与所转让商品相关的权利和义务。

（3）该合同有明确的与所转让商品相关的支付条款。

（4）该合同具有商业实质，即履行该合同将改变企业未来现金流量的风险、时间分布或金额。

（5）企业因向客户转让商品而有权取得的对价很可能收回。

企业应当在客户取得相关商品控制权时确认收入。在判断控制权是否转移时，企业应当综合考虑下列迹象：

（1）企业就该商品享有现时收款权利，即客户就该商品负有现时付款义务。例如，甲房地产企业与客户签订销售商品房合同，约定客户有权在签订合同10日内付款。在客户收到甲房地产企业开具的发票并且对商品房查验后，客户能够自主确定商品的销售价格或商品的使用情况，此时甲房地产企业享有收款权利，客户负有现时付款义务。

（2）企业已将该商品的法定所有权转移给客户，即客户已拥有该商品的法定所有权。例如，房地产企业向客户销售商品房，在客户付款后取得房屋产权证时，表明房地产企业已将该商品房的法定所有权转移给客户。

（3）企业已将该商品实物转移给客户，即客户已占有该商品实物。例如，房地产企业与客户签订交款提房合同，客户验收合格并付款表明房地产企业已将该商品实物转移给客户，即客户已占有该商品实物。

（4）企业已将该商品所有权上的主要风险和报酬转移给客户，即客户已取得该商品所有权上的主要风险和报酬。例如，甲房地产企业向客户销售商品房，办理产权转移手续后，该商品房价格上涨或下跌带来的利益或损失全部属于客户，这表明客户已取得该商品房所有权上的主要风险和报酬。

（5）客户已接受该商品。例如，房地产企业向客户销售商品房，客户现场进行查验并签订购房合同，表明客户已接受该商品。

（6）其他表明客户已取得商品控制权的迹象。

（三）收入确认和计量的步骤

根据《企业会计准则第14号——收入》的规定，收入的确认和计量大致分为以下五步。

第一步，识别与客户订立的合同。合同是指双方或多方之间订立有法律约束力的权利义务的协议。合同有书面形式、口头形式以及其他形式。合同的存在是企业确认客户合同收入的前提，企业与客户之间的合同一经签订，企业即享有从客户取得与转移商品和服务对价的权利，同时负有向客户转移商品和服务的履约义务。

第二步，识别合同中的单项履约义务。履约义务是指合同中企业向客户转让可明确区分商品或服务的承诺。企业应当将向客户转让可明确区分商品（或者商品的组合）的承诺以及向客户转让一系列实质相同且转让模式相同的、可明确区分商品的承诺作为单项履约义务。例如，企业与客户签订合同，向其销售商品并提供安装服务，该安装服务简单，除该企业外其他供应商也可以提供此类安装服务，该合同中销售商品和提供安装服务为两项单项履约义务。若该安装服务复杂且商品需要按客户定制要求修改，则合同中销售商品和提供安装服务合并为单项履约义务。

第三步，确定交易价格。交易价格是指企业因向客户转让商品而预期有权收取的对价金额，不包括企业代第三方收取的款项（如增值税）以及企业预期将退还给客户的款项。合同条款所承诺的对价，可能是固定金额、可变金额或两者兼有。例如，甲公司与客户签订合同为其建造一栋厂房，约定的价款为100万元，4个月完工，交易价格就是固定金额100万元；假如合同中约定若提前1个月完工，客户将额外奖励甲公司10万元，甲公司对合同估计工程提前1个月完工的概率为95%，则甲公司预计有权收取的对价为110万元，因此交易价格包括固定金额100万元和可变金额10万元，总计为110万元。

第四步，将交易价格分摊至各单项履约义务。当合同中包含两项或多项履约义务时，需要将交易价格分摊至各单项履约义务，分摊的方法是在合同开始日，按照各单项履约义务所承诺商品的单独售价（企业向客户单独销售商品的价格）的相对比例，将交易价格分摊至各单项履约义务。分摊交易价格，使企业分摊至各单项履约义务的交易价格能够反映其因向客户转让已承诺的相关商品而有权收取的对价金额。

第五步，履行各单项履约义务时确认收入。企业将商品转移给客户，客户取得了相关商品的控制权，这意味着企业履行了合同履约义务，此时，企业应确认收入。企业将商品控制权转移给客户，可能是在某一时段内（即履行履约义务的过程中）发生，也可能在某一时点（即履约义务完成时）发生。企业应当根据实际情况，首先判断履约义务是否满足在某一时段内履行的条件，如不满足，则该履约义务属于在某一时点履行的履约义务。

收入确认和计量的五个步骤中，第一步、第二步和第五步主要与收入的确认有关，第三步和第四步主要与收入的计量有关。需要说明的是，一般而言，确认和计量任何一项合同收入应考虑全部的步骤。但履行某些合同义务确认收入不一定都要经过五个步骤，如企业按照第二步确定某项合同仅为单项履约义务时，可以从第三步直接进入第五步确认收入，不需要第四步（分摊交易价格）。

（四）商品房销售收入的确定

对于房地产企业而言，商品房销售是其获得收入的主要来源，下文主要对如何确定商品房的销售收入金额进行论述。

（1）整幢出售。

直接计算其全部价款，于收入实现时确认为商品房销售收入。

（2）整幢房屋分套出售。

往往以各套房屋应计建筑面积来计算每套房屋的价格并结转房屋成本。各套房屋的应计建筑面积，包括自用建筑面积和公用建筑面积（即公摊面积）。各套房屋的自用建筑面积，包括各套房屋分门户以内的起居室（厅）、卧室、书房、厨房、卫生间、储藏室、过道和阳台等面积。各套房屋的公用建筑面积，包括其应按比例分摊的公共使用的门厅、楼梯、电梯井（厅）、公共通道、垃圾管道以及突出屋面的有围护结构的楼梯间、水箱间、电梯机房等面积。公用建筑面积的售价和成本结转应按各套房屋自用建筑面积和应分摊的公用建筑面积计算确定，计算公式如下。

某幢房屋公用建筑面积分配率＝该幢房屋公用建筑面积 ÷ 各套房屋自用建筑面积总和 ×100%。

【注】

房地产企业开发产品的视同销售行为有哪些？

根据《国家税务总局关于印发〈房地产开发经营业务企业所得税处理办法〉的通知》（国税发〔2009〕31 号）第七条规定，企业将开发产品用于捐赠、赞助、职工福利、奖励、对外投资、分配给股东或投资人、抵偿债务、换取其他企事业单位和个人的非货币性资产等行为，应视同销售，于开发产品所有权或使用权转移，或于实际取得利益权利时确认收入（或利润）的实现。确认收入（或利润）的方法和顺序如下。

（1）按本企业近期或本年度最近月份同类开发产品市场销售价格确定。

（2）由主管税务机关参照当地同类开发产品市场公允价值确定。

（3）按开发产品的成本利润率确定。开发产品的成本利润率不得低于 15%，具体比例由主管税务机关确定。

【例 5-1】房屋销售价款的计算

北方房地产企业开发了美丽花园小区，小区内所有房屋全部是用于出售的商品房。总建筑面积共 72 000 平方米，其中，全部房屋的套内自用建筑面积总和为 60 000 平方米，公用建筑面积 12 000 平方米，该企业出售一套自用建筑面积 80 平方米的房屋，该商品房每建筑平方米售价 6 000 元，请计算这套房屋的总售价。

公用建筑面积分配率 =12 000÷60 000×100％ =20％。

该套房屋销售应计建筑面积 =80×（1 + 20％）=96（平方米）。

该套房屋销售价款 =6 000×96=576 000（元）。

（五）商品房销售应设置的主要科目

为了核算房地产企业转让与销售房地产阶段的业务，房地产企业应设置如下科目，如表 5-4 所示。

表 5-4　商品房销售应设置的主要科目

科目名称	借贷科目
主营业务收入	“主营业务收入”科目核算房地产企业对外转让、销售、结算开发产品等所取得的收入。该科目贷方登记房地产企业按规定确认的营业收入，借方登记期末结转入“本年利润”科目的营业收入。期末，该科目的余额转入“本年利润”科目后无余额
主营业务成本	“主营业务成本”科目核算房地产企业对外转让、销售、结算开发产品等应结转的经营成本。该科目借方登记本期已对外转让、销售和结算开发产品的实际成本，贷方登记期末结转入“本年利润”科目的经营成本。期末，该科目的余额转入“本年利润”科目后无余额
应收账款	“应收账款”科目核算房地产企业因销售开发产品等经营活动而无条件（即仅取决于时间流逝）向客户收取的款项。该科目借方登记房地产企业销售开发产品等经营活动应收取的款项，贷方登记收回的应收账款
合同资产	“合同资产”科目核算房地产企业已向客户转让商品而有权收取对价的权利，且该权利取决于时间流逝之外的其他因素。该科目借方登记因已转让商品而有权收取的对价金额，贷方登记取得无条件收款权的金额。期末借方余额，反映房地产企业已向客户转让商品而有权收取的对价金额。该科目按合同进行明细核算

续表

科目名称	借贷科目
合同负债	“合同负债”科目核算房地产企业已收或应收客户对价而应向客户转让商品的义务。该科目贷方登记房地产企业在向客户转让商品之前，已经收到或已经取得无条件收取合同对价权利的金额；借方登记房地产企业向客户转让商品时冲销的金额；期末贷方余额，反映房地产企业在向客户转让商品之前，已经收到的合同对价或已经取得的无条件收取合同对价权利的金额。该科目按合同进行明细核算

（六）商品房预售的会计处理

房地产企业的开发项目达到规定开发程度，取得商品房预售许可证后，出售在建的开发产品收取预收款项，称为预售。预售收入记入“合同负债”科目核算，如按合同规定的预收款项。诚意金、订金作为预付款性质，是当事人的一种支付手段，不具有担保性质，如合同履行则冲抵房款，不履行也不适用“定金罚则”（双倍返还定金）。非合同约定，仅按《订房单》或《承诺书》或类似凭据约定收的诚意金、定金等，不受《中华人民共和国合同法》约束和保护，仅具有暂收应付性质，因此在“其他应付款”科目核算。房地产企业进行商品房预售，一般涉及定金、预售房款、按揭保证金以及代收的配套设施费用、办证费、维修基金等业务的会计核算。

1. 定金的核算

预售商品房时承购人交纳的定金，可以通过“其他应付款”或“合同负债”科目核算，不论财务上如何核算，房地产企业收取定金都应缴纳税金及附加。

2. 预售房款的核算

房地产企业按照合同或协议规定向承购单位或个人预收的预售房款，在会计处理上通过“合同负债”科目来核算。企业收到的预交购房款，包括承购人按揭贷款的到账金额，应借记“库存现金”或“银行存款”科目，贷记“合同负债”科目。

同时，房地产企业按税法规定应缴纳的增值税、城市维护建设税、教育费附加、土地增值税和企业所得税，在“应交税费”科目下设置“应交增值税”“应交城市维护建设税”“应交教育费附加”“应交土地增值税”“应交企业所得税”明细科目，实际缴纳税费时，借记“应交税费”各明细科目，贷记“银行存款”科目。

3. 按揭保证金的核算

一般情况下，为便于按揭保证金的划转，贷款银行会要求房地产企业同时开立一个一般结算户和一个按揭保证金户。按揭保证金户里面的资金是不能随便动用的，企业在报建的时候，中华人民共和国发展和改革委员会和建设委员会，都会要贷款银行开具相应的资金证明，按揭保证金户中的资金额是不能计算在内的。

房地产企业向贷款银行交纳的按揭保证金，有的由贷款银行在放贷时从贷款额中直接扣收，有的是在贷款银行发放贷款后由房地产企业从一般结算户转入按揭保证金户。贷款银行直接扣收按揭贷款保证金的，借记“银行存款”“其他货币资金——按揭保证金户”科目，贷记“合同负债”科目；房地产企业从一般结算户转入按揭贷款保证金时，借记“其他货币资金——按揭保证金户”科目，贷记“银行存款”科目。承购人违约，未及时还款时，贷款银行从按揭保证金户中扣收承购人还贷本息时，借记“其他应收款——××”科目，贷记“其他货币资金——按揭保证金户”科目；承购人补交还款额时，做相反会计分录。按揭保证金解冻时，借记“银行存款”科目，贷记“其他货币资金——按揭保证金户”科目。

【例 5-2】以按揭保证金方式预售商品房的会计处理

北方房地产企业采用银行按揭方式预售商品房一套，房屋价款180万元，承购人交纳首付款70万元，按揭贷款110万元。2×17年5月，该套商品房按揭贷款到账，贷款银行从按揭贷款额中直接收取10%的按揭保证金。放款次月起，承购人开始偿还贷款。2×17年12月5日还款日，承购人未及时偿还款，贷款银行从北方房地产企业按揭保证金户扣款6 500元；12月底，承购人补交了还款额。2×18年2月该套商品房房产证书办理完毕，按揭贷款保证金解冻转入对应的一般结算账户。

（1）承购人支付首付款后，该企业应依据销售不动产发票记账联、收款收据记账联、现金缴款单或银行收账通知等收款证明，进行如下账务处理。

借：银行存款	700 000
贷：合同负债	700 000

（2）商品房按揭贷款到账，该企业应依据银行收账通知等收款证明进行如下

账务处理。

借：银行存款　　990 000

　　其他货币资金——按揭保证金户　　110 000

　　贷：合同负债　　1 100 000

（3）承购人违约，贷款银行从按揭保证金户扣款，该企业应依据贷款银行扣款证明进行如下账务处理。

借：其他应收款——×× 客户　　6 500

　　贷：其他货币资金——按揭保证金户　　6 500

（4）承购人补交还款额，该企业应依据银行收账通知等收款证明进行如下账务处理。

借：其他货币资金——按揭保证金户　　6 500

　　贷：其他应收款——×× 客户　　6 500

（5）按揭保证金解冻，该企业应依据银行转款单据进行如下账务处理。

借：银行存款　　110 000

　　贷：其他货币资金——按揭保证金户　　110 000

4. 代收配套设施费、办证费、维修基金的核算

房地产企业在预收房款的同时会代收天然气初装费、暖气初装费、有线电视安装费、房产证办证费以及维修基金等。住宅专项维修资金，是指专项用于住宅共用部位和共用设施设备保修期满后的维修和更新、改造的资金。住宅共用部位，是指根据法律、法规和房屋买卖合同，由单幢住宅内业主或者单幢住宅内业主及与之结构相连的非住宅业主共有的部位，一般包括住宅的基础、承重墙体、柱、梁、楼板、屋顶以及户外的墙面、门厅、楼梯间、走廊通道等。共用设施设备，是指根据法律、法规和房屋买卖合同，由住宅业主或者住宅业主及有关非住宅业主共用的附属设施设备，一般包括电梯、天线、照明、消防设施、绿地、道路、路灯、沟渠、池、井、非经营性车场车库、公益性文体设施和共用设施设备使用的房屋等。代收的配套设施费用、维修基金应作为“其他应付款”核算。

【例 5–3】销售房屋时代收配套设施费、办证费、维修基金的会计核算

北方房地产企业 2×17 年 6 月销售给承购人甲商品房一套，该套商品房价款

500 000元。

具体收款情况如下。

（1）该企业收到承购人甲的购房定金30 000元，依据收款收据记账联、现金缴款单或银行收账通知进行如下账务处理。

借：银行存款　　30 000

　　贷：合同负债——甲　　30 000

（2）预收承购人甲支付的首付款120 000元，该企业依据收款收据记账联、现金缴款单或银行收账通知进行如下账务处理。

借：银行存款　　120 000

　　贷：合同负债——甲　　120 000

（3）承购人甲按揭贷款到账350 000元，该企业依据销售不动产发票记账联、银行收账通知进行如下账务处理。

借：银行存款　　350 000

　　贷：合同负债——甲　　350 000

（4）收到承购人甲交纳配套设施费15 000元，维修基金4 600元，办证费用800元，依据收款收据记账联、现金缴款单或银行收账通知进行如下账务处理。

借：银行存款　　20 400

　　贷：其他应付款——甲——配套设施费　　15 000

　　　　　　　　——甲——维修基金　　4 600

　　　　　　　　——甲——办证费　　800

（七）商品房销售的会计处理

房地产企业应当合理确认销售商品收入的实现，并将已实现的收入按时入账。

销售商品房的收入，应按企业与承购人签订的销售合同、协议金额或双方接受的金额确定。如果同时满足收入确认条件，房地产企业应确认商品房销售收入实现，将预收的房款确认为“主营业务收入”，应借记“银行存款”科目或“应收账款”科目（补交差额部分）、“合同负债”科目，贷记“主营业务收入”科目（全部房款）。并同时结转相关的成本和确认税金及附加，将“开发产品”转入“主营业务成本”，按规定计算出的城市维护建设税、教育费附加，借记“税金及附加”科目，贷记“应交税费——应交城市维护建设税”“应交税费——应交教育费附加”科目。

【例 5-4】商品房销售的会计处理

北方房地产企业 2×20 年 6 月将其正在开发的商品房预售，合同收入 2 600 万元，2×20 年 12 月开发的商品房已全部办理竣工验收并交房，商品房实际开发成本为 1 520 万元。该企业于当月确认商品房销售收入，并办理土地增值税清算，应缴土地增值税 120 万元，已预缴土地增值税 78 万元。

（1）商品房办理竣工验收时，按实际成本结转开发成本的账务处理如下。

借：开发产品——商品房　　15 200 000

　　贷：开发成本　　15 200 000

（2）商品房移交时，确认商品房销售收入的账务处理如下。

此时应缴纳增值税额 =26 000 000/(1+9%)×9%=2 146 789（元）

借：合同负债　　26 000 000

　　贷：主营业务收入　　23 853 211

　　　　应交税费——应交增值税（销项税额）　　2 146 789

（3）月末，结转商品房销售成本的账务处理如下。

借：主营业务成本　　15 200 000

　　贷：开发产品——商品房　　15 200 000

（4）清算土地增值税的账务处理如下。

借：税金及附加　　1 200 000

　　贷：应交税费——应交土地增值税　　1 200 000

（5）清算后补交土地增值税时，依据土地增值税完税凭证和付款证明进行如下账务处理的账务处理如下。

借：应交税费——应交土地增值税　　420 000

　　贷：银行存款　　420 000

（八）特殊情况下商品房销售的处理

房地产企业会计实务中，可能遇到一些特殊的销售商品业务。在将销售商品收入确认和计量原则运用于特殊销售商品收入的会计处理时，应结合这些特殊销售商品交易的形式，并注重交易的实质。

1. 分期收款销售收入的核算

采用分期收款方式销售开发产品，每期实现的销售收入，是按当期收到的价款或合同约定当期应收的价款加以确定，即不论价款是否收到，都应按合同规定的时间和金额确认销售收入的实现。而其销售成本的结转时间，应与分期收款销售收入实现的时间相一致，当期结转的销售成本应按开发产品销售成本占销售收入的比例进行计算，其计算公式如下。

本期应结转的销售成本 = 本期确认的销售收入 × 销售总成本 ÷ 销售总收入。

【例 5–5】分期收款销售商品房的会计核算

A 房地产企业采用分期收款结算方式出售高级公寓一栋，合同规定总价款为 6 000 000 元，相应增值税销项税额为 540 000 元。分三次收取价款，房屋移交时，收取总价款的 50%；第二年收取 30%；第三年收取 20%。该商品房的实际开发成本为 5 000 000 元。该企业应编制如下会计分录。

（1）移交商品房时，结转分期收款销售商品房的实际成本。

借：分期收款开发产品　　5 000 000

　　贷：开发产品——商品房　　5 000 000

（2）移交房屋收取 50% 的价款时。

借：银行存款　　3 270 000

　　贷：主营业务收入——商品房销售收入　　3 000 000

　　　　应交税费——应交增值税（销项税额）　　270 000

依据我国现行法律法规，不动产权属移交时，应该全额缴纳增值税。

同时，结转相应的销售成本。

借：主营业务成本——商品房销售成本　　2 500 000

　　贷：分期收款开发产品　　2 500 000

企业在第二、三年收取价款时，分别按各自的比例确认经营收入，结转经营成本和计算税金及附加。

2. 采取委托方式销售开发产品的，确认收入实现的原则

采取委托方式销售开发产品的，应按以下原则确认收入的实现。

①采取支付手续费方式委托销售开发产品的，应按实际销售额，于收到代销单位代销清单时确认收入的实现。

②采取视同买断方式委托销售开发产品的，应按合同或协议规定的价格，于收到代销单位代销清单时确认收入的实现。

③采取包销方式委托销售开发产品的，应按包销合同或协议约定的价格于付款日确认收入的实现。包销方提前付款的，在实际付款日确认收入的实现。

④采取基价（保底价）并实行超过基价双方分成方式委托销售开发产品的，应按基价加按超过基价分成比例计算的价格，于收到代销单位代销清单时确认收入的实现。

下面主要介绍支付手续费方式和视同买断方式委托销售开发产品的会计处理。

（1）支付手续费方式。

房地产企业采取支付手续费方式委托销售商品房的，在委托房地产代理销售机构销售商品房时因不需要进行实物交付，通常不应确认销售商品房收入，也不需要进行账务处理，而应在符合收入确认条件时确认销售商品房收入的实现。借记“银行存款”科目，贷记“主营业务收入”科目；结转成本，借记“主营业务成本”科目，贷记“开发产品”科目；提取税金，借记“税金及附加”科目，贷记“应交税费”科目。销售成立后，按合同或协议约定支付房地产代理销售机构的手续费应作为销售费用处理，借记“销售费用”科目，贷记“银行存款”科目等。

【例 5-6】采取支付手续费方式委托销售商品房时的会计核算

北方房地产企业委托甲专业销售企业销售其开发的商品房，双方约定，房屋销售价格由北方房地产企业定价，销售收款后甲专业销售企业按售价的 2% 收取手续费。月末，北方房地产企业收到甲专业销售企业开具的代销清单，共销售商品房 10 套，售价共计 500 万元。商品房开发成本为 350 万元。不考虑其他因素。

（1）委托销售时，因不需要进行实物交付，北方房地产企业不需要进行账务处理。

（2）承购人支付房款时，北方房地产企业依据收款收据记账联、现金缴款单或银行收账通知等收款证明进行如下账务处理。

借：银行存款　　　　5 000 000

　贷：合同负债　　　　5 000 000

（3）收到代销清单，支付甲专业销售企业手续费时，依据甲专业销售企业开具的代理销售发票和付款证明进行如下账务处理。

借：销售费用　　100 000

　　应交税费——应交增值税（进项税额）　　9 000

　　贷：银行存款　　109 000

（4）商品房竣工验收，移交承购人时，北方房地产企业确认商品房销售收入的账务处理如下。

借：合同负债　　5 000 000

　　银行存款　　450 000

　　贷：主营业务收入　　5 000 000

　　　　应交税费——应交增值税（销项税额）　　450 000

（5）确认收入的同时，北方房地产企业结转房屋销售成本的账务处理如下。

借：主营业务成本　　3 500 000

　　贷：开发产品——商品房　　3 500 000

（2）视同买断方式。

房地产企业采取视同买断方式委托销售商品房的，如果房地产企业和受托方之间的协议明确标明，受托方在取得代销商品房后，无论是否能够卖出、是否获利，均与委托方无关，那么房地产企业和受托方之间的代销商品房交易，与房地产企业直接销售商品房给受托方没有实质区别，在符合销售商品房收入确认条件时，房地产企业应确认收入。如果房地产企业和受托方之间的协议明确标明，将来受托方没有将商品房售出时可以将商品房退回给房地产企业，或受托方因代销商品房出现亏损时可以要求房地产企业补偿，那么房地产企业在交付商品房时不应确认收入，受托方也不做购买商品房处理，受托方将商品房销售后，按实际售价确认销售收入，并向房地产企业开具代销清单，房地产企业收到代销清单并在符合收入确认条件时，确认本企业的销售收入。

【例 5-7】采取视同买断方式委托销售商品房的会计核算

北方房地产企业委托甲专业销售企业销售其开发的商品房 10 套，协议价为 500 万元，成本为 350 万元。代销协议约定，双方签订代销协议后，无论商品房是否能够卖出、是否获利，均与北方房地产企业无关。

北方房地产企业委托甲专业销售企业代销商品房，属于视同买断方式。北方房地产企业的账务处理如下：

（1）代销商品房移交甲专业销售企业时，北方房地产企业确认销售收入，并进行如下账务处理。

借：应收账款　　5 450 000

　贷：主营业务收入　　5 000 000

　　　应交税费——应交增值税（销项税额）　　450 000

（2）北方房地产企业结转房屋销售成本的账务处理。

借：主营业务成本　　3 500 000

　贷：开发产品——商品房　　3 500 000

（3）收到甲专业销售企业销售商品房房款时，北方房地产企业依据银行收账通知等收款证明进行如下账务处理。

借：银行存款　　5 450 000

　贷：应收账款　　5 450 000

3. 附有销售退回条件的开发产品销售收入的确定

附有销售退回条件的商品销售，是指承购人依照有关协议有权退货的销售方式。在这种销售方式下，如果企业能够按照以往的经验对退货的可能性做出合理估计，应在发出商品时，将估计不会发生退货的部分确认收入，估计可能发生退货的部分则不确认收入；如果企业不能合理地确定退货的可能性，则在售出商品的退货期满时确认收入。

4. 现金折扣、商业折扣、销售折让及销售退回的核算

房地产企业在销售过程中，由于各种原因会发生现金折扣、商业折扣、销售折让或销售退回等问题，应当分不同情况进行处理。

现金折扣，是指房地产企业为鼓励承购人在规定的期限内付款而向承购人提供的债务扣除。销售商品房涉及现金折扣的，应当按照扣除现金折扣前的金额确定销售商品房收入金额。现金折扣在实际发生时记入“财务费用”科目。

商业折扣，是指房地产企业为促进商品房销售而在商品房标价上给予的价格

扣除。销售商品房涉及商业折扣的，应当按照扣除商业折扣后的金额确定销售商品房收入金额。

销售折让，是指房地产企业因售出商品房的质量不合格等原因而在售价上给予的减让。房地产企业已经确认销售商品房收入的售出商品房发生销售折让的，应当在发生时冲减当期销售商品房收入，销售折让属于资产负债表日后事项的，适用《企业会计准则第29号——资产负债表日后事项》。

销售退回，是指房地产企业售出的商品由于质量、品种不符合要求等原因而发生的退货。销售退回应当分以下情况处理。

（1）未确认收入的商品房退回，其会计处理比较简单：按照退回承购人的房款，借记“合同负债”科目，贷记“银行存款”科目；采用分期收款销售方式的，应按照分期收款售出商品房的成本，借记“开发产品”科目，贷记“分期收款开发产品”科目。

（2）已确认收入的商品房退回，一般情况下应直接冲减退回当月的销售收入、销售成本等。如果该项销售已发生现金折扣，应在退回当月一并处理。按已付或应付的余额冲减营业收入时，借记“主营业务收入”科目，贷记“银行存款”“应付账款”等科目；按退回商品的成本，借记“开发产品”科目，贷记“主营业务成本”科目。

（3）资产负债表日及之前售出的商品房在资产负债表日至财务会计报告批准报出日之间发生退回的，应当作为资产负债表日后事项的调整事项处理，调整报告年度的收入、成本等。如果该项销售在资产负债表日及之前已经发生现金折扣的，还应同时冲减报告年度的现金折扣。

5.2.2 土地使用权转让的会计核算

房地产企业开发的商品性土地，可以将土地使用权进行转让，但在向其他单位转让时，必须按照法律和合同的规定，投入相当的资金，完成相应的开发。

土地使用权的转让，应签订转让合同，在合同中标明土地的位置、四周边界和面积、地上附着物、土地用途、建筑物高度、绿化面积、土地转让期限、土地转让金的支付方式和违约责任等。

土地转让的交易，可以采用协议、招标、拍卖等方式。土地转让的价格，根据地理位置、经济环境、土地用途、土地转让期限、房地产市场供求等因素决定，并报当地土地管理机关备案。

对向其他单位转让的土地，房地产企业应在移交、转让土地，并将发票、账单提交给买主时，按其转让价格借记“银行存款”“应收账款”等科目，贷记“主营业务收入—土地转让收入”科目。

月份终了，应将转让土地的实际开发成本自“开发产品——商品性土地”科目的贷方转入“主营业务成本”或“主营业务成本——土地转让成本”科目的借方，编制如下会计分录。

借：主营业务成本——土地转让成本

　　贷：开发产品——商品性土地

【例 5-8】土地使用权转让的会计核算

北方房地产企业对外转让已开发完成的土地一块，价值 2 000 万元，实际取得成本为 1 300 万元，已办妥转让手续，价款已收讫并存入开户银行。北方房地产企业应进行如下会计处理。

（1）依据发票账单、收款证明，确认已实现的土地转让收入：

借：银行存款	21 800 000	
贷：主营业务收入——土地转让收入		20 000 000
应交税费——应交增值税（销项税额）		1 800 000

（2）结转已转让土地的实际成本。

借：主营业务成本——土地转让成本	13 000 000	
贷：开发产品——商品性土地		13 000 000

（3）按照规定，计算应纳税额（假定城市建设维护税税率为 7%，教育费附加征收率为 3%）。

应缴增值税 =（2 000-1 300）×9%=63（万元）。

应缴交城市维护建设税 -63×7%-4.41（万元）。

应缴交教育费附加 =63×3%=1.89（万元）。

应缴交印花税 =2 000×0.5‰ =1（万元）。

应缴交土地增值税计算如下。

① 扣除项目金额 =1 300+4.41+1.89+1=1 307.3（万元）。

② 增值额 =2 000-1 307.3=692.7（万元）。

③ 增值率 =692.7÷1 307.3×100%=52.99%。

④ 应缴土地增值税 =692.7×40%-1 307.3×5%=211.715（万元）。

借：税金及附加　2 190 150

　应交税费——应交增值税（已交税金）　630 000

　贷：应交税费——应交城市维护建设税　44 100

　　　　　　——应交教育费附加　18 900

　　　　　　——应交土地增值税　2 117 150

　　银行存款　640 000

5.2.3 配套设施转让的核算

房地产企业在房地产开发过程中，按照城市建设规划开发的大型配套设施如商店、邮局、银行储蓄所等，可以进行有偿转让。对向有关单位有偿转让的配套设施，房地产企业应在办理财产交接手续，并在将配套设施工程价款账单提交有关单位时，按其转让价格借记“银行存款”“应收账款”等科目，贷记“主营业务收入——配套设施销售收入”科目。

月份终了，应将转让配套设施的实际开发成本自“开发产品——配套设施”科目的贷方转入“主营业务成本——配套设施销售成本”科目的借方，编制如下会计分录。

借：主营业务成本——配套设施销售成本

　贷：开发产品——配套设施

若房地产企业将开发的大型配套设施，如商店，用于本企业从事第三产业经营用房，应视同自用固定资产进行处理，并将用于经营的配套设施的实际开发成本，自“开发产品——配套设施”科目的贷方转入“固定资产”科目的借方，编制如下会计分录。

借：固定资产

　贷：开发产品——配套设施

5.2.4　销售周转房的核算

在将周转房改变用途并对外销售时，应视同商品房销售加以处理。在周转房销售以前，往往要对其进行改装、修复。在改装、修复时发生的各项费用，应借记“销售费用”科目，贷记“应付账款”“银行存款”等科目。在周转房改装、修复后对外销售时，应办理房屋交接手续，并根据账单价款借记“应收账款”“银行存款”等科目，贷记“主营业务收入——周转房销售收入”科目。同时应结转对外销售周转房的销售成本。在结转周转房销售成本时，应按周转房的原值扣除累计摊销额的净值，借记“周转房——周转房摊销”“主营业务成本——周转房销售成本”科目，贷记“周转房——在用周转房”科目。

5.2.5　代建工程收入的核算

在实际工作中，房地产企业的代建工程，一般采用竣工后一次结算的办法。房地产企业在一开始可向发包单位预收一定数额的工程款和备料款，在“合同负债”科目核算，期末或竣工后结算工程价款时，从应收工程款中扣除。

【例 5-9】代建工程收入的会计核算

北方房地产企业接受委托代建一项工程，发生如下业务：

（1）收到委托方按合同拨付的材料款 250 万元，该企业应编制如下会计分录。

借：银行存款	2 500 000	
贷：合同负债		2 500 000

（2）按工程施工进度向委托方预收工程款 150 万元，该企业应编制如下会计分录。

借：银行存款	1 500 000	
贷：合同负债		1 500 000

（3）代建的工程竣工，验收合格，结算工程价款 500 万元，增值税销项税额 45 万元，该企业应编制如下会计分录。

借：合同负债	4 000 000	
应收账款	1 450 000	
贷：主营业务收入——代建工程结算收入		5 000 000
应交税费——应交增值税（销项税额）		450 000

（4）与委托方结清工程款，收取余款145万元。该企业编制如下会计分录。

借：银行存款　　1 450 000

　　贷：应收账款　　1 450 000

5.2.6 其他业务收入的核算

其他业务收入是指企业根据收入准则确认的除主营业务以外的其他经营活动实现的收入，包括出租固定资产、出租无形资产、出租包装物和商品、销售材料等实现的收入。

为了核算和监督企业其他业务收入的实现及其相关成本的结转情况，房地产企业应设置下列科目。

（1）“其他业务收入”科目。该科目用来核算根据收入准则确认的除主营业务以外的其他经营活动实现的收入。该科目的贷方登记其他业务收入的增加，借方登记其他业务收入的减少和转出。企业确认的其他业务收入，借记“银行存款”“应收账款”等科目，贷记本科目、“应交税费——应交增值税（销项税额）”等科目。企业以原材料进行非货币性资产交换（在非货币性资产交换具有商业实质且公允价值能够可靠计量的情况下）或债务重组时，应按照该用于交换或抵债的原材料的公允价值，借记有关资产科目或“应付账款”等科目，贷记本科目。本科目应当按照其他业务收入种类进行明细核算。期末，应将本科目余额转入“本年利润”科目，结转后本科目应无余额。

需要说明的是，企业租赁（出租）固定资产取得的租赁收入在“租赁收入”科目核算，不在本科目核算。采用成本模式计量的投资性房地产取得的租金收入，通过本科目核算。

（2）“其他业务成本”科目。该科目核算企业除主营业务活动以外的其他经营活动所发生的支出，包括销售材料的成本、出租固定资产的累计折旧、出租无形资产的累计摊销、出租包装物的成本或摊销额、采用成本模式计量的投资性房地产的累计折旧或累计摊销等。企业发生的其他业务成本，借记本科目，贷记“原材料”“包装物”“低值易耗品”“累计折旧”“累计摊销”“应付职工薪酬”“银行存款”等科目。企业以原材料进行非货币性资产交换（在非货币性资产交换具有商业实质且公允价值能够可靠计量的情况下）或债务重组时，应按照该用于交换或抵债的原材料的账面余额，借记本科目，贷记“原材料”科目。已计提存货跌价准备的，还应同时结转已计提的存货跌价准备。本科目应当按照其他业务成本的种类进行明细核算。期末，应将本科目余额转入“本年利润”科目，结转后本科目应无余额。

需要说明的是，企业除主营业务活动以外的其他经营活动发生的相关税费在“税金及附加”科目核算，不在本科目核算。

【注】

在计算企业所得税时哪些收入是不征税收入？

① 财政拨款。

财政拨款是指各级人民政府对纳入预算管理的事业单位、社会团体等组织拨付的财政资金，但国务院和国务院财政、税务主管部门另有规定的除外。

② 依法收取并纳入财政管理的行政事业性收费、政府性基金。

行政事业性收费是指依照法律法规等有关规定，按照国务院规定程序批准，在实施社会公共管理，以及在向公民、法人或者其他组织提供特定公共服务过程中，向特定对象收取并纳入财政管理的费用。

政府性基金是指企业依照法律、行政法规等有关规定，代政府收取的具有专项用途的财政资金。

③ 国务院规定的其他不征税收入。

国务院规定的其他不征税收入是指企业取得的，由国务院财政、税务主管部门规定专项用途并经国务院批准的财政性资金。

【例 5-10】其他业务收入的会计核算

A 房地产企业一个研究开发项目获得成功，并申请了专利，该无形资产的成本为 80 000 元。A 房地产企业现将该无形资产出售，获得转让收入 100 000 元，其中增值税销项税额 6 000 元，并发生了培训费用等支出 2 000 元。该企业编制如下会计分录。

借：银行存款	106 000	
贷：其他业务收入		100 000
应交税费——应交增值税（销项税额）		6 000
借：其他业务成本	80 000	
贷：无形资产——专利权		80 000

借：其他业务成本　　　　　　　　　　　　　　　　　　2 000

　贷：银行存款　　　　　　　　　　　　　　　　　　　　2 000

5.3 转让及销售阶段的税务处理

房地产企业在转让及销售阶段的税务处理一般主要涉及增值税、城市维护建设税、教育费附加、土地增值税、印花税及企业所得税等税种。

5.3.1 增值税

根据《国家税务总局房地产开发企业销售自行开发的房地产项目增值税征收管理暂行办法》（国家税务总局公告 2016 年第 18 号）及现行增值税有关规定，自 2016 年 5 月 1 日起，房地产开发企业销售自行开发的房地产项目增值税征收管理执行以下规定。

（一）适用范围

房地产企业销售自行开发的房地产项目，适用以下规定。

自行开发，是指在依法取得土地使用权的土地上进行基础设施和房屋建设。

房地产企业以接盘等形式购入未完工的房地产项目继续开发后，以自己的名义立项销售的，属于销售自行开发的房地产项目。

（二）一般纳税人征收管理

1. 销售额

房地产企业中的一般纳税人（以下简称“一般纳税人”）销售自行开发的房地产项目，适用一般计税方法计税，按照取得的全部价款和价外费用，扣除当期销售房地产项目对应的土地价款后的余额计算销售额。销售额的计算公式如下。

销售额 =（全部价款和价外费用 − 当期允许扣除的土地价款）÷（1+9%）

当期允许扣除的土地价款按照以下公式计算。

当期允许扣除的土地价款 =（当期销售房地产项目建筑面积 ÷ 房地产项目可供销售建筑面积）× 支付的土地价款

当期销售房地产项目建筑面积，是指当期进行纳税申报的增值税销售额对应的建筑面积。

房地产项目可供销售建筑面积，是指房地产项目可以出售的总建筑面积，不包括销售房地产项目时未单独作价结算的配套公共设施的建筑面积。

支付的土地价款，是指向政府、土地管理部门或受政府委托收取土地价款的单位直接支付的土地价款。

在计算销售额时从全部价款和价外费用中扣除土地价款，应当取得省级以上（含省级）财政部门监（印）制的财政票据。

一般纳税人应建立台账登记土地价款的扣除情况，扣除的土地价款不得超过纳税人实际支付的土地价款。

一般纳税人销售自行开发的房地产老项目，可以选择适用简易计税方法按照 5% 的征收率计税。一经选择简易计税方法计税的，36 个月内不得变更为一般计税方法计税。

房地产老项目，是指：《建筑工程施工许可证》注明的合同开工日期在 2016 年 4 月 30 日前的房地产项目；《建筑工程施工许可证》未注明合同开工日期或者未取得《建筑工程施工许可证》但建筑工程承包合同注明的开工日期在 2016 年 4 月 30 日前的建筑工程项目。

一般纳税人销售自行开发的房地产老项目适用简易计税方法计税的，以取得的全部价款和价外费用为销售额，不得扣除对应的土地价款。

2. 预缴税款

（1）“营改增”后，房地产企业采取预收款方式销售自行开发的房地产项目，应在收到预收款时按 3% 预征率预缴增值税。

应预缴税款按照以下公式计算。

应缴增值税 =（当期收取的价款和价外费用 - 当期允许扣除的土地价款 - 当期允许扣除以货币支付的拆迁补偿款）÷（1+ 适用税率或征收率）× 3%

适用一般计税方法计税的，按照 9% 的适用税率计算；适用简易计税方法计税的，按照 5% 的征收率计算。

一般纳税人应在取得预收款的次月纳税申报期向主管税务机关预缴税款。

（2）房地产企业的预收款，为不动产交付业主之前所收到的款项，但不含签订房地产销售合同之前收取的诚意金、认筹金和订金等。

（3）预收款的发票开具。

开票系统中有“6‘未发生销售行为的不征税项目’”，该项目适用于纳税人收取款项但未发生销售货物、应税劳务、服务、无形资产或不动产情形。“未发生销售行为的不征税项目”下设“601‘预付卡销售和充值’”“602‘销售自行开发的房地产项目预收款’”“603‘已申报缴纳营业税未开票补开票’”。

第一，期房销售。交房前收到预收款，选“6‘未发生销售行为的不征税项目’”下“602‘销售自行开发的房地产项目预收款’”编码开票，并在税率栏填“不征税”，开普通发票，不得开专用发票。开发票次月按3%预缴率预缴增值税，不需纳税申报。如系统清卡不成功，需在申报期去办税服务厅手工清卡。交房后，需将之前开的税率栏为“不征税”的普通发票收回，红字冲回后再重新开税率栏带实际税率的增值税发票，并于次月纳税申报。此处原开的“不征税”普通发票如不收回并用红字冲回，对方有重复入账问题。此项要求在各地执行过程中，部分地区从工作量等角度考虑并不实际收回原有发票，有一定的争议存在。

第二，现房销售。由于预收房款后会马上交房，可直接开税率栏带实际税率的增值税发票，并申报纳税。

（三）进项税额

一般纳税人销售自行开发的房地产项目，兼有一般计税方法计税、简易计税方法计税、免征增值税的房地产项目而无法划分不得抵扣的进项税额的，应以《建筑工程施工许可证》注明的“建设规模”为依据进行划分。

不得抵扣的进项税额＝当期无法划分的全部进项税额 ×（简易计税、免税房地产项目建设规模 ÷ 房地产项目总建设规模）

（四）纳税申报

一般纳税人销售自行开发的房地产项目适用一般计税方法计税的，应按照《财政部 国家税务总局关于全面推开营业税改征增值税试点的通知》（财税〔2016〕36号）的附件《营业税改征增值税试点实施办法》第四十五条规定的纳税义务发生时间，以当期销售额和9%的适用税率计算当期应纳税额，抵减已预缴税款后，向主管国税机关申报纳税。未抵减完的预缴税款可以结转下期继续抵减。

（五）发票开具

一般纳税人销售自行开发的房地产项目，自行开具增值税发票。

一般纳税人向其他个人销售自行开发的房地产项目，不得开具增值税专用发票。

（六）应纳税额的计算

【例5-11】增值税应纳税额的计算

北方房地产企业2×20年8月收取定金10万元，商品房房款1 200万元，退定金及商品房房款7万元，代收有线电视、暖气初装费16万元，办证费用1万元，住房专项维修基金35万元。假定北方房地产企业所在地为市区，增值税税率为9%。当月增值税销项税额计算如下。

增值税销项税额 =（10+1 200−7+16+1+35）÷（1+9%）×9%

=1 255÷（1+9%）×9%

=103.62（万元）。

【注】

房地产企业代收款项是否应作为企业所得税的应税收入？

房地产企业常见的代收款项有天然气初装费、有线电视安装费、房产证办证费以及维修基金等。《国家税务总局关于印发〈房地产开发经营业务企业所得税处理办法〉的通知》（国税发〔2009〕31号）规定，企业代有关部门、单位和企业收取的各种基金、费用和附加等，凡纳入开发产品价内或由企业开具发票的，应按规定全部确认为销售收入；未纳入开发产品价内并由企业之外的其他收取部门、单位开具发票的，可作为代收代缴款项进行管理。因此，以是否纳入价内或开票来判定房地产企业代收款项是否作为应税收入。

5.3.2 城市维护建设税

城市维护建设税是以纳税人实际缴纳的增值税、消费税的税额为计税依据，依法计征的一种税。城市维护建设税也是房地产企业在转让及销售阶段所涉及的一项重要税种，与城市维护建设税有关的规定如表5-5所示。

表 5–5　城市维护建设税的相关规定

要素	规定内容
征税范围	城市维护建设税的征税范围包括城市、县城、建制镇以及税法规定征税的其他地区。城市、县城、建制镇的范围应根据行政区划作为划分标准，不得随意扩大或缩小各行政区域的管辖范围
计税依据	城市维护建设税是以纳税人实际缴纳的流通转税额为计税依据征收的一种税，纳税环节确定在纳税人缴纳的增值税、消费税的环节上，从商品生产到消费流转过程中只要发生增值税、消费税的当中一种税的纳税行为，就要以这种税为依据计算缴纳城市维护建设税
税率	根据《中华人民共和国城市维护建设税暂行条例》及其《实施细则》有关规定，城市维护建设税是根据城市维护建设资金的不同层次的需要而设计的，实行分区域的差别比例税率，即按纳税人所在城市、县城或镇等不同的行政区域分别规定不同的比例税率。具体规定为： （1）纳税人所在地在市区的，税率为 7%。这里称的“市”是指国务院批准市建制的城市，“市区”是指省人民政府批准的市辖区（含市郊）的区域范围； （2）纳税人所在地在县城、镇的税率为 5%。这里所称的“县城、镇”是指省人民政府批准的县城、县属镇（区级镇），县城、县属镇的范围按县人民政府批准的城镇区域范围； （3）纳税人所在地不在市区、县城、县属镇的，税率为 1% 纳税人在外地发生缴纳增值税、消费税的，按纳税发生地的适用税率计征城建税
应纳税额的计算	应纳税额 =（实际缴纳增值税 + 消费税）× 适用税率 实行免抵退的生产企业的城建税计算公式应为： 应纳税额 =（增值税应纳税额 + 当期免抵税额 + 消费税）× 适用税率
征收方式	（1）城市维护建设税的纳税期限和纳税地点 按照规定，城市维护建设税应当与“二税”（增值税、消费税）同时缴纳，自然其纳税期限和纳税地点也与“二税”相同。比如，某施工企业所在地在 A 市，而本期它在 B 市承包工程，按规定应当就其工程结算收入在 B 市缴纳增值税，相应地，也应当在 B 市缴纳与增值税相应的城市维护建设税 （2）预缴税款 对于按规定以 1 日、3 日、5 日、10 日、15 日为一期缴纳“二税”的纳税人，应在按规定预缴“二税”的同时，预缴相应的城市维护建设税 （3）纳税申报 企业应当于月度终了后在进行“二税”申报的同时，进行城市维护建设税的纳税申报 （4）税款缴纳 对于以一个月为一期缴纳“二税”的施工企业，应当在缴纳当月全部“二税”税额时，同时按照纳税申报表确定的应纳税额全额缴纳城市维护建设税

城市维护建设税由于是以纳税人实际缴纳的增值税、消费税为计税依据，并随同增值税、消费税征收购，因此减免增值税、消费税也就意味着减免城市维护建设税，所以城市维护建设税一般不能单独减免。但是如果纳税人确有困难需要单独减免的，可以由省级人民政府酌情给予减税或者免税照顾。

减少或免除城市维护建设税税负的优待规定。城建税以“二税”的实缴税额为计税依据征收，一般不规定减免税，但对下列情况可免征城建税：

（1）海关对进口产品代征的流转税，免征城建税；

（2）从 1994 年起，对三峡工程建设基金，免征城建税；

（3）2010 年 12 月 1 日前，对中外合资企业和外资企业暂不征收城建税。2010 年 12 月 1 日以后，根据 2010 年 10 月 18 日颁布的《国务院关于统一内外资企业和个人城市维护建设税和教育费附加制度的通知》，外商投资企业、外国企业及外籍个人适用国务院 1985 年发布的《中华人民共和国城市维护建设税暂行条例》和 1986 年发布的《征收教育费附加的暂行规定》。

需特别注意：

1. 出口产品退还增值税、消费税的，不退还已纳的城建税；

2.“二税”先征后返、先征后退、即征即退的，不退还城建税。

城市维护建设税涉及的相关问题如下：

（1）根据中国人大常委会关于授权国务院改革工商税制发布有关税收条例草案试行的决定，国务院发布试行的税收条例草案，不适用于中外合资经营企业和外资企业。因此，对中外合资企业和外资企业不征收城市维护建设税。

（2）纳税单位或个人缴纳城市维护建设税的适用税率，一律按其纳税所在地的规定税率执行。县政府设在城市市区，其在市区办的企业，按市区的规定税率计算纳税。

（3）纳税人在被查补增值税、消费税和被处以罚款时，依照城市维护建设税暂行条例第五条规定，应同时对其偷漏的城市维护建设税进行补税和罚款。

（4）纳税人所在地为工矿区的，依照城市维护建设税暂行条例第四条规定，应根据行政区划分别按照 7%、5%、1% 的税率缴纳城市维护建设税。

【例 5-12】城市维护建设税税额的计算

东方房地产公司 2×20 年 6 月实际已纳增值税 275 万元，消费税 400 万元，则相关会计处理如下：

应缴纳城市维护建设税 =（纳税人实际缴纳的增值税 + 消费税）× 适用税率 =(275+400)×7%=47.25(万元)。

借：产品销售税金及附加　　　　　　　　　　472 500

　　贷：应交税金——应交城市维护建设税　　　　　　472 500

当缴纳税款时：

借：应交税金——应交城市维护建设税　　　　472 500

　　贷：银行存款　　　　　　　　　　　　　　　　　472 500

5.3.3 教育费附加

教育费附加是由税务机关负责征收，同级教育部门统筹安排，同级财政部门监督管理，专门用于发展地方教育事业的预算外资金。教育费附加也是房地产企业在转让及销售阶段所涉及的一项重要税种，与教育费附加有关的规定如表 5-6 所示。

表 5-6　教育费附加的相关规定

要素	规定内容
征税范围	与城市维护建设税的征税范围相同，包括城市、县城、建制镇以及税法规定征税的其他地区。城市、县城、建制镇的范围应根据行政区划作为划分标准，不得随意扩大或缩小各行政区域的管辖范围
计税依据	以纳税人实际缴纳的增值税、消费税的税额为计费依据
税率	按增值税、消费税税额的 3% 缴纳
应纳税额的计算	应纳教育费附加 =（实际缴纳的增值税 + 消费税）× 3%
征收管理	纳费期限 纳费人申报缴纳增值税、消费税的同时，申报、缴纳教育费附加 其他规定 （1）教育费附加由各地税务机关负责本辖区范围的征收； （2）纳费人不按规定期限缴纳教育费附加，需处以滞纳金和罚款的，由县、市人民政府规定； （3）海关进口产品征收的增值税、消费税、不征收教育费附加

续表

要素	规定内容
会计处理	会计科目 企业缴纳的教育费附加，通过“应交税费——应交教育费附加”科目核算 计提时： 借：税金及附加 　　贷：应交税费——教育费附加 上缴教育费附加时： 借：应交税费——教育费附加 　　贷：银行存款

【例5-13】教育费附加税额的计算

东方房地产公司2×20年6月实际已纳增值税275万元，消费税400万元，则相关会计处理如下：

应缴纳教育费附加=（纳税人实际缴纳的增值税+消费税）×适用税率=（275+400）×3%=20.25（万元）。

借：税金及附加　　202 500

　　贷：应交税金——应交教育费附加　　202 500

当缴纳税款时：

借：应交税金——应交教育费附加　　202 500

　　贷：银行存款　　202 500印花税

5.3.4　土地增值税

土地增值税是房地产企业的一个重要税种。土地增值税是对转让国有土地使用权、地上的建筑物及其附着物并取得收入的单位和个人征收的一种税。

土地增值税的相关规定如表5-7所示。

表 5-7　土地增值税的相关规定

要素	规定内容
征税范围	在中华人民共和国境内转让国有土地使用权及其地上建筑物和附着物的单位和个人，为土地增值税的纳税人，应当缴纳土地增值税，不包括国有土地使用权的出让。土地增值税的征税范围不包括未转让土地使用权、房产产权的行为，是否发生转让行为主要以房地产权属（指土地使用权和房产产权）的变更为标准。凡土地使用权、房地产产权未转让的（如房地产的出租），不征收土地增值税
计税依据	土地增值税按照纳税人转让房地产所取得的增值额和规定的适用税率计算征收，纳税人转让房地产所取得的收入减除《中华人民共和国土地增值税暂行条例》规定的扣除项目金额后的余额，为增值额
税率	土地增值税实行四级超率累进税率 （1）增值额未超过扣除项目金额 50% 的部分，税率为 30%； （2）增值额超过扣除项目金额 50%、未超过扣除项目金额 100% 的部分，税率为 40%； （3）增值额超过扣除项目金额 100%、未超过扣除项目金额 200% 的部分，税率为 50%； （4）增值额超过扣除项目金额 200% 的部分，税率为 60%
应纳税额的计算	应纳土地增值税 = 土地增值额 × 适用税率 – 速算扣除额 × 速算扣除率，其中， 土地增值额 = 转让房地产总收入 – 扣除项目金额
土地增值税的征收管理	（1）预缴：纳税人在项目全部竣工结算前转让房地产取得的收入，由于涉及成本确定或其他原因，而无法据以计算土地增值税的，可预征土地增值税，待该项目全部竣工、办理结算后再进行清算，多退少补 预缴土地增值税 =（当期收取的价款和价外费用 – 当期增值税额）× 预增率 如《深圳市地方税务局关于土地增值税核定征收有关问题的通知》（深地税发〔2009〕460 号）规定，对普通标准住宅销售收入核定征收率为 6%，对非普通标准住宅销售收入核定征收率为 8%，对写字楼、商铺销售收入核定征收率为 10%，对其他类型房地产销售收入核定征收率为 5% （2）清算：土地增值税的清算时间根据以下情况确定 ① 具备下列情形之一的，纳税人应自满足清算条件之日起 90 日内办理清算手续。a. 房地产开发项目全部竣工、完成销售的；b. 整体转让未竣工决算房地产开发项目的；c. 直接转让土地使用权的 ② 符合下列情形之一的，主管税务机关将要求纳税人进行土地增值税清算，纳税人应自接到清算通知之日起 90 天内办理清算手续 a. 已竣工验收的房地产开发项目，已转让的房地产建筑面积占整个项目可售建筑面积的比例在 85% 以上，或该比例虽未超过 85%，但剩余的可售建筑面积已经出租或自用的；b. 取得销售（预售）许可证满三年仍未销售完毕的；c. 纳税人申请注销税务登记但未办理土地增值税清算手续的；d. 税务机关规定的其他情况

房地产企业分期分批开发、转让房地产的，其扣除项目金额的确定，可按转让土地使用权的面积占总面积的比例计算分摊，可按建筑面积计算分摊，也可按税务机关确认的其他方式计算分摊。属多个房地产项目共同的成本费用，应按清算项目可售建筑面积占多个项目可售总建筑面积的比例或其他合理的方法，计算确定清算项目的扣除金额。

房地产企业土地增值税扣除项目包括以下五项内容。

（1）取得土地使用权所支付的金额，包含以下两部分。

①为取得土地使用权支付的地价款。其中：对政府出让的土地为支付的土地出让金；对以行政划拨方式取得的土地为按规定补交的土地出让金；对以转让方式取得的土地为向原土地使用权人实际支付的地价款。

②在取得土地使用权时按国家统一规定交纳的有关费用，如登记、过户手续费和契税等。

（2）开发土地和新建房及配套设施的成本（以下简称“房地产开发成本”），也就是开发房地产项目实际发生的成本，包括以下六部分。

①土地征用及拆迁补偿费。其包括土地征用费，耕地占用税，劳动力安置费及有关地上、地下附着物拆迁补偿的净支出，安置动迁用房支出等。

②前期工程费。其包括规划费，设计费，项目可行性研究费用和水文、地质的勘察、测绘费用、“三通一平”费等支出。

③建筑安装工程费。其包括以出包方式开发的支付给承包单位的建筑安装工程费，以及以自营方式开发的自建工程发生的建筑安装工程费。

④基础设施费。其包括开发小区内道路、供水、供电、供气、排污、排洪、通信、照明、环卫、绿化等工程发生的支出。

⑤公共配套设施费。公共配套设施费是指不能有偿转让的开发小区内公共配套设施发生的支出。

⑥开发间接费用。开发间接费用是指直接组织、管理开发项目发生的费用，包括工资、职工福利费、折旧费、修理费、办公费、水电费、劳动保护费、周转房摊销等，其相当于工业生产企业的制造费用。

（3）开发土地和新建房及配套设施的费用（以下简称“房地产开发费用”），指与房地产开发有关的销售费用、管理费用、财务费用。相当于一般企业的期间费用或者营业费用。

对房地产开发费用的扣除，不是按实际发生额，而是按标准扣除，标准的选择取决于财务费用中的利息支出。分以下两种情况。

①对能够按转让房地产项目计算分摊利息支出，并能提供金融机构的贷款证明的，房地产开发费用扣除金额为利息支出加上按上述取得土地使用权所支付的金额与房地产开发成本之和不超过5%的比例（具体由当地政府确定）计算扣除。

②对不能按转让房地产项目计算分摊利息支出，或不能提供金融机构贷款证明的，房地产开发费用按地价款和房地产开发成本金额之和不超过的10%的比例（具体由当地政府确定）计算扣除。

不过，在具体确定时还应注意以下五点：①利息的上浮幅度按国家的有关规定执行，超过上浮幅度的部分不允许扣除；②超过贷款期限的利息部分和加罚的利息不允许扣除；③全部使用自有资金，没有利息支出的，按上述第二种情况的方法计算扣除；④房地产企业既向金融机构借款，又有其他借款的，其房地产开发费用不能同时用上述两种方法计算扣除，只能选其中的一种方法；⑤土地增值税清算时，已经计入房地产开发成本的利息支出，应调整至财务费用中计算扣除。

（4）与转让房地产有关的税金。其包括在转让房地产时缴纳城市维护建设税、印花税、教育费附加，即“三税一费”。房地产企业实际缴纳的城市维护建设税、教育费附加，凡能够按清算项目准确计算的，允许据实扣除。凡不能按清算项目准确计算的，则按该清算项目预缴增值税时实际缴纳的城建税，教育费附加扣除。

（5）财政部规定的其扣除项目。

根据《中华人民共和国土地增值税暂行条例实施细则》的规定，专门从事房地产开发的纳税人在计算土地增值税时，除扣除上述四个项目的扣除金额外，可以按取得土地使用权支付的金额与房地产开发成本之和再加计20%的扣除金额，其他纳税人则不允许。也就是说，加计20%扣除政策只适用于专门从事房地产开发并已进行实质性开发的纳税人；虽专门从事房地产开发但未进行实质性开发（未进行开发即转让）的纳税人只能扣除取得土地使用权时支付的地价款、支付的有关费用，以及转让环节缴纳的税金；非专门从事房地产开发的纳税人，只能扣除上述四个项目的金额。

【例 5-14】转让房屋土地增值税税额的计算

假定某房地产企业转让商品房一栋，取得收入总额为 1 000 万元，应扣除的购买土地的金额、开发成本、开发费用、相关税金及其他可扣除项目金额总共为 400 万元。请计算该房地产企业应缴纳的土地增值税。

（1）先计算增值额，计算公式如下。

增值额 =1 000-400=600（万元）。

（2）再计算增值额和扣除项目金额的比率，计算公式如下。

增值额与扣除项目金额的比率 =600÷400×100%=150%。

根据上述计算结果，增值额超过扣除项目金额 100%、未超过 200%，土地增值税税额的计算公式如下。

土地增值税税额 = 增值额 ×50%- 扣除项目金额 ×15%。

（3）最后计算该房地产企业应缴纳的土地增值税，计算公式如下。

应缴纳的土地增值税 =600×50%-400×15%=240（万元）。

【例 5-15】销售房屋土地增值税的计算

北方房地产企业开发建造并出售普通标准住宅楼一栋，取得销售收入 1 850 万元，其中包括代收的市政设施费共计 50 万元。该企业为建造此楼，支付土地出让金 300 万元，缴纳相关税费 12 万元；普通标准住宅楼开发成本 300 万元；房地产开发费用中的利息支出为 40 万元（能够按转让房地产项目计算分摊并提供了银行贷款证明），其中包括超过贷款期限的利息 4 万元；公司所在地政府规定的房地产开发费用的计算扣除比例为 5%。增值税适用简易征收办法，征收率为 5%，城市维护建设税税率为 7%，教育费附加征收率为 3%。北方房地产企业应纳土地增值税税额计算过程如下。

（1）确定销售房地产的收入 1 850 万元。

（2）确定销售房地产的扣除项目金额。

① 取得土地使用权所支付的金额 -300+12-312（万元）。

② 房地产开发成本 300 万元。

③ 房地产开发费用 =（40-4）+（300+312）×5%=66.6（万元）。

④ 与销售房地产有关的税金计算如下。

增值税 =1 850×5%=92.5（万元）。

城市维护建设税 =92.5×7%=6.475（万元）。

教育费附加 =92.5×3%=2.775（万元）。

税金合计 =6.475+2.775=9.25（万元）。

⑤其他扣除项目 =（312+300）×20%=122.4（万元）。

⑥代收费用可在计算土地增值税的时候扣除，但是不可以加计扣除。

扣除项目金额 312+300+66.6+9.25+122.4+50=860.25（万元）。

（3）销售房地产的增值额 1 850−860.25=989.75（万元）。

（4）计算增值额与扣除项目金额的比率 =989.75÷860.25×100%=115.05%。

增值额超过扣除项目金额 50%、未超过 100%，适用税率 40%，速算扣除系数 5%。

（5）用速算扣除法计算土地增值税应纳税额，计算如下。

土地增值税应纳税额 =989.75×40%−860.25×5%=352.89（万元）。

5.3.5 印花税

根据《中华人民共和国印花税暂行条例》和《财政部 国家税务总局关于印花税若干政策的通知》（财税〔2006〕162 号）的规定，对商品房销售合同按照产权转移书据按合同记载金额的 0.5‰征收印花税；对土地使用权出让合同、土地使用权转让合同按产权转移书据征收印花税。

【例 5-16】印花税的计算

北方房地产企业 2×20 年 8 月签订商品房销售合同总金额为 2 000 万元。当月应纳印花税的计算如下。

应纳印花税 =2 000×0.5‰ =1（万元）。

【注】

（1）房地产企业因建筑图纸重大修改，投资额核减，原按施工合同记载金额缴纳的印花税能否申请退还？

印花税是对经济活动和经济交往中书立、使用、领受具有法律效力的凭证的单位和个人征收的一种具有行为税性质的凭证税，根据《中华人民共和国印花税暂行条例》规定，凡发生书立、使用、领受应税凭证的行为，就必须依照有关规定，履行纳税义务。即应税合同在签订时纳税义务即已发生，应计算缴纳印花税，但如果合同未载明金额的，则先按每件 5 元贴花，待合同执行后以实际执行金额为标准计算应缴纳的印花税。

（2）房地产企业开发经济适用住房是否免征印花税？

根据《财政部 国家税务总局关于廉租住房经济适用住房和住房租赁有关税收政策的通知》（财税〔2008〕24 号）规定，开发商在商品住房项目中配套建造经济适用住房，如能提供政府部门出具的相关材料，可按经济适用住房建筑面积占总建筑面积的比例免征开发商应缴纳的印花税。

5.3.6　企业所得税

（1）完工产品销售收入的确认原则。

① 采取一次性全额收款方式销售开发产品的，应于实际收讫价款或取得索取价款凭据（权利）之日，确认收入的实现。

② 采取分期收款方式销售开发产品的，应按销售合同或协议约定的价款和付款日确认收入的实现。付款方提前付款的，在实际付款日确认收入的实现。

③ 采取银行按揭方式销售开发产品的，应按销售合同或协议约定的价款确定收入额，其首付款应于实际收到日确认收入的实现，余款在银行按揭贷款办理转账之日确认收入的实现。

④ 采取委托方式销售开发产品的，应按以下原则确认收入的实现。

a. 采取支付手续费方式委托销售开发产品的，应按销售合同或协议中约定的价款于收到受托方已销开发产品清单之日确认收入的实现。

b. 采取视同买断方式委托销售开发产品的，属于房地产企业与购买方签订销售合同或协议，或房地产企业、受托方、购买方三方共同签订销售合同或协议的，如果销售合同或协议中约定的价格高于买断价格，则应按销售合同或协议中约定的价格计算的价款于收到受托方已销开发产品清单之日确认收入的实现；如果属于前两种情况中销售合同或协议中约定的价格低于买断价格，以及属于受托方与购买方签订销售合同或协议的，则应按买断价格计算的价款于收到受托方已销开发产品清单之日确认收入的实现。

c. 采取基价（保底价）并实行超基价双方分成方式委托销售开发产品的，属于由房地产企业与购买方签订销售合同或协议，或房地产企业、受托方、购买方三方共同签订销售合同或协议的，如果销售合同或协议中约定的价格高于基价，则应按销售合同或协议中约定的价格计算的价款于收到受托方已销开发产品清单之日确认收入的实现，房地产企业按规定支付受托方的分成额，不得直接从销售收入中减除；如果销售合同或协议约定的价格低于基价的，则应按基价计算的价款于收到受托方已销开发产品清单之日确认收入的实现。属于由受托方与购买方直接签订销售合同的，则应按基价加上按规定取得的分成额于收到受托方已销开发产品清单之日确认收入的实现。

d.采取包销方式委托销售开发产品的，包销期内可根据包销合同的有关约定，参照上述 a 至 c 项规定确认收入的实现；对于包销期满后尚未出售的开发产品，房地产企业应根据包销合同或协议约定的价款和付款方式确认收入的实现。

已销开发产品清单应载明售出开发产品的名称、地理位置、编号、数量、单价、金额、手续费等内容，以月或季为结算期，定期进行结算。房地产企业在规定期限内向税务机关进行纳税申报、预缴税款。对不按规定定期结算、纳税申报和预缴税款的，税务机关按《中华人民共和国税收征收管理法》的有关规定进行处理。

（2）房地产企业通过正式签订《房地产销售合同》或《房地产预售合同》取得收入，收入的确认以交房、业主正式取得使用权为标准确认收入的实现凡纳入开发产品价内或由房地产企业开发票的，应全部确认销售收入；未纳入开发产品价内并由房地产企业外其他收取部门、单位开发票的，可作为代收代缴款项管理。

（3）房地产企业销售未完工开发产品取得收入后缴纳的税金及附加，会计处理上直接记入“税金及附加”科目，并计入当期会计损益。所得税处理时，不再单独进行纳税调整。所得税申报时，可以直接按照《国家税务总局关于印发〈房地产开发经营业务企业所得税处理办法〉的通知》（国税发〔2009〕31 号）第九条的规定，开发产品未完工销售时计算出预计毛利额，计入当期应纳税所得额。完工后，计算出实际毛利额与其对应的预计毛利额之间的差额，计入应纳税所得额。

按季度（月度）申报时，可以参考以下公式。

会计利润 + 本期销售未完工产品收入 × 预计计税毛利率 − 完工产品会计核算转销售收入 × 预计计税毛利率。

汇算清缴填写申报表时，销售未完工开发产品取得的收入，可以作为计提业务招待费、广告费和业务宣传费的基数，但开发产品完工会计核算转销售收入时，已作为计提基数的未完工开发产品销售收入不得重复计提业务招待费、广告费和业务宣传费。

可将销售未完工产品收入减去完工产品会计核算转销售收入的差额（可以是负数）计入其他视同销售收入，同时在其他视同销售成本中填入“销售未完工产品收入 ×（1 - 预计计税毛利率）”减去“完工产品会计核算转销售收入 ×（1 - 预计计税毛利率）”的差额（可以是负数）。完工产品会计核算转销售收入，仅指按照国税发〔2009〕31 号文件已经确认为企业所得税收入，并且已作为计提广告费、业务招待费、业务宣传费基数的完工开发产品预收收入额。

【例 5-17】企业所得税的计算

某房地产企业于 2018 年成立，2019 年销售未完工产品取得收入 1.2 亿元，记入“预收账款”贷方，缴纳税金及附加 846 万元，期间费用 200 万元。2020 年，该企业 2019 年度销售的未完工产品全部完工，并且销售未完工产品取得收入 1.5 亿元，缴纳税金及附加 1 057.5 万元，完工产品的计税成本为 9 600 万元，期间费用为 350 万元。假设预计毛利率为 15%，没有其他纳税调整事项。

销售未完工产品缴纳的税金及附加，在缴纳当期记入“税金及附加”科目。

（1）2019 年应纳所得税申报如下。

应纳税所得额 = 未完工产品预计毛利额 + 会计利润 =12 000×15%+(846-200)=754（万元）。

应纳所得税 =754×25%=188.5（万元）。

（2）2020 年应纳所得税申报如下。

应纳税所得额 =2019 年度未完工产品预计毛利额 + 会计利润 -2019 年度完工产品预计毛利额 =15 000×15%+（12 000-9 600-1 057.5 — 350）-12 000×15%=1 442.5（万元）。

应纳所得税 =1 442.5×25%=360.625（万元）。

（3）2020 年度汇算清缴申报表填写如下。

“其他视同销售收入”中填写金额为 3 000 万元，计算过程如下。

15 000-12 000=3 000（万元）。

“其他视同销售成本”中填写金额为2 550万元，计算过程如下。

（15 000-12 000）×（1-15%）=2 550（万元）。

第 6 章
房地产行业的税收筹划

税收筹划就是在不违反国家税收法规的前提下，纳税人通过对投资、经营、理财等各项经济活动的事先周密筹划和合理安排，尽可能地减轻税负，为纳税人带来税收利益，并最终为纳税人带来经济利益的管理活动。它同纳税人追求企业价值最大化的目标一致。税收筹划有利于提高企业的经营管理水平和会计核算水平，有利于降低企业的经营风险，有利于节约税收成本。

房地产企业主要有以下四种运营方式：一是通过国土资源局挂牌交易；二是合作建房；三是收购一块土地进行项目开发；四是收购企业或者股权转让。本章主要从房地产企业经营过程中金额较大、较为重要的三个税种（土地增值税、房产税、企业所得税）出发，分别阐述房地产企业的税收筹划。

6.1　土地增值税税收筹划

有关土地增值税的税法规定，有下列五种情形之一的，可以享受免征土地增值税的优惠政策。

（1）纳税人建造普通标准住宅出售，增值额未超过扣除项目金额 20%。

（2）因国家建设需要依法征用、收回的房地产。因城市规划、国家建设的需要而搬迁，由纳税人自行转让原房地产的，经税务机关审核，免征土地增值税。

（3）房地产入股免税。以房地产作价入股进行投资或联营的，转让到所投资、联营的企业的房地产，暂免征土地增值税。

（4）合作建自用房免税。对于一方出地，一方出资金，双方合作建房，建成后按比例分房自用的，暂免征土地增值税。

（5）在企业兼并中，对于被兼并企业将房地产转让到兼并企业中的，暂免征土地增值税。

6.1.1 利用土地增值税的征税范围进行筹划

正确界定土地增值税的征税规模非常重要。确定属于土地增值税征税范围的标准有三条：一是土地增值税是对转让土地使用权及其地上建造物和附着物的行为征税；二是土地增值税是对国有土地使用权及其地上建造物和附着物的转让行为征税；三是土地增值税的纳税范围不包括未转让土地使用权、房产产权的行为。根据这三条判定标准，税法对若干详细情况是否属于土地增值税征税范围进行了判断，房地产企业可以根据这些判断标准进行合理的税收筹划。

（1）房地产企业的代建房行为。

税法对房地产企业的代建房行为是否征税做出了具体规定，房地产企业的代建房行为是指房地产企业代客户进行房地产的开发，开发实现后向客户代收建房收入的行为。对于房地产企业而言，虽然取得了收入，但没有发生房地产权属的转移，其收入属于劳务收入性质，故该行为不属于土地增值税的征税范围。房地产企业可以利用这种建房方式，在开发之初确定终极用户，实施定向开发，以达到减轻税负的目的，避免开发后缴纳土地增值税。

（2）合作建房。

税法规定，对于一方出地，一方出资金，双方合作建房，建成后按比例分房自用的，暂免征收土地增值税；建成后转让的，应征收土地增值税。房地产开发公司可以充足利用此项政策进行税收计划。如果某房地产企业拥有一块土地，拟与A企业配合建造写字楼，资金由A企业提供，建成后按比例分房。对房地产企业而言，该写字楼作为办公用房自用，不用缴纳土地增值税，从而降低了房地产成本，加强了市场竞争力。未来再做处理时，可以只就属于本企业的部分缴纳土地增值税。

（3）将房地产销售改为股权转让筹划方案。

根据《财政部 国家税务总局关于土地增值税若干问题的通知》（财税〔2006〕21 号）的规定，对于以房地产进行投资、联营的，投资、联营的一方以土地（房地产）作价入股进行投资或作为联营条件，将房地产转让到所投资、联营的企业时，暂免征收土地增值税。对投资、联营企业将上述房地产再转让的，应征收土地增值税。该房地产企业投资入股可以免征土地增值税，而其转让股权的行为也不需要缴纳土地增值税。

【例 6-1】企业土地增值税的筹划

某房地产企业与某酒店投资企业签订协议，建造一座五星级酒店。工程由该房地产企业按照该酒店投资企业的要求进行施工、建造。工程决算后，该酒店投资企业购买该酒店，需要支付土地出让金 20 000 万元，房地产开发成本 70 000 万元，房地产开发费用 4 500 万元，利息支出 5 000 万元，城市维护建设税的税率为 7%，教育费附加的征收率为 3%，销售价格为 140 000 万元。当地政府允许扣除的房地产开发费用，按照取得土地使用权和开发成本金额之和的 5% 以内计算扣除。假定该房地产企业实行简易征税，增值税税率为 5%。

该房地产企业房地产转让收入为 140 000 万元。

应当缴纳的增值税 =140 000×5%=7 000（万元）。

应当缴纳的城市维护建设税和教育费附加 =7 000×（7%+3%）=700（万元）。

该企业取得土地使用权支付的土地出让金为 20 000 万元，房地产开发成本为 70 000 万元。

房地产开发费用合计 =（20 000+70 000）×5%+4 500+5 000=14 000（万元）。

房地产加计扣除费用 =（20 000+70 000）×20%=18 000（万元）。

允许扣除项目合计 =20 000+70 000+14 000+18 000+700=122 700（万元）。

增值额 =140 000−122 700=17 300（万元）。

增值率 =17 300÷122 700×100%=14.10%。

应当缴纳的土地增值税 =17 300×30%=5 190（万元）。

该企业实际利润 =140 000−（20 000+70 000）−9 500−（7 000+700+4 566）=28 234（万元）。

应当缴纳的企业所得税 =28 234×25%=7 058.5（万元）。

该房地产企业可以根据该酒店投资企业的要求自行开发建设该五星级酒店，该酒店投资企业可以将本来应当按期支付的工程款以借款的方式借给该房地产企业。酒店建成以后，该房地产企业可以与该酒店投资企业合资成立一家酒店企业，房地产企业以该酒店投资入股，占相应的股份。合资酒店企业成立以后，该房地产企业再将其所拥有的股份全部转让给该酒店投资企业。假设该酒店的各项建设成本不变，为了与酒店投资企业共享税收筹划的收益，该房地产企业转让股份所得为 125 000 万元。这样，酒店投资企业少支付价款 15 000 万元。

该房地产企业建造该酒店的总成本 =20 000+70 000+4 500+5 000=99 500（万元）。

转让股权所得 =125 000−99 500=25 500（万元）。

应当缴纳企业所得税 =25 500×25%=6 375（万元）。

该房地产企业和该酒店投资企业总共减轻税收负担 =7 058.5+5 190−6 375=5 873.5（万元）。

6.1.2 利用增加扣除项目金额进行税收筹划

计算土地增值税是以增值额与扣除项目金额的比率即增值率的大小为标准选择适用的税率累进计算征收的，增值率越大，适用的税率越高，缴纳的税款就越多。合理地增加扣除项目金额可以降低增值率，适用较低的税率，从而达到减小税收负担的目的。

所以税收筹划时的基本思路是寻找“临界点”。税法规定，纳税人建造普通标准住宅出售，增值额（转让收入减除税法规定的扣除项目金额后的余额）未超过扣除项目金额 20%，免征土地增值税；增值额超过扣除项目金额 20%，应就其全部增值额按规定计税。这里的“20% 的增值额”就是“临界点”。根据土地增值税的税率特点及有关优惠政策，纳税人可通过控制增值额，从而适用低税率或享受免税待遇。土地增值税税率实行四级超率累进税率，税率从 30% 到 60%，增值额越多、税率越高。因此，增值额成为税率的决定因素，土地增值税筹划的关键点就是合理合法地控制、降低增值额。

税法准予纳税人从转让收入额减除的扣除项目包括五个部分：取得土地使用权所支付的金额；房地产开发成本；房地产开发费用；与转让房地产有关的税金；财政部规定的其他扣除项目（主要是指从事房地产开发的纳税人容许扣除取得土地使用权所支付金额和开发成本之和的 20%）。对于房地产开发费用中的利息费用如何计算，《中华人民共和国土地增值税暂行条例实施细则》中做了明确规定，房地产企业可以选择恰当的利息扣除标准进行税收筹划。税法规定利息支出凡可以按转让房地产项目计算分摊并提供金融机构证明的，许可据实扣除，但最高不得超过按商业银行同类同期贷款利率计算的金额。其他房地产开发费用，按取得土地使用权所支付的金额和房地产开发成本之和的 5% 以内计算扣除；凡不能按转让房地产开发项目计算分摊利息支出或不能提供金融机构证明的，房地产开发费用按取得土地使用权所支付的金额与房地产开发成本之和的 10% 以内计算扣除。房地产企业据此可以取舍：如果房地产企业预计利息费用较高，开发房地产项目主要依靠负债筹资，利息费用所占比例较高，则可计算分摊的利息并提供金融机构证明，据实扣除；反之，主要依附权益资本筹资，预计利息费用较少，则可不计算应分摊的利息，这样可以多扣除房地产开发费用，有利于实现企业价值最大化。

【例 6-2】企业利息费用的筹划

假设某房地产企业进行一个房地产项目开发，取得土地使用权支付的金额为 300 万元，房地产开发成本为 500 万元。

那么，如果该企业利息费用可以按转让房地产项目计算分摊并提供了金融机构证明，则房地产开发费用 = 利息费用 +（300 万元 +500 万元）× 5%= 利息费用 +40 万元。

如果该企业利息费用无法按转让房地产项目计算分摊，或无法提供金融机构证明，则房地产开发费用 =（300+500）× 10%=80（万元）。

对于该企业来说，如果预计利息费用高于 40 万元，则应力争按转让房地产项目计算分摊利息支出，并获得有关金融机构证明，以便据实扣除有关利息费用，从而增加扣除项目金额；反之，如果预计利息费用低于 40 万元，那么就不用按转让房地产项目计算分摊利息支出，也不必提供有关金融机构证明，以便多扣除房地产开发费用，到达增添扣除名目金额的目标。

6.1.3 利用税收优惠政策进行税收筹划

根据《中华人民共和国土地增值税暂行条例》规定，纳税人建造普通标准住宅出售，增值额未超过扣除项目金额 20% 的，免征土地增值税。如果增值额超过扣除项目金额 20%，应就其全部增值额按规定计税。同时税法还规定，对于纳税人既建造普通标准住宅又搞其他房地产开发的，应分别核算增值额；不分别核算增值额或不能精确核算增值额的，其建造的普通标准住宅不能适用这一免税规定。

房地产企业如果既建造普通住宅，又进行其他房地产开发，分开核算与不分开核算的税负会有差异，这取决于两种住宅的销售额和可扣除项目金额。在分开核算的情况下，如果能把普通标准住宅的增值额控制在扣除项目金额的 20% 以内，从而免缴土地增值税，则可以减轻税负。控制增值额，必须从税法规定的五个扣除项目入手：取得土地使用权所支付的金额、房地产开发成本、房地产开发费用、与转让房地产有关的税金、财政部规定的其他扣除项目（主要是指从事房地产开发的纳税人允许扣除取得土地使用权所支付金额和开发成本之和的 20%）。必须注意到，税法允许扣除的项目比房地产企业企业自己实际核算中涉及的项目要少，计算增值额时必须以税法的规定为准。一般来说采用下列两种方法来进行税收筹划：一是增加普通标准住宅的扣除项目金额；二是降低普通标准住宅的销售价格。

【例 6-3】房地产企业土地增值额的筹划

假设某市房地产企业出售商品房取得销售收入 5 000 万元，其中普通标准住宅销售额为 3 000 万元，豪华住宅的销售额为 2 000 万元。扣除项目金额为 3 200 万元，其中普通标准住宅的扣除项目金额为 2 200 万元，豪华住宅的扣除项目金额为 1 000 万元。增值税税率，城市维护建设税税率分别为 5% 和 7%，教育附加的征收率为 3%。

该企业应纳的土地增值税计算如下。

（1）销售普通标准住宅的相关税费的计算如下。

税金及附加 =3 000×5%×（1+7%+3%）=165（万元）。

扣除项目金额合计 =2 200+165=2 365（万元）。

增值额 =3 000−2 365=635（万元）。

增值率 =635÷2 365×100% ≈ 27%。

适用 30% 的税率，因此缴纳的土地增值税 =635×30%=190.5（万元）。

（2）销售豪华住宅的相关税费的计算如下。

税金及附加 =2 000×5%×（1+7%+3%）=110（万元）。

扣除项目金额总计 =1 000+110=1 110（万元）。

增值额 =2 000-1 110=890（万元）。

增值率 =890÷1 110×100% ≈ 80%。

适用 40% 的税率，因此缴纳的土地增值税 =890×40%-1 110×5%=300.5（万元）。

缴纳的土地增值税合计 =190.5+300.5=491（万元）。

通过上述计算可以看出，普通标准住宅的增值率约为 27%，超过了 20%，还要缴纳土地增值税。要使普通标准住宅享受免税待遇，可将其增值率控制在 20% 以内，筹划的方式有以下两种。

① 增加扣除项目金额。

假设上例中其他前提条件不变，只是普通标准住宅的扣除项目产生变更，假设其为 X，那么应纳土地增值税计算如下。

扣除项目金额合计 =X+165（万元）。

增值额 =3 000-（X+165）=（2 835-X）（万元）。

增值率 =（2 835-X）÷（X+165）×100%。

由等式（2 835-X）÷（X+165）×100%=20%，解得 X=2 335（万元）。

此时普通标准住宅可免土地增值税，缴纳的土地增值税仅为销售豪华住宅的部分，应纳税额为 300.5 万元，此时少缴土地增值税 190.5 万元。增加扣除项目金额的方法有很多，如可以增加房地产开发成本、房地产开发费用等。

② 降低销售价格。

降低销售价格固然会使增值率降低，但也会导致销售收入的减少，影响房地产企业的利润，这种办法是否合理要通过比较减少的收入和少缴纳的税金做出判定。仍假定其他条件不变，将普通标准住宅的销售价格设为 Y，那么应纳土地增值税计算如下。

税金及附加 =Y×5%×（1+7%+3%）=5.5%Y（万元）。

扣除项目金额合计 =2 200+5.5%Y（万元）。

增值额 =Y-（2 200+5.5%Y）=Y-5.5%Y-2 200（万元）。

增值率 =（Y-5.5%Y-2 200）÷（2 200+5.5%Y）×100%。

由等式（Y-5.5%Y-2 200）÷（2 200+5.5%Y）×100%=20%，解得 Y=2 827（万元）。

同上，普通标准住宅免土地增值税，此时缴纳的土地增值税仍为销售豪华住宅的部分，即 300.5 万元。销售收入比本来的 3 000 万元减少了 173 万元，少纳税 190.5 万元，与减少的收入比，该企业节约了 17.5 万元，故可以选择这种方案。

6.2 房产税税收筹划

房产税是以房产为征税对象，依据房产价格或房产租金收入向房产所有人或经营人征收的一种税。房产税的计税依据分为从价计征和从租计征两种。从价计征就是按照房产原值一次减除 10%~30% 后的余值计算缴纳，税率为 1.2%；从租计征就是以房产租金收入为计税依据，税率为 12%。

对于从价计征，因为它是按房产余值计税，所以房产原值的多少直接决定房产税的多少，合理地减少房产的原值是房产税筹划的关键。所以，会计人员要将可以同房屋主体分开核算的建筑部分尽量分开；而对于从租计征，房产租金的多少直接决定了房产税的多少。不少房地产企业在签署房屋租赁合同时，往往将水费、电费和房屋租金统放在一起计入租赁价，这样就增加了租金，多缴了房产税。所以房地产企业应将水电费等从租金中剔除，由承租人自己独立承担，即使因为各种原因由出租人交纳水电费，也应当在租赁合同中明确为代收项目，通过“其他应收款”“其他应付款”科目进行核算，从而减少应纳房产税的税基。

【注】

（1）房地产企业开发的商品房，是否需要缴纳房产税?

房地产企业开发的商品房在出售前，对房地产企业而言是一种产品，因此，在售出前，不征收房产税。但对售出前房地产企业已使用或出租、出借的商品房应按规定征收房产税。所以，房地产企业开发建造的商品房在售出前不缴纳房产税（售出后因产权已转让，房地产企业亦不担负房产税纳税义务），但在售出前已使用（如样板房、售楼部等）或出租、出借的商品房应按规定缴纳房产税。

（2）税法规定与房屋不可分割的配套设施应并入房产价值缴纳房产税，“与房屋不可分割的配套设施”如何界定?

《财政部 税务总局关于房产税和车船使用税几个业务问题的解释与规定》（财税地字〔1987〕3 号）对房屋附属设备进行了解释，房产原值应包括与房屋不可分割的各种附属设备或一般不单独计算价值的配套设施，主要有暖气、卫生、通风、照明、煤气等设备；各种管线，如蒸气、压缩空气、石油、给水排水等管道及电力、电讯、电缆导线；电梯、升降机、过道、晒台等。属于房屋附属设备的水管、下水道、暖气管、煤气管等从最近的探视井或三通管算起，电灯网、照明线从进线盒联接管算起。

2005 年，国家税务总局出台了《国家税务总局关于进一步明确房屋附属设备和配套设施计征房产税有关问题的通知》（国税发〔2005〕173 号，以下简称《通知》），重新界定了“房屋附属设备和配套设施”的范围，该《通知》明确规定：“为了维持和增加房屋的使用功能或使房屋满足设计要求，凡以房屋为载体，不可随意移动的附属设备和配套设施，如给排水、采暖、消防、中央空调、电气及智能化楼宇设备等，无论在会计核算中是否单独记账与核算，都应计入房产原值，计征房产税。”该《通知》同时规定，纳税人“更换房屋附属没备和配套设施的，在将其价值计入房产原值时，可扣减原来相应设备和设施的价值；对附属设备和配套设施中易损坏、需要经常更换的零配件，更新后不再计入房产原值。”

6.3　企业所得税税收筹划

（一）利用预提费用的企业所得税税前扣除政策

《国家税务总局关于印发〈房地产经营业务企业所得税处理办法〉的通知》（国税发〔2009〕31 号）的第三十二条规定：除以下几项预提（应付）费用外，计税成本均应为实际发生的成本。（一）出包工程未最终办理结算而未取得全额发票的，在证明资料充分的前提下，其发票不足金额可以预提，但最高不得超过合同总金额的 10%。（二）公共配套设施尚未建造或尚未完工的，可按预算造价合理预提建造费用。此类公共配套设施必须符合已在售房合同、协议或广告、模型中明确承诺建造且不可撤销，或按照法律法规规定必须配套建造的条件。（三）应向政府上交但尚未上交的报批报建费用、物业完善费用可以按规定预提。物业完善费用是指按规定应由企业承担的物业管理基金、公建维修基金或其他专项基金。

企业可充分利用这个文件，达到少缴企业所得税的目的。

（二）不能无原则地加大开发成本

对于不能计入土地增值税扣除项目总额的支出，一定要计入期间费用。虽然加大开发成本可能降低土地增值税的税额，但如果将不能计入土地增值税扣除项目总额的支出计入开发成本，其结果必然是土地增值税税前没有扣除，而企业所得税税前也没有扣除，给企业造成不必要的损失。

（三）外商投资企业的税收优惠政策

外商投资企业所得税法中差异较大、较能体现自身特点的是所得税优惠政策。本书把所得税优惠政策归纳为以下几个方面，如表 6-1 所示。

表 6-1　外商投资企业的税收优惠政策

税收优惠	具体内容
生产性外商投资企业的税收优惠	生产性外商投资企业，经营期在 10 年以上的，从开始获利年度起，第一年和第二年免征企业所得税，第三年至第五年减半征收企业所得税
追加投资项目的优惠	符合下列条件之一的投资者，对在原合同以外追加投资项目取得的所得，可单独计算并享受两免三减半定期减免优惠： （1）追加投资形成的新增注册资本额达到或超过 6 000 万美元的； （2）追加投资形成的新增注册资本额达到或超过 1 500 万美元，且达到或超过企业原注册资本 50% 的
外国投资者并购境内企业股权的优惠	（1）外国投资者按照规定并购境内企业股东的股权，或者认购境内企业增资使境内企业变更设立为外商投资企业。凡变更设立企业的外国投资者的股权比例超过 25% 的，可以依照外商投资企业所适用的税收法律、法规缴纳各项税收，并享受各项企业所得税税收优惠政策 （2）外资并购境内企业后，境内企业变更设立为外商投资企业，应该符合“新办企业”认定标准，从而享受新办企业税收优惠政策。根据 2006 年 1 月 9 日发布的《财政部 国家税务总局关于享受企业所得税优惠政策的新办企业认定标准的通知》，新办企业的权益性出资人（股东或其他权益投资方）实际出资中固定资产、无形资产等非货币性资产的累计出资额占新办企业注册资金的比例一般不得超过 25%。而外资并购过程中，不管是股权并购还是资产并购，一般均用现金进行交易，非货币性交易的可能性几乎没有，因此该通知不 对外资并购后“新办企业”认定产生实质性影响

续表

税收优惠	具体内容
再投资退税	再投资退税是指外商投资企业的外国投资者将从企业分得的税后利润，再投资于我国境内企业时，对再投资部分已缴纳的所得税给予全部或部分退还。按再投资方式不同，退税分两种优惠处理办法： （1）部分退税（40%） 外商投资企业的外国投资者，将从企业取得的利润直接再投资于该企业，增加注册资本，或者作为资本投资开办其他外商投资企业，经营期不少于5年的，经投资者申请，税务机关批准，退还其再投资部分已缴纳所得税税款的40% （2）全部退税（100%） 外国投资者在中国境内直接再投资举办、扩建产品出口企业或者先进技术企业，以及外国投资者将从海南经济特区内的企业获得的利润直接再投资于海南经济特区内的基础设施建设项目和农业开发企业，经营期不少于5年的，经投资者申请，税务机关批准，全部退还其再投资部分已缴纳的企业所得税税款
购买国产设备投资抵免企业所得税	抵免金额按核实征收方式缴纳

房地产开发行业税负较重是一个不争的事实，房地产行业也是税收征管的重点行业，尽管如此，该行业从筹建到清算各个环节，仍然存在着很大的税收筹划的空间。房地产企业若能充分利用税收政策，必能让企业合理合法地降低税负。

第 7 章 房地产企业投资性房地产的会计核算

随着我国市场经济的发展和完善，房地产市场日益活跃，房地产企业持有的房地产除了用作自身管理、生产经营活动场所和对外销售之外，还可用于赚取租金或增值收益的活动，这种活动甚至成为个别企业的主营业务。根据《企业会计准则》的规定，我国现在把这部分经营性租赁租出的房地产作为投资性房地产进行核算。

7.1 投资性房地产的特征与范围

7.1.1 投资性房地产的定义及特征

就某些企业而言，经营投资性房地产属于日常经常性活动，可将该活动形成的租金收入或转让增值收益确认为企业的主营业务收入，但对于大部分房地产企业而言，经营投资性房地产是与经营性活动相关的其他经营活动，其形成的租金收入或转让增值收益构成企业的其他业务收入。投资性房地产的确认、计量和披露适用《企业会计准则第 3 号——投资性房地产》（以下简称《投资性房地产准则》)的规定，房地产租金收入的确认、计量和披露适用《企业会计准则第21号——租赁》的规定。

投资性房地产，是指为赚取租金或资本增值，或者两者兼有而持有的房地产。

投资性房地产的特征如表 7-1 所示。

表 7-1　投资性房地产的特征

特征	具体内容
投资性房地产是一种经营性活动	投资性房地产的主要形式是出租建筑物、出租土地使用权，这实质上属于一种让渡资产使用权行为。房地产租金就是让渡资产使用权取得的使用费收入，是企业为完成其经营目标所从事的经营性活动以及与之相关的其他活动形成的经济利益总流入。投资性房地产的另一种形式是持有并准备增值后转让的土地使用权，尽管其增值收益通常与市场供求、经济发展等因素相关，但目的是增值后转让以赚取增值收益，也是企业为完成其经营目标所从事的经营性活动以及与之相关的其他活动形成的经济利益总流入
投资性房地产在用途、状态、目的等方面区别于作为生产经营场所的房地产和用于销售的房地产	企业需要将投资性房地产单独作为一项资产核算和反映，与自用的厂房、办公楼等房地产和作为存货（已建完工商品房）的房地产加以区别，从而更加清晰地反映企业所持有房地产的构成情况和盈利能力。企业在首次执行投资性房地产准则时，应当根据投资性房地产的定义对企业资产进行重新分类，凡是符合投资性房地产定义和确认条件的建筑物和土地使用权，应当归为投资性房地产
投资性房地产有两种后续计量模式	企业通常采用成本模式对投资性房地产进行后续计量。只有在满足特定条件的情况下，即有确凿证据表明企业所有投资性房地产的公允价值能够持续可靠取得，才可以采用公允价值模式进行后续计量。但是，同一企业只能采用一种模式对所有投资性房地产进行后续计量，不得同时采用两种计量模式进行后续计量

7.1.2　投资性房地产的范围

（一）属于投资性房地产的项目

投资性房地产包括已出租的土地使用权、持有并准备增值后转让的土地使用权、已出租的建筑物。

1. 已出租的土地使用权

已出租的土地使用权，是指企业通过出让或转让方式取得的、以经营租赁方式出租的土地使用权。企业取得的土地使用权通常包括在一级市场上以交纳土地出让金的方式取得的土地使用权，也包括在二级市场上接受其他单位转让的土地使用权。

例如，甲企业与乙企业签署了土地使用权租赁协议，甲企业以年租金 720 万元租赁使用乙企业拥有的 40 万平方米土地使用权，那么，自租赁协议约定的租赁期开始日起，这项土地使用权属于乙企业的投资性房地产。

对于以经营租赁方式租入的土地使用权再转租给其他单位的，不能确认为投资性房地产。

2. 持有并准备增值后转让的土地使用权

持有并准备增值后转让的土地使用权，是指企业取得的、准备增值后转让的土地使用权。这类土地使用权很可能给企业带来资本增值收益，符合投资性房地产的定义。例如，企业发生转产或厂址搬迁，部分土地使用权停止自用，企业管理当局（董事会或类似机构）做出书面决议明确继续持有这部分土地使用权，待其增值后转让以赚取增值收益。

3. 已出租的建筑物

已出租的建筑物是指企业拥有产权的、以经营租赁方式出租的建筑物，包括自行建造或开发活动完成后用于出租的建筑物。例如，甲企业将其拥有的某栋厂房整体出租给乙企业，租赁期 2 年，对于甲企业而言，自租赁期开始日期起，这栋厂房属于其投资性房地产。企业在判断和确认已出租的建筑物时，应当把握以下要点。

（1）用于出租的建筑物是指企业拥有产权的建筑物。企业以经营租赁方式租入再转租的建筑物不属于投资性房地产。例如，甲企业与乙企业签订了一项经营租赁合同，乙企业将其持有产权的一栋办公楼出租给甲企业，为期 5 年。甲企业一开始将该办公楼改装后用于自行经营餐馆。2 年后，由于连续亏损，甲企业将该办公楼转租给丙企业，以赚取租金差价。这种情况下，对于甲企业而言，该栋楼不属于其投资性房地产；对于乙企业而言，其属于投资性房地产。

（2）已出租的建筑物是企业已经与其他方签订了租赁协议，约定以经营租赁方式出租的建筑物。一般应自租赁协议规定的租赁期开始日起，经营租出的建筑物才属于已出租的建筑物。通常情况下，对企业持有以备经营出租的空置建筑物，如董事会或类似机构做出书面决议，明确表明将其用于经营出租且持有意图短期内不再发生变化的，即使尚未签订租赁协议，也应视为投资性房地产。这里的空置建筑物，是指企业新购入、自行建造或开发完工但尚未使用的建筑物，以及不再用于日常生产经营活动且经整理后达到可经营出租状态的建筑物。例如，甲企业在当地房地产交易中心通过竞拍取得一块土地的使用权。甲企业按照合同规定对这块土地进行了开发，并在这块土地上建造了一栋商场，拟用于整体出租，但尚未开发完工。本例中，该尚未开发完工的商场不属于“空置建筑物”，不属于投资性房地产。

（3）企业将建筑物出租，按租赁协议向承租人提供的相关辅助服务在整个协议中不重大的，应当将该建筑物确认为投资性房地产。例如，其企业将其办公楼出租，同时向承租人提供维护、保安等日常辅助服务，企业应当将其确认为投资性房地产。再如，甲企业购买了一栋写字楼，共12层。其中一层经营出租给某家大型超市，2～5层经营出租给乙公司，6～12层经营出租给丙公司。甲企业同时为该写字楼提供保安、维修等日常辅助服务。本例中，甲企业将写字楼出租，同时提供的辅助服务不重大，对于甲企业而言，这栋写字楼属于甲企业的投资性房地产。

（二）不属于投资性房地产的项目

1. 自用房地产

自用房地产是指为生产商品、提供劳务或者经营管理而持有的房地产。例如，房地产企业生产经营用的厂房和办公楼属于固定资产；企业生产经营用的土地使用权属于无形资产。自用房地产的特征在于服务于企业自身的生产经营活动，其价值将随着房地产的使用而逐渐转移到企业的产品或服务中去，通过销售商品或提供服务为企业带来经济利益，在产生现金流量的过程中与企业持有的其他资产密切相关。

2. 作为存货的房地产

作为存货的房地产通常是指房地产企业在正常经营过程中销售的或为销售而正在开发的商品房和土地。这部分房地产属于房地产企业的存货，其生产、销售构成企业的主营业务活动，产生的现金流量也与企业的其他资产密切相关。因此，具有存货性质的房地产不属于投资性房地产。

从事房地产经营开发的企业依法取得的、用于开发后出售的土地使用权，属于房地产企业的存货，即使房地产企业决定待增值后再转让其开发的土地，也不得将该块土地确认为投资性房地产。

7.2 投资性房地产纳税处理

房地产企业对持有的投资性房地产，主要应纳税种有增值税及其相关的城市维护建设税、教育费附加、城镇土地使用税、房产税、印花税和企业所得税等。

7.2.1 增值税及附加

房地产企业出租房屋，需要缴纳增值税。具体计算如下。

1. 一般纳税人出租不动产

（1）一般纳税人出租其 2016 年 4 月 30 日前取得的不动产，可以选择适用简易计税方法，按照 5% 的征收率计算应纳税额。

（2）一般纳税人出租其 2016 年 5 月 1 日后取得的不动产，适用一般计税方法。

2. 小规模纳税人出租不动产

（1）单位和个体工商户出租不动产（不含个体工商户出租住房），按照 5% 的征收率计算应纳税额。个体工商户出租住房，按照 5% 的征收率减按 1.5% 计算应纳税额。

（2）其他个人出租不动产（不含住房），按照 5% 的征收率计算应纳税额，向不动产所在地主管税务机关申报纳税。其他个人出租住房，按照 5% 的征收率减按 1.5% 计算应纳税额，向不动产所在地主管税务机关申报纳税。

【例 7-1】投资性房地产的增值税计算

北方房地产企业开发的一栋商务楼共 6 000 平方米，将该商务楼出租给甲企业使用，已确认为投资性房地产。经营租赁合同规定，租期一年，年租金为 360 万元。

北方房地产企业每年应确认的增值税销项税额计算如下。

应确认增值税销项税额 =360×9%=32.40（万元）。

房地产企业通过对外出售或转让方式处置投资性房地产涉及的增值税、城市维护建设税和教育费附加同第五章转让土地使用权、销售商品房部分。

7.2.2 印花税

对房地产企业出租的投资性房地产签订的租赁合同，房地产企业根据《中华人民共和国印花税暂行条例》（1988 年 8 月 5 日国务院令第 11 号）及其相关规定，按照财产租赁合同征收印花税，按合同记载金额的 1‰贴花，税额不足 1 元，按 1 元贴花；持有并准备增值后转让的土地使用权转让时签订的土地使用权转让合同，应按产权转移书据，按合同记载金额的 0.05‰计算。

【例 7-2】投资性房产的印花税计算

北方房地产企业与甲企业签订租赁合同，经营租赁合同规定，租期一年，年租金为 360 万元。北方房地产企业与甲企业签订租赁合同时，应纳印花税计算如下。

应纳印花税 =360×1 ‰ =0.36（万元）。

7.2.3 房产税

房地产企业持有投资性房地产，根据《中华人民共和国房产税暂行条例》（1986 年 9 月 15 日国发〔1986〕90 号）等相关规定，应当缴纳房产税。房产税实行按年征收、分期缴纳，在房产所在地主管税务机关申报纳税。具体纳税期限由省、自治区、直辖市人民政府确定。投资性房地产的计税依据分为从价计征和从租计征两种形式，见表 7-2。

表 7-2　房产税的计税方式

计税方式	具体内容
从价计征	通常情况下，对持有以备经营出租的空置建筑物，尚未出租时，房地产企业应当采用从价计征的形式缴纳房产税，计税依据为房产原值一次减除 10%~30% 后的余值，按 1.2% 的税率计算缴纳

续表

计税方式	具体内容
从租计征	对出租的投资性房地产，房地产企业可以采用从价计征的形式，也可以采用从租计征的形式。采用从租计征形式的，房地产企业向房产承租方出租用于经营房产，以租金收入 12% 计算缴纳房产税，房地产企业按市场价格向个人出租用于居住的住房，应根据财税〔2008〕24 号文件的规定以租金收入 4% 计算缴纳房产税

【例 7-3】投资性房产应纳房产税的计算 1

北方房地产企业持有的以备经营出租的空置房屋，原值为 5 000 万元，按照当地规定允许按照减除 30% 后的余值计税，适用税率为 1.2%。北方房地产企业每年应纳房产税计算如下。

应纳房产税 =（房产原值一次减除 10% ~ 30% 后的余值）× 税率（1.2%）

= 5 000×（1-30%）×1.2%=42（万元）。

【例 7-4】投资性房地产应纳房产税的计算 2

北方房地产企业出租办公楼一栋，年租金收入为 360 万元，适用税率为 12%。北方房地产企业每年应纳房产税计算如下。

应纳房产税 = 租金收入 × 税率（12%）=360×12%=43.2（万元）。

7.3 投资性房地产的账务处理

7.3.1 投资性房地产的确认和初始计量

投资性房地产只有在符合定义的前提下，同时满足下列条件，才能予以确认：（1）与该投资性房地产有关的经济利益很可能流入企业；（2）该投资性房地产的成本能够可靠地计量。投资性房地产的确认时点如表 7-3 所示。

表 7–3　投资性房地产的确认时点

具体情况	确认时点
已出租的土地使用权、已出租的建筑物	其作为投资性房地产的确认时点一般为租赁期开始日，即土地使用权、建筑物进入出租状态、开始赚取租金的日期
持有并准备增值后转让的土地使用权	其作为投资性房地产的确认时点为企业将自用土地使用权停止自用，准备增值后转让的日期
企业持有以备经营出租的空置建筑物，董事会或类似机构做出书面决议，明确表明将其用于经营出租且持有意图	即使尚未签订租赁协议，在做出决议之时，也应视为投资性房地产

投资性房地产应当按照成本进行初始计量。

（一）外购投资性房地产的确认和初始计量

在采用成本模式计量下，外购的土地使用权和建筑物，按照取得时的实际成本进行初始计量，借记“投资性房地产”科目，贷记“银行存款”等科目。取得时的实际成本包括购买价款、相关税费和可直接归属于该资产的其他支出。企业购入的房地产，部分用于出租（或资本增值）、部分自用。用于出租（或资本增值）的部分应当单独予以确认的，应按照不同部分的公允价值占公允价值总额的比例将成本在不同部分之间进行分配。

在采用公允价值模式计量下，外购的投资性房地产应当按照取得时的实际成本进行初始计量，其实际成本的确定与采用成本模式计量的投资性房地产的确定一致。企业应当在“投资性房地产”科目下设置“成本”和“公允价值变动”两个明细科目，按照外购的土地使用权和建筑物发生的实际成本，记入“投资性房地产——成本”科目。

采用公允价值模式计量的条件，将在 7.3.3 小节“投资性房地产的后续计量”中介绍。

【例 7–5】外购投资性房地产的会计核算

2×20 年 3 月，甲房地产企业计划购入一栋写字楼用于对外出租。3 月 15 日，甲房地产企业与乙企业签订了经营租赁合同，约定自写字楼购买日起将这栋写字楼出租给乙企业，为期 5 年。4 月 5 日，甲房地产企业实际购入写字楼，支付价款共 200 万元，增值税销项税额为 18 万元（假设不考虑其他因素，甲房地产企业采用成本模式进行后续计量）。

甲房地产企业的账务处理如下。

借：投资性房地产——写字楼　　2 000 000

　　应交税费——应交增值税（销项税额）　　180 000

　　贷：银行存款　　2 180 000

假设甲房地产企业拥有的投资性房地产符合采用公允价值模式计量的条件，采用公允价值模式进行后续计量。

甲房地产企业的账务处理如下。

借：投资性房地产——写字楼成本　　2 000 000

　　应交税费——应交增值税（销项税额）　　180 000

　　贷：银行存款　　2 180 000

（二）自行建造投资性房地产的确认和初始计量

自行建造投资性房地产，其成本由该项资产达到预定可使用状态前发生的必要支出构成，包括土地开发费、建筑成本、安装成本、应予以资本化的借款费用、支付的其他费用和分摊的间接费用等。建造过程中发生的非正常性损失，直接计入当期损益，不计入建造成本。采用成本模式计量的，应按照确定的成本，借记“投资性房地产”科目，贷记“在建工程”科目或“开发成本”科目。采用公允价值模式计量的，应按照确定的成本，借记“投资性房地产——成本”科目，贷记“在建工程”科目或“开发成本”科目。

【例 7–6】自行建造投资性房地产的会计核算

2×20 年 1 月，北方房地产企业从其他单位购入一块土地的使用权，并在这块土地上开始自行建造三栋厂房。

2×20 年 10 月，北方房地产企业预计厂房即将完工，与乙企业签订了经营租赁合同，将其中的一栋厂房租赁给乙企业使用。租赁合同约定，该厂房于完工（达到预定可使用状态）时开始起租。

2×20 年 11 月 1 日，三栋厂房同时完工（达到预定可使用状态）。该块土地使用权的成本为 60 万元；三栋厂房的实际造价均为 1 000 万元，这三栋厂房能够单独出售。假设北方房地产企业采用成本模式计量。

北方房地产企业的账务处理如下。

土地使用权中的对应部分同时转换为投资性房地产 =［60×（1 000÷3 000）］=20（万元）。

借：投资性房地产——厂房　　10 000 000

　　贷：在建工程　　10 000 000

借：投资性房地产——土地使用权　　200 000

　　贷：无形资产——土地使用权　　200 000

（三）非投资性房地产转换为投资性房地产的确认和初始计量

非投资性房地产转换为投资性房地产，实质上是因房地产用途发生改变而对房地产进行的重新分类。转换日通常为租赁开始日。房地产转换的计量将在 7.3.4 小节“投资性房地产的转换”中介绍。

7.3.2　与投资性房地产有关的后续支出

（一）资本化的后续支出

与投资性房地产有关的后续支出，满足投资性房地产确认条件的，应当计入投资性房地产成本。例如，房地产企业为了提高投资性房地产的使用效能，往往需要对投资性房地产进行改建、扩建而使其更加坚固耐用，或者通过装修而改善其室内装潢，改扩建或装修支出满足确认条件的，应当将其资本化。房地产企业对某项投资性房地产进行改扩建等再开发且将来仍作为投资性房地产的，在再开发期间应继续将其作为投资性房地产，再开发期间不计提折旧或摊销。

【例 7–7】投资性房地产发生资本化后续支出的会计核算 1

2×20 年 3 月，北方房地产企业与乙企业的一项厂房经营租赁合同即将到期。该厂房按照成本模式进行后续计量，原价为 200 万元，已计提折旧 60 万元。为了提高厂房的租金收入，北方房地产企业决定在租赁期满后对厂房进行改扩建，并与丙企业签订了经营租赁合同，约定在改扩建完工时将厂房出租给丙企业。3 月 15 日，与乙企业的租赁合同到期，厂房随即进入改扩建工程。12 月 10 日，厂房改扩建工程完工，共发生支出 150 万元，即日按照租赁合同出租给丙企业。假设北方房地产企业采用成本模式计量。

本例中，改扩建支出属于资本化的后续支出，应当计入投资性房地产的成本。

北方房地产企业的账务处理如下。

（1）2×20年3月15日，投资性房地产转入改扩建工程。

借：投资性房地产——厂房——在建　　1 400 000

　　投资性房地产累计折旧　　600 000

　　贷：投资性房地产——厂房　　2 000 000

（2）2×20年3月15日—12月10日，改扩建工程期间。

借：投资性房地产——厂房——在建　　1 500 000

　　贷：银行存款　　1 500 000

（3）2×20年12月10日，改扩建工程完工。

借：投资性房地产——厂房　　2 900 000

　　贷：投资性房地产——厂房——在建　　2 900 000

【例7-8】投资性房地产发生资本化后续支出的会计核算2

2×20年3月，北方房地产企业与乙企业的一项厂房经营租赁合同即将到期，北方房地产企业决定对该厂房进行改扩建，并与丙企业签订了经营租赁合同，约定在改扩建完工时将厂房出租给丙企业。

3月15日，与乙企业的租赁合同到期，厂房随即进入改扩建工程。

11月10日，厂房改扩建工程完工，共发生支出150万元，即日起按照租赁合同出租给丙企业。

3月15日，厂房账面余额为1 300万元，其中成本1 000万元，累计公允价值变动300万元。假设北方房地产企业采用公允价值模式计量。

北方房地产企业的账务处理如下。

（1）2×20年3月15日，投资性房地产转入改扩建工程。

借：投资性房地产——厂房——在建　　13 000 000

　　贷：投资性房地产——成本　　10 000 000

　　　　　　　　　——公允价值变动　　3 000 000

（2）2×20年3月15日—11月10日，改扩建工程期间。

借：投资性房地产——厂房——在建　　1 500 000

　　贷：银行存款　　1 500 000

（3）2×20年11月10，改扩建工程完工。

借：投资性房地产——成本　　14 500 000

　　贷：投资性房地产——厂房——在建　　14 500 000

（二）费用化的后续支出

与投资性房地产有关的后续支出，不满足投资性房地产确认条件的，应当在发生时计入当期损益，如企业对投资性房地产进行日常维护发生的一些支出。房地产企业在发生投资性房地产费用化的后续支出时，借记“其他业务成本”等科目，贷记“银行存款”等科目。

【例 7-9】投资性房地产费用化后续支出的会计核算

甲房地产企业对其某项投资性房地产进行日常维修，发生维修支出 1.2 万元。本例中，日常维修支出属于费用化的后续支出，应当计入当期损益。

甲房地产企业的账务处理如下。

借：其他业务成本　　12 000

　　贷：银行存款　　12 000

7.3.3 投资性房地产的后续计量

图 7-1 为投资性房地产后续计量模式。

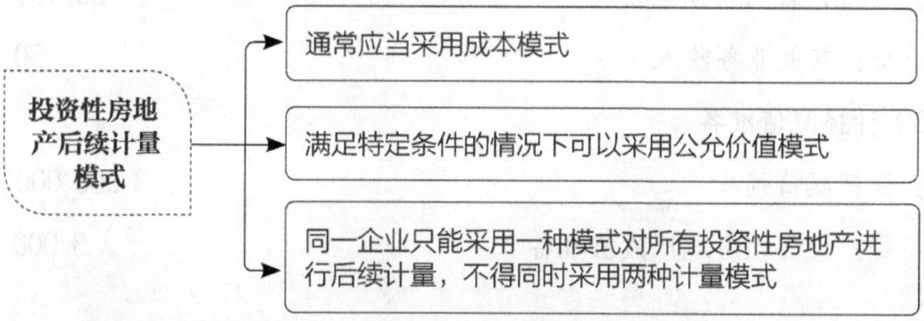

图 7-1　投资性房地产后续计量模式

（一）采用成本模式进行后续计量的投资性房地产

采用成本模式进行后续计量的投资性房地产，应当按照《企业会计准则第 4 号——固定资产》和《企业会计准则第 6 号——无形资产》的有关规定，按期（月）计提折旧或摊销，借记“其他业务成本”等科目，贷记“投资性房地产累计折旧（摊销）”科目。取得的租金收入，借记“银行存款”等科目，贷记“其他业务收入”等科目。

投资性房地产存在减值迹象的，还应当适用资产减值的有关规定。经减值测试后确定发生减值的，应当计提减值准备，借记“资产减值损失”科目，贷记“投资性房地产减值准备”科目。如果已经计提减值准备的投资性房地产的价值又得以恢复，减值准备不得转回。

【例 7–10】投资性房地产采用成本模式进行后续计量的会计核算

甲房地产企业的一栋办公楼出租给乙企业使用，已确认为投资性房地产，采用成本模式进行后续计量。假设这栋办公楼的成本为 1 800 万元，按照直线法计提折旧，使用寿命为 30 年，预计净残值为零。按照经营租赁合同约定，乙企业每月支付甲房地产公司租金 8 万元。当年 12 月，这栋办公楼发生减值迹象，经减值测试，其可收回金额为 1200 万元，此时办公楼的账面价值为 1 500 万元，以前未计提减值准备。

甲房地产企业的账务处理如下。

（1）计提折旧。

每月计提的折旧 =1 800÷30÷12=5（万元）。

借：其他业务成本　　50 000

　　贷：投资性房地产累计折旧　　50 000

（2）确认租金。

借：银行存款或其他应收款　　80 000

　　贷：其他业务收入　　80 000

（3）计提减值准备。

借：资产减值损失　　3 000 000

　　贷：投资性房地产减值准备　　3 000 000

（二）采用公允价值模式进行后续计量的投资性房地产

企业存在确凿证据表明其投资性房地产的公允价值能够持续可靠取得的，可以对投资性房地产采用公允价值模式进行后续计量。企业选择公允价值模式，进行计量就应当对其所有投资性房地产采用公允价值模式进行后续计量，不得对一部分投资性房地产采用成本模式进行后续计量，对另一部分投资性房地产采用公允价值模式进行后续计量。在极少数情况下，采用公允价值模式对投资性房地产进行后续计量的企业，有证据表明，当企业首次取得某项投资性房地产（或某项现有房地产在完成建造或开发活动或改变用途后首次成为投资性房地产）时，该投资性房地产公允价值不能持续可靠取得的，应当对该投资性房地产采用成本模式计量直至处置，并假设无残值。但是，采用成本模式对投资性房地产进行后续计量的企业，即使有证据表明，企业首次取得某项投资性房地产时，该投资性房地产公允价值能够持续可靠取得，该企业仍应对该项投资性房地产采用成本模式进行后续计量。

图 7-2 为采用公允价值模式计量的条件。

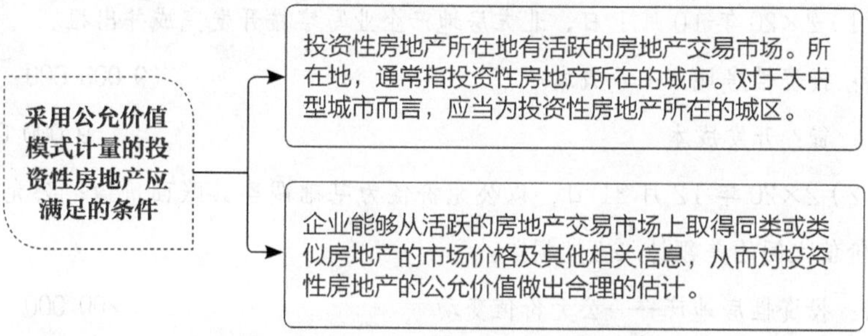

图 7-2　采用公允价值模式计量的条件

投资性房地产的公允价值是指在公平交易中，熟悉情况的双方当事人之间自愿进行房地产交换的价格。确定投资性房地产的公允价值时，应当参照活跃市场上同类或类似房地产的现行市场价格（市场公开报价）。无法取得同类或类似房地产现行市场价格的，应当参照活跃市场上同类或类似房地产的最近交易价格，并考虑交易情况、交易日期、所在区域等因素，从而对投资性房地产的公允价值做出合理的估计；也可以基于预计未来获得的租金收益和相关现金流量的现值计量。“同类或类似”的房地产，对建筑物而言，是指所处地理位置和地理环境相同、性质相同、结构类型相同或相近、新旧程度相同或相近、可使用状况相同或相近的建筑物；对土地使用权而言，是指同一位置区域、所处地理环境相同或相近、可使用状况相同或相近的土地。

投资性房地产采用公允价值模式进行后续计量的，不计提折旧或摊销，应当以资产负债表日的公允价值计量。若资产负债表日，投资性房地产的公允价值高于其账面余额的差额，借记“投资性房地产——公允价值变动”科目，贷记“公允价值变动损益”科目；公允价值低于其账面余额的差额做相反的会计分录。

【例 7-11】投资性房地产采用公允价值模式进行后续计量的会计核算

北方房地产企业是从事房地产经营开发的企业。2×20 年 8 月，北方房地产企业与乙企业签订租赁协议，约定将北方房地产企业开发的一栋精装修的写字楼于开发完成的同时租赁给乙企业使用，租赁期为 10 年。当年 10 月 1 日，该写字楼开发完成并开始起租，写字楼的造价为 900 万元。2×20 年 12 月 31 日，该写字楼的公允价值为 920 万元。假设北方房地产企业采用公允价值模式计量。

北方房地产企业的账务处理如下。

（1）2×20 年 10 月 1 日，北方房地产企业写字楼开发完成并出租。

借：投资性房地产——成本　　9 000 000

　　贷：开发成本　　9 000 000

（2）2×20 年 12 月 31 日，以公允价值为基础调整其账面价值；公允价值与原账面价值之间的差额计入当期损益。

借：投资性房地产——公允价值变动　　200 000

　　贷：公允价值变动损益　　200 000

（三）投资性房地产后续计量模式的变更

为保证会计信息的可比性，企业对投资性房地产的计量模式一经确定，不得随意变更。只有在房地产市场比较成熟、能够满足采用公允价值模式条件的情况下，才允许企业对投资性房地产从成本模式计量变更为公允价值模式计量。

成本模式转为公允价值模式的，应当作为会计政策变更处理，并按计量模式变更时公允价值与账面价值的差额调整期初留存收益。已采用公允价值模式计量的投资性房地产，不得从公允价值模式转为成本模式。

【例 7-12】投资性房地产后续计量模式变更的会计核算

2×20年，北方房地产企业将一栋写字楼对外出租，采用成本模式进行后续计量。2×20 年 2 月 1 日，假设北方房地产企业持有的投资性房地产满足采用公允价值模式计量的条件，北方房地产企业决定采用公允价值模式对该写字楼进行后续计量。2×20 年 2 月 1 日，该写字楼的原价为 9 300 万元，已计提折旧 270 万元，账面价值为 9 030 万元，公允价值为 9 800 万元。北方房地产企业按净利润 7 700 万元的 10%

计提盈余公积。假定除上述对外出租的写字楼外，北方房地产企业无其他的投资性房地产。

北方房地产企业的账务处理如下。

借：投资性房地产——成本　　98 000 000

　　投资性房地产累计折旧　　2 700 000

　　贷：投资性房地产　　93 000 000

　　　　利润分配——未分配利润　　6 930 000

　　　　盈余公积　　770 000

7.3.4 投资性房地产的转换

（一）投资性房地产转换形式和转换日

1. 房地产转换形式

房地产的转换，是因房地产用途发生改变而对房地产进行的重新分类。这里所说的房地产转换是针对房地产用途发生改变而言，而不是后续计量模式的转变。企业必须有确凿证据表明房地产用途发生改变，才能将投资性房地产转换为非投资性房地产或者将非投资性房地产转换为投资性房地产，如自用的办公楼改为出租等。这里的确凿证据包括两个方面：一是企业董事会或类似机构应当就改变房地产用途形成正式的书面决议；二是房地产因用途改变而发生实际状态上的改变，如从自用状态改为出租状态。房地产转换形式如表 7-4 所示。

表 7-4　房地产转换形式

序号	转换形式
1	投资性房地产开始自用，相应地由投资性房地产转换为固定资产或无形资产。投资性房地产开始自用是指房地产企业将原来用于赚取租金或资本增值的房地产改为用于生产商品、提供劳务或者经营管理
2	作为存货的房地产改为出租，通常指房地产企业将其持有的开发产品以经营租赁的方式出租，相应地由存货转换为投资性房地产
3	自用土地使用权停止自用，用于赚取租金或资本增值，相应地由无形资产转换为投资性房地产
4	自用建筑物停止自用，改为出租，相应地由固定资产转换为投资性房地产

续表

序号	转换形式
5	房地产企业将用于经营出租的房地产重新开发用于对外销售，从投资性房地产转为存货

2. 投资性房地产转换日的确定

转换日的确定关系到资产的确认时点和入账价值，因此非常重要。转换日是指房地产的用途发生改变、状态相应发生改变的日期。转换日的确定标准如表 7-5 所示

表 7-5　转换日的确定标准

转换形式	确定标准
投资性房地产开始自用	转换日是指房地产达到自用状态，房地产企业开始将房地产用于生产商品、提供劳务或者经营管理的日期
投资性房地产转换为存货	转换日为租赁期届满、房地产企业董事会或类似机构做出书面决议明确表明将其重新开发用于对外销售的日期
作为存货的房地产改为出租，或者自用建筑物或土地使用权停止自用改为出租	转换日通常为租赁期开始日。租赁期开始日是指承租人有权行使其使用租赁资产权利的日期

（二）投资性房地产转换为非投资性房地产

1. 采用成本模式进行后续计量的投资性房地产转换为自用房地产

房地产企业将原本用于赚取租金或资本增值的房地产改用于生产商品、提供劳务或者经营管理，投资性房地产相应地转换为固定资产或无形资产。例如，房地产企业将出租的厂房收回，并用于生产本企业的产品。在此种情况下，转换日为房地产达到自用状态，企业开始将房地产用于生产商品、提供劳务或者经营管理的日期。

企业将投资性房地产转换为自用房地产，应当将该项投资性房地产在转换日的账面余额、累计折旧或摊销、减值准备等，分别转入“固定资产”“累计折旧”“固定资产减值准备”等科目；按投资性房地产的账面余额，借记“固定资产”科目或“无形资产”科目，贷记“投资性房地产”科目；按已计提的折旧或摊销，借记“投资性房地产累计折旧（摊销）”科目，贷记“累计折旧”科目或“累计摊

销”科目；将原已计提减值准备的，借记“投资性房地产减值准备”科目，贷记“固定资产减值准备”科目或“无形资产减值准备”科目。

【例7-13】采用成本模式进行后续计量的投资性房地产转换为自用房地产的会计核算

北方房地产企业将出租在外的厂房收回，开始用于本企业生产商品。该项房地产账面价值为3 765万元，原价4 000万元，累计已提折旧1 235万元。假设北方房地产企业采用成本模式计量。

北方房地产企业的账务处理如下。

借：固定资产	40 000 000	
投资性房地产累计折旧	12 350 000	
贷：投资性房地产		40 000 000
累计折旧		12 350 000

2. 采用公允价值模式进行后续计量的投资性房地产转为自用房地产

企业将采用公允价值模式进行计量的投资性房地产转换为自用房地产时，应当以其转换当日的公允价值作为自用房地产的账面价值，公允价值与原账面价值的差额计入当期损益。

转换日，按该项投资性房地产的公允价值，借记“固定资产”科目或“无形资产”科目，按该项投资性房地产的成本，贷记“投资性房地产——成本”科目，按该项投资性房地产的累计公允价值变动，贷记或借记“投资性房地产——公允价值变动”科目，按其差额，贷记或借记“公允价值变动损益”科目。

【例7-14】采用公允价值模式进行后续计量的投资性房地产转为自用房地产的会计核算

2×19年10月15日，北方房地产企业因租赁期满，将出租的写字楼收回，开始作为办公楼用于本企业的行政管理。2×19年10月15日，该写字楼的公允价值为4 900万元。该项房地产在转换前采用公允价值模式计量，原账面价值为4 750万元，其中，成本为4 500万元，公允价值变动为增值250万元。

北方房地产企业的账务处理如下。

借：固定资产　　49 000 000

贷：投资性房地产——成本　　45 000 000

——公允价值变动　　2 500 000

公允价值变动损益　　1 500 000

3. 采用成本模式进行后续计量的投资性房地产转换为存货

房地产企业将用于经营出租的房地产重新开发用于对外销售的，从投资性房地产转换为存货。这种情况下，转换日为租赁期届满、企业董事会或类似机构做出书面决议明确表明将其重新开发用于对外销售的日期。

房地产企业将投资性房地产转换为存货时，应当按照该项房地产在转换日的账面价值，借记“开发产品”科目，按照已计提的折旧或摊销，借记“投资性房地产累计折旧（摊销）”科目，原已计提减值准备的，借记“投资性房地产减值准备”科目，按其账面余额，贷记“投资性房地产”科目。

4. 采用公允价值模式进行后续计量的投资性房地产转换为存货

房地产企业将采用公允价值模式计量的投资性房地产转换为存货时，应当以其转换当日的公允价值作为存货的账面价值，公允价值与原账面价值的差额计入当期损益。

转换日，按该项投资性房地产的公允价值，借记“开发产品”等科目，按该项投资性房地产的成本，贷记“投资性房地产——成本”科目；按该项投资性房地产的累计公允价值变动，贷记或借记“投资性房地产——公允价值变动”科目；按其差额，贷记或借记“公允价值变动损益”科目。

【例 7–15】采用公允价值模式进行后续计量的投资性房地产转换为存货的会计核算

北方房地产企业将其开发的部分写字楼用于对外经营租赁。2×19 年 10 月 15 日，因租赁期满，北方房地产企业将出租的写字楼收回，并做出书面决议，将该写字楼重新开发用于对外销售，即由投资性房地产转换为存货，当日的公允价值为 5 800 万元。该项房地产在转换前采用公允价值模式计量，原账面价值为 5 500 万元，其中，成本为 5 000 万元，公允价值增值为 500 万元。

北方房地产企业的账务处理如下。

借：开发产品　　58 000 000

贷：投资性房地产——成本　　50 000 000

——公允价值变动　　5 000 000

公允价值变动损益　　3 000 000

（三）非投资性房地产转换为投资性房地产

1. 非投资性房地产转换为采用成本模式进行后续计量的投资性房地产

（1）作为存货的房地产转换为投资性房地产。作为存货的房地产转换为投资性房地产，通常指房地产企业将其持有的开发产品以经营租赁的方式出租，存货相应地转换为投资性房地产。这种情况下，转换日通常为房地产的租赁期开始日。租赁期开始日是指承租人有权行使其使用租赁资产权利的日期。一般对于房地产企业而言自行建造或开发完成但尚未使用的建筑物，如果企业董事会或类似机构正式做出书面决议，明确表明其自行建造或开发产品用于经营出租、持有意图短期内不再发生变化的，应视为存货转换为投资性房地产，转换日为企业董事会或类似机构做出书面决议的日期。

房地产企业将作为存货的房地产转换为采用成本模式计量的投资性房地产，应当按该项存货在转换日的账面价值，借记“投资性房地产”科目；原已计提跌价准备的，借记“存货跌价准备”科目；按其账面余额，贷记“开发产品”等科目。

【例 7-16】作为存货的房地产转换为投资性房地产的会计核算

北方房地产企业是从事房地产开发业务的企业，2×19 年 3 月 10 日，北方房地产企业与乙企业签订了租赁协议，将其开发的一栋写字楼出租给乙企业使用，租赁期开始日为 2×19 年 4 月 15 日。2×19 年 4 月 15 日，该写字楼的账面余额为 5 000 万元，该写字楼未计提存货跌价准备。假设北方房地产企业采用成本模式对该投资性房地产进行后续计量。

北方房地产企业的账务处理如下。

借：投资性房地产——写字楼　　50 000 000

贷：开发产品　　50 000 000

（2）自用房地产转换为投资性房地产。企业将原本用于日常生产商品、提供劳务或者经营管理的房地产改用于出租，通常应于租赁期开始日，按照固定资产或无形资产的账面价值，将固定资产或无形资产相应地转换为投资性房地产。对不再用于日常生产经营活动且经整理后达到可经营出租状态的房地产，如果企业董事会或类似机构正式做出书面决议，明确表明其自用房地产用于经营出租且持有意图短期内不再发生变化的，应视为自用房地产转换为投资性房地产，转换日为企业董事会或类似机构正式做出书面决议的日期。

企业将自用土地使用权或建筑物转换为以成本模式计量的投资性房地产时，应当将该项建筑物或土地使用权在转换日的原价、累计折旧、减值准备等，分别转入“投资性房地产”“投资性房地产累计折旧（摊销）”“投资性房地产减值准备”科目。按其账面余额，借记“投资性房地产”科目，贷记“固定资产”科目或“无形资产”科目；按已计提的折旧或摊销，借记“累计摊销”科目或“累计折旧”科目，贷记“投资性房地产累计折旧（摊销）”科目；原已计提减值准备的，借记“固定资产减值准备”科目或“无形资产减值准备”科目，贷记“投资性房地产减值准备”科目。

【例 7–17】自用房地产转换为投资性房地产的会计核算

北方房地产企业拥有一栋办公楼，用于本企业总部办公。2×19年3月10日，北方房地产企业与乙企业签订了经营租赁协议，将该栋办公楼整体出租给乙企业使用，租赁期开始日为2×19年4月15日，为期5年。2×19年4月15日，该栋办公楼的账面余额为5 000万元，已计提折旧300万元。假设北方房地产企业采用成本计量模式。

北方房地产企业的账务处理如下。

借：投资性房地产——写字楼	50 000 000
累计折旧	3 000 000
贷：固定资产	50 000 000
投资性房地产累计折旧	3 000 000

2. 非投资性房地产转换为采用公允价值进行后续计量的投资性房地产

（1）作为存货的房地产转换为投资性房地产。企业将作为存货的房地产转换为采用公允价值模式计量的投资性房地产，应当按该项房地产在转换日的公允价值入账，借记“投资性房地产——成本”科目，原已计提跌价准备的，借记“存货跌价准备”科目；按其账面余额，贷记“开发产品”等科目。同时，转换日的公允价值小于账面价值的，按其差额，借记“公允价值变动损益”科目；转换日的公允价值大于账面价值的，按其差额，贷记“资本公积——其他资本公积”科目。当处置该项投资性房地产时，因转换计入资本公积的部分应转入当期损益。

【例 7-18】作为存货的房地产转换为投资性房地产的会计核算

2×19 年 3 月 10 日，北方房地产企业与乙企业签订了租赁协议，将其开发的一栋写字楼出租给乙企业。租赁期开始日为 2×19 年 4 月 15 日。2×19 年 4 月 15 日，该写字楼的账面余额为 45 000 万元，公允价值为 46 000 万元。2×19 年 12 月 31 日，该项投资性房地产的公允价值为 48 000 万元。

北方房地产企业的账务处理如下。

（1）2×19 年 4 月 15 日。

借：投资性房地产——成本	460 000 000	
贷：开发产品		450 000 000
资本公积——其他资本公积		10 000 000

（2）2×19 年 12 月 31 日。

借：投资性房地产——公允价值变动	20 000 000	
贷：资本公积——其他资本公积		20 000 000

（2）自用房地产转换为投资性房地产。企业将自用房地产转换为采用公允价值模式计量的投资性房地产，应当按该项土地使用权或建筑物在转换日的公允价值，借记“投资性房地产——成本”科目，按已计提的累计摊销或累计折旧，借记“累计摊销”科目或“累计折旧”科目；原已计提减值准备的，借记“无形资产减值准备”科目或“固定资产减值准备”科目；按其账面余额，贷记“固定资产”科目或“无形资产”科目。同时，转换日的公允价值小于账面价值的，按其差额，借记“公允价值变动损益”科目；转换日的公允价值大于账面价值的，按其差额，贷记“资本公积——其他资本公积”科目。当处置该项投资性房地产时，因转换计入资本公积的部分应转入当期损益。

【例 7-19】自用房地产转换为投资性房地产的会计核算

2×19 年 6 月，北方房地产企业打算搬迁至新建办公楼，由于原办公楼处于商业繁华地段，北方房地产企业准备将其出租，以赚取租金收入。2×19 年 10 月 30 日，北方房地产企业完成了搬迁工作，停止自用原办公楼，并与乙企业签订了租赁协议，将原办公楼租给乙企业使用，租赁期开始日为2×19年10月30日，租赁期限为3年。2×19年10月30日，该办公楼原价为50 000万元，已提折旧14 250万元，公允价值为38 000万元。假设北方房地产企业对该投资性房地产采用公允价值模式计量。

北方房地产企业的账务处理如下：

借：投资性房地产——成本　　380 000 000

　　累计折旧　　142 500 000

　　贷：固定资产　　500 000 000

　　　　资本公积——其他资本公积　　22 500 000

7.3.5 投资性房地产的处置

当投资性房地产被处置，或者永久退出使用且房地产企业预计不能从其处置中取得经济利益时，应当终止确认该项投资性房地产。

房地产企业可以通过对外出售或转让的方式处置投资性房地产，以取得收益。对于那些由于使用而不断磨损直到报废，或者由于遭受自然灾害等非正常因素发生毁损的投资性房地产应当及时进行清理。此外，房地产企业因其他原因，如非货币性交易等而减少的投资性房地产也属于投资性房地产的处置。房地产企业出售、转让、报废投资性房地产或者发生投资性房地产毁损，应当将处置收入扣除其账面价值和相关税费后的金额计入当期损益。

（一）采用成本模式计量的投资性房地产的处置

处置采用成本模式进行后续计量的投资性房地产时，应当按实际收到的金额，借记“银行存款”等科目，贷记“其他业务收入”科目；按该项投资性房地产的账面价值，借记“其他业务成本”科目，按其账面余额，贷记“投资性房地产”科目，按照已计提的折旧或摊销，借记“投资性房地产累计折旧（摊销）”科目，原已计提减值准备的，借记“投资性房地产减值准备”科目。

【例7-20】采用成本模式计量的投资性房地产处置的会计核算

北方房地产企业将其出租的一栋写字楼确认为投资性房地产，采用成本模式计量。租赁期届满后，北方房地产企业将该栋写字楼出售给乙企业，合同价款为27

000万元，乙企业已用银行存款付清。出售时，该栋写字楼的成本为28 000万元，已计提折旧5 000万元。假设不考虑相关税费。

北方房地产企业的账务处理如下。

借：银行存款　　270 000 000

　　贷：其他业务收入　　270 000 000

借：其他业务成本　　230 000 000

　　投资性房地产累计折旧　　50 000 000

　　贷：投资性房地产——写字楼　　280 000 000

（二）采用公允价值模式计量的投资性房地产的处置

处置采用公允价值模式计量的投资性房地产，应当按实际收到的金额，借记“银行存款”等科目，贷记“其他业务收入”科目；按该项投资性房地产的账面余额，借记“其他业务成本”科目，按其成本，贷记“投资性房地产——成本”科目；按其累计公允价值变动，贷记或借记“投资性房地产——公允价值变动”科目。同时结转投资性房地产累计公允价值变动。若存在原转换日计入资本公积的金额，也一并结转。

【例7-21】采用公允价值模式计量的投资性房地产处置的会计处理

2×19年3月10日，北方房地产企业与乙企业签订了租赁协议，将其开发的一栋写字楼出租给乙企业使用，租赁期开始日为2×19年4月15日。2×19年4月15日，该写字楼的账面余额为45 000万元，公允价值为47 000万元。2×19年12月31日，该项投资性房地产的公允价值为48 000万元。2×20年6月租赁期届满，北方房地产企业收回该项投资性房地产，并以55 000万元出售，出售款项已收讫。北方房地产企业采用公允价值模式计量，不考虑相关税费。

北方房地产企业的账务处理如下。

（1）2×19年4月15日，存货转换为投资性房地产。

借：投资性房地产——成本　　470 000 000

　　贷：开发产品　　450 000 000

　　　　资本公积——其他资本公积　　20 000 000

（2）2×19年12月31日，公允价值变动。

借：投资性房地产——公允价值变动　　10 000 000

　　贷：公允价值变动损益　　10 000 000

（3）2×20年6月，出售投资性房地产。

借：银行存款　　550 000 000

　　公允价值变动损益　　10 000 000

　　资本公积——其他资本公积　　20 000 000

　　其他业务成本　　450 000 000

　　贷：投资性房地产——成本　　470 000 000

　　　　　　　　——公允价值变动　　10 000 000

　　　　其他业务收入　　550 000 000

第 8 章 房地产企业利润结转及分配的核算

房地产企业经营的主要目的是获取利润。利润核算包括对营业利润、利润总额的计算，房地产企业在利润总额的基础上按照税法规定缴纳企业所得税后，要按照《中华人民共和国公司法》及其股东约定对税后利润进行分配。会计处理上不仅要进行本年利润的核算，还要进行利润分配的核算。

8.1 利润结转及核算

8.1.1 利润的含义及计算

对利润含义及计算的介绍见表 8-1。

利润是指企业一定会计期间的经营成果。利润包括收入减去费用后的净额、直接计入当期利润的利得和损失等。其中直接计入当期利润的利得和损失，是指应当计入当期损益、会导致所有者权益发生增减变动的、与所有者投入资本或者向所有者分配利润无关的利得或者损失。通常所说的利润包括营业利润、利润总额和净利润，对利润计算的介绍见表 8-1。

表 8–1 利润种类及其计算

利润的种类	核算公式	相关定义
营业利润	营业利润 = 营业收入 – 营业成本 – 税金及附加 – 销售费用 – 管理费用 – 研发费用 – 财务费用 + 其他收益 + 投资收益（– 投资损失）+ 净敞口套期收益（– 净敞口套期损失）+ 公允价值变动收益（– 公允价值变动损失）– 信用减值损失 – 资产减值损失 + 资产处置收益（– 资产处置损失）	（1）营业收入是指企业经营业务所实现的收入总额，包括主营业务收入和其他业务收入； （2）营业成本是指企业经营业务所发生的实际成本总额，包括主营业务成本和其他业务成本； （3）研发费用是指企业在研究与开发过程中发生的费用化支出，以及计入管理费用的自行开发无形资产的摊销； （4）其他收益主要是指与企业日常活动相关的，除冲减相关成本费用以外的政府补助； （5）投资收益（或损失）是指企业以各种方式对外投资所取得的收益（或损失）； （6）公允价值变动收益（或损失）是指企业交易性金融资产等公允价值变动形成的应计入当期损益的利得（或损失）； （7）信用减值损失是指企业计提各项金融工具信用减值准备所确认的信用损失； （8）资产减值损失是指企业计提有关资产减值准备所形成的损失； （9）资产处置收益（或损失）主要包括企业出售划分为持有待售的非流动资产（金融工具、长期股权投资和投资性房地产除外）或处置组（子公司和业务除外）时确认的处置利得或损失，以及处置未划分为持有待售的固定资产、在建工程、生产性生物资产及无形资产而产生的处置利得或损失，还包括债务重组中因处置非流动资产产生的利得或损失和非货币性资产交换中换出非流动资产产生的利得或损失
利润总额	利润总额 = 营业利润 + 营业外收入 – 营业外支出	（1）营业外收入是指企业发生的与其日常活动无直接关系的各项利得； （2）营业外支出是指企业发生的与其日常活动无直接关系的各项损失
净利润	净利润 = 利润总额 – 所得税费用	所得税费用是指企业确认的应从当期利润总额中扣除的所得税费用

8.1.2 损益核算

（一）营业收入的内容与核算

营业收入的内容和核算如表 8-2 所示。

表 8-2　营业收入的内容和核算

具体内容	具体核算
开发产品营业收入包括土地转让收入和商品房销售收入、代建房屋和代建工程结算收入、配套设施销售收入	对于实现的房地产经营收入，应在“主营业务收入”科目下按收入类别设置“土地转让收入”“商品房销售收入”“配套设施销售收入”“代建工程结算收入”等二级科目进行核算。房地产企业实现的房地产经营收入，应按实际收到或应收价款记入“银行存款”“应收账款”等科目的借方和“主营业务收入”科目的贷方

（二）营业成本的内容与核算

营业成本的内容和核算如表 8-3 所示。

表 8-3　营业成本的内容和核算

内容和核算原则	具体核算
营业成本是指企业经营业务所发生的实际成本总额，包括主营业务成本和其他业务成本。根据《企业会计准则——基本准则》的规定，房地产企业为生产开发产品、提供劳务等发生的可归属于开发产品成本、劳务成本等的费用，应当在确认开发产品销售收入、劳务收入等时，将已销售开发产品、已提供劳务的成本等计入当期损益。根据营业收入与其相关的成本、费用配比的原则，房地产企业在将各个月份实现的房地产经营收入入账时，应同时将其相关的营业成本结转入账	（1）对于销售的商品房，应于月终将销售商品房的实际开发成本自“开发产品——商品房”科目的贷方转入“主营业务成本——商品房销售成本”科目的借方； （2）对于转让的商品性用地，应于月终将转让土地的实际开发成本自“开发产品——商品性土地”科目的贷方转入“主营业务成本——土地转让成本”科目的借方； （3）对于对外销售的周转房，应按周转房的原值减已计提累计摊销额后的净值，转入“主营业务成本——周转房销售成本”科目的借方，同时注销周转房的原值和累计摊销额； （4）对于移交结算的代建工程，应于月终将移交代建工程的实际开发成本自“开发产品——代建工程”科目的贷方转入“主营业务成本——代建工程结算成本”科目的借方

（三）税金及附加的核算

房地产企业在销售、转让及结算开发产品实现房地产经营收入时，应按国家规定计算缴纳土地增值税、城市维护建设税和教育费附加等相关税费。月末，房地产企业应将按规定计算确定的与当期经营活动相关的税费，记入“税金及附加”科目的借方和“应交税费”科目的贷方。

（四）营业外收支

1. 营业外收入

营业外收入的内容和核算如表 8-4 所示。

表 8-4　营业外收入的内容和核算

含义	包含的内容	“营业外收入”科目	会计处理
企业发生的与其日常活动无直接关系的各项利得（注：营业外收入并不是企业经营资金耗费所产生的，不需要企业付出代价，实际上是经济利益的净流入，不可能也不需要与有关的费用进行配比）	非流动资产毁损报废收益、与企业日常活动无关的政府补助、盘盈利得、捐赠利得、债务重组利得等（注：①非流动资产毁损报废收益，指因自然灾害等发生毁损、已丧失使用功能而报废非流动资产所产生的清理收益；②与企业日常活动无关的政府补助，指企业从政府无偿取得货币性资产或非货币性资产，且与企业日常活动无关的利得；③盘盈利得，指企业对现金等资产清查盘点时发生盘盈，报经批准后计入营业外收入的金额；④捐赠利得，指企业接受捐赠产生的利得；⑤债务重组利得，指重组债务的账面价值超过清偿债务的现金、非现金资产的公允价值及所转股份的公允价值或重组后债务账面价值之间的差额）	核算营业外收入的取得及结转情况。科目贷方登记企业确认的各项营业外收入，借方登记期末结转入“本年利润”科目的营业外收入，结转后该科目应无余额。该科目应按照营业外收入的项目进行明细核算	确认营业外收入，借记“固定资产清理”“银行存款”“库存现金”“应付账款”等科目，贷记“营业外收入”科目。期末，应将“营业外收入”科目余额转入“本年利润”科目，借记“营业外收入”科目，贷记“本年利润”科目

2. 营业外支出

营业外支出的内容和核算如表 8-5 所示。

表 8-5　营业外支出的内容和核算

含义	包含的内容	"营业外支出"科目	会计处理
企业发生的与其日常活动无直接关系的各项损失	非流动资产毁损报废损失、捐赠支出、盘亏损失、非常损失、罚款支出等（注：①非流动资产毁损报废损失，指因自然灾害等发生毁损、已丧失使用功能而报废非流动资产所产生的清理损失；②捐赠支出，指企业对外进行捐赠发生的支出；③盘亏损失，指对于财产清查盘点中盘亏的资产，查明原因并报经批准计入营业外支出的损失；④非常损失，指企业对于因客观因素（如自然灾害等）造成的损失，扣除保险公司赔偿后应计入营业外支出的净损失；⑤罚款支出，指企业支付的行政罚款、税务罚款，以及其他违反法律法规、合同协议等而支付的罚款、违约金、赔偿金等支出）	核算营业外支出的发生及结转情况。科目借方登记企业发生的各项营业外支出，贷方登记期末结转入本年利润的营业外支出。结转后该科目应无余额。该科目应按照营业外支出的项目进行明细核算	发生营业外支出时，借记"营业外支出"科目，贷记"固定资产清理""待处理财产损溢""库存现金""银行存款"等科目。期末，应将"营业外支出"科目余额转入"本年利润"科目，借记"本年利润"科目，贷记"营业外支出"科目

债务重组损失是指企业按照债务重组会计处理规定应计入营业外支出的债务重组损失

【例 8-1】营业外收入的会计核算

北方房地产企业收到某施工企业工程质量罚款 20 000 元，存入银行。

北方房地产企业应依据罚款单和收款证明进行如下账务处理。

借：银行存款　　20 000

　　贷：营业外收入——罚款收入　　20 000

【例 8-2】营业外支出的会计核算

北方房地产企业向希望工程捐款 3 000 000 元。

北方房地产企业应依据财政部门印制的捐赠票据和付款证明，进行如下账务处理。

借：营业外支出——捐赠支出　　3 000 000

　　贷：银行存款　　3 000 000

8.1.3 利润结转的核算

本年利润的核算如表 8-6 所示。

表 8-6 本年利润的核算

设置“本年利润”科目的目的	期末会计核算	年度终了时的会计核算
核算企业本年度内实现的利润总额（或亏损总额）	将各收益类科目的余额转入“本年利润”科目的贷方；将各成本、费用类科目的余额转入“本年利润”科目的借方。转账后，“本年利润”科目如为贷方余额，反映本年度自年初开始累计实现的净利润；如为借方余额，反映本年度自年初开始累计发生的净亏损	将“本年利润”科目的累计余额，转入“利润分配”科目，如为净利润，借记“本年利润”科目，贷记“利润分配”科目；如为净亏损，做相反会计分录。年度结账后，“本年利润”科目无余额

【例 8-3】利润结转的会计核算

某企业在 2×20 年度决算时，各损益科目 12 月 31 日的余额如表 8-7 所示。

表 8-7 各损益科目余额

单位：元

科目名称	结转前借方余额	结转前贷方余额
主营业务收入		90 000
税金及附加	4 500	
主营业务成本	50 000	
销售费用	2 000	
管理费用	8 500	
财务费用	2 000	
其他业务收入		9 400
其他业务成本	7 400	
投资收益		1 500
营业外收入		3 500
营业外支出	1 800	
所得税费用	8 500	

根据上述资料，企业做如下会计处理。

（1）结转主营业务收入。

借：主营业务收入　　90 000

　　贷：本年利润　　90 000

（2）结转税金及附加、主营业务成本和期间费用。

借：本年利润　　67 000

　　贷：税金及附加　　4 500

　　　　主营业务成本　　50 000

　　　　销售费用　　2 000

　　　　管理费用　　8 500

　　　　财务费用　　2 000

（3）结转其他业务收支。

借：其他业务收入　　9 400

　　贷：本年利润　　9 400

借：本年利润　　7 400

　　贷：其他业务成本　　7 400

（4）结转投资净收益。

借：投资收益　　1 500

　　贷：本年利润　　1 500

（5）结转营业外收支。

借：营业外收入　　3 500

　　贷：本年利润　　3 500

借：本年利润　　1 800

　　贷：营业外支出　　1 800

（6）结转本年所得税费用。

借：木年利润　　8 500

　　贷：所得税费用　　8 500

（7）计算并结转本年净利润。

“本年利润”科目借方发生额 =67 000+7 400+1 800+8 500=84 700（元）。

“本年利润”科目贷方发生额 =90 000+9 400+1 500+3 500=104 400（元）。

净利润 = 104 400−84 700 = 19 700（元）。

借：本年利润　　　　　　　　　　　　　　　　　　19 700

　　贷：利润分配——未分配利润　　　　　　　　　　　19 700

8.2 利润分配及其核算

8.2.1 利润分配的顺序

房地产企业分配利润时，既要理顺产权关系，充分保障投资者的权益和收益，又要考虑便于加强宏观调控以及财产的监督和约束。

房地产企业实现的利润总额，应先按国家规定做相应的调整，然后依法缴纳所得税。这里所说的调整，主要是指所得税税前弥补亏损和投资收益中已纳税的项目或按照规定要补缴所得税的项目。因为按照现行财务制度的规定，企业发生的年度亏损，可以用下一年度的税前利润弥补；下一年度利润不足弥补的，可以在五年内延续弥补；五年内不足弥补的，才用税后利润等弥补。所以房地产企业实现的年度利润，要先用以弥补以前五年内发生的亏损，然后据以计算应纳税所得额。投资收益如为税后利润，应从本企业利润总额中扣除后再计算应纳税所得额；否则，纳税时如不扣除，就会出现重复纳税现象。

企业缴纳所得税后的利润，一般按照下列顺序分配。

（1）弥补被没收的财物损失，支付各项税收的滞纳金和罚款。

（2）弥补企业以前年度亏损。

（3）提取法定盈余公积。法定盈余公积按照税后利润扣除前两项后的 10% 提取，法定盈余公金已达到注册资本 50% 时可不再提取。

（4）提取任意盈余公积。任意盈余公积是企业自愿提取的，是董事会决定要留在企业的利润。任意盈余公积的提取比例，由企业自行决定。

（5）向投资者分配利润。企业以前年度未分配利润，可以并入本年度向投资者分配。房地产企业当年无利润时，一般不得向投资者分配利润。股份有限公司当年如无利润，原则上不分股利，但为了维护企业股票的信誉，避免股票价格大幅度波动，可以用盈余公积弥补亏损，并经股东大会特别决议，可以按照不超过股票面值 6% 的比率用盈余公积金分配股利；在分配股利后，企业法定盈余公积不得低于注册资本的 25%。

盈余公积，包括法定盈余公积和任意盈余公积，可用于弥补亏损或转增资本金，但转增资本金后，企业的法定盈余公积一般不得低于注册资本的 25%。

8.2.2　利润分配的核算

利润分配的核算包括弥补亏损、提取盈余公积、分配股利或利润以及未分配利润等的核算。

（一）弥补亏损的核算

房地产企业在生产经营过程中既有可能发生盈利，也有可能出现亏损。企业在当年发生亏损的情况下，与实现利润的情况相同，应当将本年发生的亏损自“本年利润”科目，转入“利润分配——未分配利润”科目，借记“利润分配——未分配利润”科目，贷记“本年利润”科目，结转后“利润分配”科目的借方余额为未弥补亏损的数额，此时通过“利润分配”科目核算有关亏损的弥补情况。弥补亏损的会计处理如表 8-8 所示。

表 8-8　弥补亏损的会计处理

弥补亏损种类	具体会计处理
以税前利润弥补亏损	以当年实现的利润弥补以前年度结转的未弥补亏损，不需要进行专门的账务处理。企业应将当年实现的利润自“本年利润”科目的借方，转入“利润分配——未分配利润”科目的贷方，其贷方发生额与“利润分配——未分配利润”的借方余额自然抵补
以税后利润弥补亏损	以税后利润弥补亏损，其会计处理方法与以税前利润弥补亏损的会计处理方法相同，也不需要进行专门的账务处理，但两者在计算缴纳所得税时的处理是不同的。在以税前利润弥补亏损的情况下，其弥补的数额可以抵减当期企业应纳税所得额；以税后利润弥补的数额，则不能作为纳税所得扣除处理
盈余公积补亏	企业在亏损年度按规定用盈余公积弥补亏损的会计分录如下 借：盈余公积 　　贷：利润分配——盈余公积补亏

（二）提取盈余公积的核算

企业提取盈余公积的会计处理如表 8-9 所示。

表 8-9 提取盈余公积的核算

提取核算	会计处理
企业提取盈余公积时	借：利润分配——提取法定盈余公积 利润分配——提取任意盈余公积 贷：盈余公积——法定盈余公积 盈余公积——任意盈余公积
企业用盈余公积转增资本时	借：盈余公积 贷：实收资本或股本

（三）分配股利或利润的核算

企业分配股利或利润的会计处理如表 8-10 所示。

表 8-10 分配股利或利润的核算

分配核算	会计处理
经股东大会或类似机构决议，分配给股东或投资者现金股利或利润时	借：利润分配——应付现金股利或利润 贷：应付股利
经股东大会或类似机构决议，应在办理增资手续后，分配给股东股票股利时	借：利润分配——转作股本的股利 贷：股本

（四）未分配利润的核算

未分配利润的会计处理如表 8-11 所示。

表 8-11 未分配利润的核算

未分配利润的含义	金额计算	会计处理
未分配利润是指企业实现的净利润经过弥补亏损、提取盈余公积和向投资者分配利润后留存在企业的、历年结存的利润。相对于所有者权益的其他部分来说，企业对于未分配利润的使用有较大的自主权	未分配利润是期初未分配利润，加上本期实现的净利润，减去提取的各种盈余公积和分出利润后的余额	在会计处理上，未分配利润是通过“利润分配”科目进行核算的。年度终了，企业应将本年实现的净利润或净亏损，转入“利润分配——未分配利润”科目。同时，将“利润分配”科目所属的其他明细科目的余额，转入“未分配利润”明细科目。结转后，“未分配利润”明细科目的贷方余额，就是未分配利润的金额；如出现借方余额，则表示未弥补亏损的金额。“利润分配”科目所属的其他明细科目应无余额

【**例 8-4**】利润分配的会计核算

北方房地产企业本年实现净利润 5 000 000 元，年初未分配利润为 0。经股东大会批准，北方房地产企业按当年净利润的 10% 提取法定盈余公积。假定不考虑其他因素，北方房地产企业的会计分录如下。

借：利润分配——提取法定盈余公积　　500 000

　　贷：盈余公积——法定盈余公积　　500 000

本年提取盈余公积 =5 000 000×10%=500 000（元）。

【**例 8-5**】盈余公积补亏的会计核算

经股东大会批准，北方房地产企业用以前年度提取的盈余公积弥补当年亏损，当年弥补亏损的数额为 600 000 元。假定不考虑其他因素，北方房地产企业的会计分录如下。

借：盈余公积　　600 000

　　贷：利润分配——盈余公积补亏　　600 000

【**例 8-6**】结转利润的会计核算

北方房地产企业年初未分配利润为 0，本年实现净利润 2 000 000 元，本年提取法定盈余公积 200 000 元，宣告发放现金股利 800 000 元。假定不考虑其他因素，北方房地产企业会计处理如下。

（1）结转本年利润。

借：本年利润　　2 000 000

　　贷：利润分配——未分配利润　　2 000 000

如企业当年发生亏损，则应借记“利润分配——未分配利润”科目，贷记“本年利润”科目。

（2）提取法定盈余公积、宣告发放现金股利。

借：利润分配——提取法定盈余公积　　200 000

　　　　　　——应付现金股利　　800 000

　　贷：盈余公积　　200 000

　　　　应付股利　　800 000

同时，进行结转。

借：利润分配——未分配利润　　1 000 000

　　贷：利润分配——提取法定盈余公积　　200 000

　　　　　　　　——应付现金股利　　800 000

结转后，如果“未分配利润”明细科目的余额在贷方，表示累计未分配的利润；如果余额在借方，则表示累积未弥补的亏损。本例中，“利润分配——未分配利润”明细科目的余额在贷方，此贷方余额 1 000 000 元（2 000 000-200 000-800 000）即为北方房地产企业本年年末的累计未分配利润。

第 9 章
房地产企业财务报表的编制

财务报表是对企业财务状况、经营成果和现金流量的结构性表述。一套完整的财务报表至少应当包括资产负债表、利润表、现金流量表、所有者权益（或股东权益）变动表以及附注。本章重点介绍一般企业资产负债表、利润表、现金流量表所有者权益（或股东权益）变动表以及附注的有关内容。

9.1 资产负债表

资产负债表是反映企业在某一特定日期的财务状况的报表，是企业经营活动的静态反映。资产负债表是根据“资产 = 负债 + 所有者权益”这一平衡公式，依照一定的分类标准和一定的次序，将某一特定日期的资产、负债、所有者权益的具体项目予以适当地排列编制而成。资产负债表主要反映资产、负债和所有者权益三方面的内容。

资产负债表，可以反映企业在某一特定日期所拥有或控制的经济资源、所承担的现时义务和所有者对净资产的要求权，可以帮助财务报表使用者全面了解企业的财务状况、分析企业的偿债能力等情况，从而为其做出经济决策提供依据。

9.1.1 资产负债表的结构

资产负债表一般由表头、表体两部分组成。表头部分应列明报表名称、编制单位名称、资产负债表日、报表编号和计量单位；表体部分是资产负债表的主体，列示了用以说明企业财务状况的各个项目。资产负债表的表体格式一般有两种：报告式资产负债表和账户式资产负债表。报告式资产负债表是上下结构，上半部分列示资产各项目，下半部分列示负债和所有者权益各项目。账户式资产负债表是左右结构，左边列示资产各项目，反映全部资产的分布及存在状态；右边列示负债和所有者权益各项目，反映全部负债和所有者权益的内容及构成情况。不管采取什么格式，资产各项目的合计一定等于负债和所有者权益各项目的合计。

我国企业的资产负债表采用账户式结构。左边列示资产项目，大体按资产的流动性大小排列，流动性大的资产如“货币资金”“交易性金融资产”等排在前面，流动性小的资产如“长期股权投资”“固定资产”等排在后面。右边列示负债及所有者权益项目，一般按要求清偿时间的先后顺序排列，“短期借款”“应付票据”及“应付账款”等需要在一年以内或者长于一年的一个正常营业周期内偿还的流动负债排在前面，“长期借款”等在一年以上才需偿还的非流动负债排在中间，在企业清算之前不需要偿还的所有者权益项目排在后面。

账户式资产负债表中的资产各项目的合计等于负债和所有者权益各项目的合计，即资产负债表左方和右方平衡。账户式资产负债表，可以反映资产、负债、所有者权益之间的内在关系，即“资产 = 负债 + 所有者权益”。我国一般企业资产负债表格式如表 9-1 所示。

表 9-1　资产负债表

会企 01 表

编制单位：　　　　　　　　年　　月　　日　　　　　　　　单位：元

资产	期末余额	上年年末余额	负债和所有者权益（或股东权益）	期末余额	上年年末余额
流动资产：			流动负债：		
货币资金			短期借款		
交易性金融资产			交易性金融负债		
衍生金融资产			衍生金融负债		
应收票据			应付票据		
应收账款			应付账款		

续表

资产	期末余额	上年年末余额	负债和所有者权益（或股东权益）	期末余额	上年年末余额
应收款项融资			预收款项		
预付款项			合同负债		
其他应收款			应付职工薪酬		
存货			应交税费		
合同资产			其他应付款		
持有待售资产			持有待售负债		
一年内到期的非流动资产			一年内到期的非流动负债		
其他流动资产			其他流动负债		
流动资产合计			流动负债合计		
非流动资产：			非流动负债：		
债权投资			长期借款		
其他债权投资			应付债券		
长期应收款			其中：优先股		
长期股权投资			永续债		
其他权益工具投资			租赁负债		
其他非流动金融资产			长期应付款		
投资性房地产			预计负债		
固定资产			递延收益		
在建工程			递延所得税负债		
生产性生物资产			其他非流动负债		
油气资产			非流动负债合计		
使用权资产			负债合计		
无形资产			所有者权益（或股东权益）：		

续表

资产	期末余额	上年年末余额	负债和所有者权益（或股东权益）	期末余额	上年年末余额
开发支出			实收资本（或股本）		
商誉			其他权益工具		
长期待摊费用			其中：优先股		
递延所得税资产			永续债		
其他非流动资产			资本公积		
非流动资产合计			减：库存股		
			其他综合收益		
			专项储备		
			盈余公积		
			未分配利润		
			所有者权益（或股东权益）合计		
资产总计			负债和所有者权益（或股东权益）总计		

9.1.2 资产负债表的编制

（一）资产负债表项目的填列方法

资产负债表各项目均需填列“期末余额”和“上年年末余额”两栏。

资产负债表的“上年年末余额”栏内各项数字，应根据上年年末资产负债表的“期末余额”栏内所列数字填列。如果上年度资产负债表规定的各个项目的名称和内容与本年度不一致，应按照本年度的规定对上年年末资产负债表各项目的名称和数字进行调整，填入本年度资产负债表“上年年末余额”栏内。

资产负债表的“期末余额”栏主要有以下几种填列方法。

（1）根据总账科目余额填列。如“短期借款”“资本公积”等项目，根据“短期借款”“资本公积”各总账科目的余额直接填列；有些项目则需根据几个总账科目的期末余额计算填列，如“货币资金”项目，需根据“库存现金”“银行存款”“其他货币资金”三个总账科目的期末余额的合计数填列。

（2）根据明细账科目余额计算填列。如“应付账款”项目，需要根据“应付账款”和“预付账款”两个科目所属的相关明细科目的期末贷方余额计算填列；“预付款项”项目，需要根据“应付账款”科目和“预付账款”科目所属的相关明细科目的期末借方余额减去与“预付账款”有关的坏账准备贷方余额计算填列；“预收款项”项目，需要根据“应收账款”科目和“预收账款”科目所属相关明细科目的期末贷方余额合计填列；“开发支出”项目，需要根据“研发支出”科目中所属的“资本化支出”明细科目的期末余额计算填列；“应付职工薪酬”项目，需要根据“应付职工薪酬”科目的明细科目期末余额计算填列；“一年内到期的非流动资产”“一年内到期的非流动负债”项目，需要根据相关非流动资产和非流动负债项目的明细科目余额计算填列；“未分配利润”项目，需要根据“利润分配”科目中所属的“未分配利润”明细科目的期末余额填列。

（3）根据总账科目和明细账科目余额分析计算填列。如“长期借款”项目，需要根据“长期借款”总账科目余额扣除“长期借款”科目所属的明细科目中将在一年内到期且企业不能自主地将清偿义务展期的长期借款后的金额计算填列；“其他非流动资产”项目，应根据有关科目的期末余额减去将于一年内（含一年）收回数后的金额计算填列；“其他非流动负债”项目，应根据有关科目的期末余额减去将于一年内（含一年）到期偿还数后的金额计算填列。

（4）根据有关科目余额减去其备抵科目余额后的净额填列。如资产负债表中“应收票据”“应收账款”“长期股权投资”“在建工程”等项目，应当根据“应收票据”“应收账款”“长期股权投资”“在建工程”等科目的期末余额减去“坏账准备”“长期股权投资减值准备”“在建工程减值准备”等备抵科目余额后的净额填列。“投资性房地产”（采用成本模式计量）、“固定资产”项目，应当根据“投资性房地产”“固定资产”科目的期末余额，减去“投资性房地产累计折旧”“投资性房地产减值准备”“累计折旧”“固定资产减值准备”等备抵科目的期末余额，以及“固定资产清理”科目期末余额后的净额填列；“无形资产”项目，应当根据“无形资产”科目的期末余额，减去“累计摊销”“无形资产减值准备”等备抵科目余额后的净额填列。

（5）综合运用上述填列方法分析填列。如资产负债表中的“存货”项目，需要根据“原材料”“库存商品”“委托加工物资”“周转材料”“材料采购”“在途物资”“发出商品”“材料成本差异”等总账科目期末余额的分析汇总数，再减去“存货跌价准备”科目余额后的净额填列。

（二）资产负债表项目的填列说明

1. 资产项目的填列说明

（1）“货币资金”项目，反映企业库存现金、银行结算户存款、外埠存款、银行汇票存款、银行本票存款、信用卡存款、信用证保证金存款等的合计数。本项目应根据“库存现金”“银行存款”“其他货币资金”科目期末余额的合计数填列。

（2）“交易性金融资产”项目，反映资产负债表日企业分类为以公允价值计量且其变动计入当期损益的金融资产，以及企业持有的指定为以公允价值计量且其变动计入当期损益的金融资产的期末账面价值。该项目应根据“交易性金融资产”科目的相关明细科目的期末余额分析填列。自资产负债表日起超过一年到期且预期持有超过一年的、以公允价值计量且其变动计入当期损益的非流动金融资产的期末账面价值，在“其他非流动金融资产”项目反映。

（3）“应收票据”项目，反映资产负债表日以摊余成本计量的，企业因销售商品、提供服务等收到的商业汇票，包括银行承兑汇票和商业承兑汇票。该项目应根据“应收票据”科目的期末余额，减去“坏账准备”科目中相关坏账准备期末余额后的金额填列。

（4）“应收账款”项目，反映资产负债表日以摊余成本计量的，企业因销售商品、提供服务等经营活动应收取的款项。该项目应根据“应收账款”科目的期末余额，减去“坏账准备”科目中相关坏账准备期末余额后的金额填列。

（5）“应收款项融资”项目，反映资产负债表日以公允价值计量且其变动计入其他综合收益的应收票据和应收账款等。

（6）“预付款项”项目，反映企业按照购货合同规定预付给供应单位的款项等。本项目应根据“预付账款”和“应付账款”科目所属各明细科目的期末借方余额合计数，减去“坏账准备”科目中有关预付账款计提的坏账准备期末余额后的净额填列。如“预付账款”科目所属明细科目期末为贷方余额，应在资产负债表“应付账款”项目内填列。

（7）“其他应收款”项目，反映企业除应收票据、应收账款、预付账款等经营活动以外的其他各种应收、暂付的款项。本项目应根据“应收利息”“应收股利”和“其他应收款”科目的期末余额合计数，减去“坏账准备”科目中相关坏账准备期末余额后的金额填列。其中的“应收利息”仅反映相关金融工具已到期可收取但于资产负债表日尚未收到的利息。基于实际利率法计提的金融工具的利息应包含在相应金融工具的账面余额中。

（8）“存货”项目，反映企业期末在库、在途和在加工中的各种存货的可变现净值或成本（成本与可变现净值孰低）。存货包括各种材料、商品、在产品、半成品、包装物、低值易耗品、发出商品等。本项目应根据“材料采购”“原材料”“库存商品”“周转材料”“委托加工物资”“发出商品”“生产成本”“受托代销商品”等科目的期末余额合计数，减去“受托代销商品款”“存货跌价准备”科目期末余额后的净额填列。材料采用计划成本核算，以及库存商品采用计划成本核算或售价核算的企业，还应按加减材料成本差异、商品进销差价后的金额填列。

（9）“合同资产”项目，反映企业按照《企业会计准则第14号——收入》（2018）的相关规定，根据本企业履行履约义务与客户付款之间的关系在资产负债表中列示的合同资产。“合同资产”项目应根据“合同资产”科目的相关明细科目期末余额分析填列，同一合同下的“合同资产”和“合同负债”应当以净额列示，其中净额为借方余额的，应当根据其流动性在“合同资产”或“其他非流动资产”项目中填列，已计提减值准备的，还应以减去“合同资产减值准备”科目中相关的期末余额后的金额填列；其中净额为贷方余额的，应当根据其流动性在“合同负债”或“其他非流动负债”项目中填列。

（10）“持有待售资产”项目，反映资产负债表日划分为持有待售类别的非流动资产及划分为持有待售类别的处置组中的流动资产和非流动资产的期末账面价值。该项目应根据“持有待售资产”科目的期末余额，减去“持有待售资产减值准备”科目的期末余额后的金额填列。

（11）“一年内到期的非流动资产”项目，反映企业预计自资产负债表日起一年内变现的非流动资产。本项目应根据有关科目的期末余额分析填列。对于按照相关会计准则采用折旧（或摊销、折耗）方法进行后续计量的固定资产、使用权资产、无形资产和长期待摊费用等非流动资产，折旧（或摊销、折耗）年限（或期限）只剩一年或不足一年的，或预计在一年内（含一年）进行折旧（或摊销、折耗）的部分，不得归类为流动资产，仍在各该非流动资产项目中填列，不转入“一年内到期的非流动资产”项目。

（12）“债权投资”项目，反映资产负债表日企业以摊余成本计量的长期债权投资的期末账面价值。该项目应根据“债权投资”科目的相关明细科目的期末余额，减去“债权投资减值准备”科目中相关减值准备的期末余额后的净额分析填列。自资产负债表日起一年内到期的长期债权投资的期末账面价值，在“一年内到期的非流动资产”项目反映。企业购入的以摊余成本计量的一年内到期的债权投资的期末账面价值，在“其他流动资产”项目反映。

（13）“其他债权投资”项目，反映资产负债表日企业分类为以公允价值计量且其变动计入其他综合收益的长期债权投资的期末账面价值。该项目应根据“其他债权投资”科目的相关明细科目的期末余额分析填列。自资产负债表日起一年内到期的长期债权投资的期末账面价值，在“一年内到期的非流动资产”项目反映。企业购入的以公允价值计量且其变动计入其他综合收益的一年内到期的债权投资的期末账面价值，在“其他流动资产”项目反映。

（14）“长期应收款”项目，反映企业租赁产生的应收款项和采用递延方式分期收款、实质上具有融资性质的销售商品和提供劳务等经营活动产生的应收款项。本项目应根据“长期应收款”科目的期末余额，减去相应的“未实现融资收益”科目和“坏账准备”科目所属相关明细科目期末余额后的净额填列。

（15）“长期股权投资”项目，反映投资方对被投资单位实施控制、重大影响的权益性投资，以及对其合营企业的权益性投资。本项目应根据“长期股权投资”科目的期末余额，减去“长期股权投资减值准备”科目的期末余额后的净额填列。

（16）“其他权益工具投资”项目，反映资产负债表日企业指定为以公允价值计量且其变动计入其他综合收益的非交易性权益工具投资的期末账面价值。该项目应根据“其他权益工具投资”科目的期末余额填列。

（17）“固定资产”项目，反映资产负债表日企业固定资产的期末账面价值和企业尚未清理完毕的固定资产清理净损益。该项目应根据“固定资产”科目的期末余额，减去“累计折旧”和“固定资产减值准备”科目的期末余额后的净额，以及“固定资产清理”科目的期末余额填列。

（18）“在建工程”项目，反映资产负债表日企业尚未达到预定可使用状态的在建工程的期末账面价值和企业为在建工程准备的各种物资的期末账面价值。该项目应根据“在建工程”科目的期末余额，减去“在建工程减值准备”科目的期末余额后的金额，以及“工程物资”科目的期末余额，减去“工程物资减值准备”科目的期末余额后的金额填列。

（19）“使用权资产”项目，反映资产负债表日承租企业持有的使用权资产的期末账面价值。该项目应根据“使用权资产”科目的期末余额，减去“使用权资产累计折旧”和“使用权资产减值准备”科目的期末余额后的金额填列。

（20）“无形资产”项目，反映企业持有的专利权、非专利技术、商标权、著作权等无形资产的成本减去累计摊销和减值准备后的净值。本项目应根据“无形资产”科目的期末余额，减去“累计摊销”和“无形资产减值准备”科目期末余额后的净额填列。

（21）“开发支出”项目，反映企业开发无形资产过程中能够资本化，形成无形资产成本的支出部分。本项目应当根据“研发支出”科目中所属的“资本化支出”明细科目期末余额填列。

（22）“长期待摊费用”项目，反映企业已经发生但应由本期和以后各期负担的分摊期限在一年以上的各项费用。长期待摊费用中在一年内（含一年）摊销的部分，在资产负债表“一年内到期的非流动资产”项目填列。本项目应根据“长期待摊费用”科目的期末余额，减去将于一年内（含一年）摊销的数额后的金额分析填列。

（23）“递延所得税资产”项目，反映企业根据所得税准则确认的可抵扣暂时性差异产生的所得税资产。本项目应根据“递延所得税资产”科目的期末余额填列。

（24）“其他非流动资产”项目，反映企业除上述非流动资产以外的其他非流动资产。本项目应根据有关科目的期末余额填列。

2. 负债项目的填列说明

（1）“短期借款”项目，反映企业向银行或其他金融机构等借入的期限在一年以下（含一年）的各种借款。本项目应根据“短期借款”科目的期末余额填列。

（2）“交易性金融负债”项目，反映企业资产负债表日承担的交易性金融负债，以及企业持有的直接指定为以公允价值计量且其变动计入当期损益的金融负债的期末账面价值；该项目应根据“交易性金融负债”科目的相关明细科目的期末余额填列。

（3）“应付票据”项目，反映资产负债表日以摊余成本计量的，企业因购买材料、商品和接受服务等开出、承兑的商业汇票，包括银行承兑汇票和商业承兑汇票。该项目应根据“应付票据”科目的期末余额填列。

（4）“应付账款”项目，反映资产负债表日以摊余成本计量的、企业因购买材料、商品和接受服务等经营活动应支付的款项。该项目应根据“应付账款”和“预付账款”科目所属的相关明细科目的期末贷方余额合计数填列。

（5）“预收款项”项目，反映企业按照购货合同规定预收供应单位的款项。本项目应根据“预收账款”和“应收账款”科目所属各明细科目的期末贷方余额合计数填列。如“预收账款”科目所属明细科目期末为借方余额的，应在资产负债表“应收账款”项目内填列。

（6）“合同负债”项目，反映企业按照《企业会计准则第14号——收入》（2018）的相关规定，根据本企业履行履约义务与客户付款之间的关系在资产负债表中列示的合同负债。“合同负债”项目应根据“合同负债”的相关明细科目的期末余额分析填列。

（7）“应付职工薪酬”项目，反映企业为获得职工提供的服务或解除劳动关系而给予的各种形式的报酬或补偿。企业提供给职工配偶、子女、受赡养人、已故员工遗属及其他受益人等的福利，也属于职工薪酬。职工薪酬主要包括短期薪酬、离职后福利、辞退福利和其他长期职工福利。本项目应根据“应付职工薪酬”科目所属各明细科目的期末贷方余额分析填列。外商投资企业按规定从净利润中提取的职工奖励及福利基金，也在本项目列示。

（8）“应交税费”项目，反映企业按照税法规定计算应缴纳的各种税费，包括增值税、消费税、城市维护建设税、教育费附加、企业所得税、资源税、土地增值税、房产税、城镇土地使用税、车船税、矿产资源补偿费等。企业代扣代缴的个人所得税，也通过本项目列示。企业所缴纳的税金不需要预计应缴数的，如印花税、耕地占用税等，不在本项目列示。本项目应根据“应交税费”科目的期末贷方余额填列，如“应交税费”科目期末为借方余额，应以“-”号填列。需要说明的是，“应交税费”科目下的“应交增值税”“未交增值税”“待抵扣进项税额”“待认证进项税额”“增值税留抵税额”等明细科目的期末借方余额应根据情况，在资产负债表中的“其他流动资产”或“其他非流动资产”项目列示；“应交税费——待转销项税额”等科目的期末贷方余额应根据情况，在资产负债表中的“其他流动负债”或“其他非流动负债”项目列示；“应交税费”科目下的“未交增值税”“简易计税”“转让金融商品应交增值税”“代扣代交增值税”等科目的期末贷方余额应在资产负债表中的“应交税费”项目列示。

（9）“其他应付款”项目，反映企业除应付票据、应付账款、预收账款、应付职工薪酬、应交税费等经营活动以外的其他各项应付、暂收的款项。本项目应根据“应付利息”“应付股利”“其他应付款”科目的期末余额合计数填列。其中，“应付利息”科目仅反映相关金融工具已到期应支付但于资产负债表日尚未支付的利息。基于实际利率法计提的金融工具的利息应包含在相应金融工具的账面余额中。

（10）“持有待售负债”项目，反映资产负债表日处置组中与划分为持有待售类别的资产直接相关的负债的期末账面价值。本项目应根据“持有待售负债”科目的期末余额填列。

（11）“一年内到期的非流动负债”项目，反映企业非流动负债中将于资产负债表日后一年内到期部分的金额，如将于一年内偿还的长期借款。本项目应根据有关科目的期末余额分析填列。

（12）“长期借款”项目，反映企业向银行或其他金融机构借入的期限在一年以上（不含一年）的各项借款。本项目应根据“长期借款”科目的期末余额，扣除“长期借款”科目所属的明细科目中将在资产负债表日起一年内到期且企业不能自主地将清偿义务展期的长期借款后的金额计算填列。

（13）“应付债券”项目，反映企业为筹集长期资金而发行的债券本金及应付的利息。本项目应根据“应付债券”科目的期末余额分析填列。对于资产负债表日企业发行的金融工具，分类为金融负债的，应在本项目填列，对于优先股和永续债还应在本项目下的“优先股”项目和“永续债”项目分别填列。

（14）“租赁负债”项目，反映资产负债表日承租企业尚未支付的租赁付款额的期末账面价值。该项目应根据“租赁负债”科目的期末余额填列。自资产负债表日起一年内到期应予以清偿的租赁负债的期末账面价值，在“一年内到期的非流动负债”项目反映。

（15）“长期应付款”项目，反映资产负债表日企业除长期借款和应付债券以外的其他各种长期应付款项的期末账面价值。应根据“长期应付款”科目的期末余额，减去相关的“未确认融资费用”科目的期末余额后的金额，以及“专项应付款”科目的期末余额填列。

（16）“预计负债”项目，反映企业根据或有事项等相关准则确认的各项预计负债，包括对外提供担保、未决诉讼、产品质量保证、重组义务以及固定资产和矿区权益弃置义务等产生的预计负债。本项目应根据“预计负债”科目的期末余额填列。企业按照《企业会计准则第22号——金融工具确认和计量》（2018）的相关规定，对贷款承诺等项目计提的损失准备，应当在本项目中填列。

（17）“递延收益”项目，反映尚待确认的收入或收益。本项目核算包括企业根据政府补助准则确认的应在以后期间计入当期损益的政府补助金额、售后租回形成融资租赁的售价与资产账面价值差额等其他递延性收入。本项目应根据“递延收益”科目的期末余额填列。本项目中摊销期限只剩一年或不足一年的，或预计在一年内（含一年）进行摊销的部分，不得归类为流动负债，仍在本项目中填列，不转入“一年内到期的非流动负债”项目。

（18）“递延所得税负债”项目，反映企业根据所得税准则确认的应纳税暂时性差异产生的所得税负债。本项目应根据“递延所得税负债”科目的期末余额填列。

（19）“其他非流动负债”项目，反映企业除以上非流动负债以外的其他非流动负债。本项目应根据有关科目期末余额，减去将于一年内（含一年）到期偿还数后的余额分析填列。非流动负债各项目中将于一年内（含一年）到期的非流动负债，应在“一年内到期的非流动负债”项目内反映。

3. 所有者权益项目的填列说明

（1）“实收资本（或股本）”项目，反映企业各投资者实际投入的资本（或股本）总额。本项目应根据“实收资本（或股本）”科目的期末余额填列。

（2）“其他权益工具”项目，反映资产负债表日企业发行在外的除普通股以外分类为权益工具的金融工具的期末账面价值，并下设“优先股”和“永续债”两个项目，分别反映企业发行的分类为权益工具的优先股和永续债的账面价值。

（3）“资本公积”项目，反映企业收到投资者出资超出其在注册资本或股本中所占的份额以及直接计入所有者权益的利得和损失等。本项目应根据“资本公积”科目的期末余额填列。

（4）“其他综合收益”项目，反映企业其他综合收益的期末余额。本项目应根据“其他综合收益”科目的期末余额填列。

（5）“专项储备”项目，反映高危行业的企业按国家规定提取的安全生产费的期末账面价值。本项目应根据“专项储备”科目的期末余额填列。

（6）“盈余公积”项目，反映企业盈余公积的期末余额。本项目应根据“盈余公积”科目的期末余额填列。

（7）“未分配利润”项目，反映企业尚未分配的利润。本项目应根据“本年利润”科目和“利润分配”科目的余额计算填列。未弥补的亏损在本项目以“-”号填列。

【例 9-1】资产负债表编制　2×19 年 12 月 31 日，乐居房地产公司的资产负债情况如下。

（1）“库存现金”科目借方余额为 0.1 万元，“银行存款”科目借方余额为 100.9 万元，“其他货币资金”科目借方余额为 99 万元。

（2）“应收票据”科目的借方余额为 1 300 万元；“坏账准备”科目中有关应收票据计提的坏账准备余额为 45 万元。

（3）“发出商品”科目借方余额为 800 万元，“生产成本”科目借方余额为 300 万元，“原材料”科目借方余额为 100 万元，“委托加工物资”科目借方余额为 200 万元，“材料成本差异”科目贷方余额为 25 万元，“存货跌价准备”科目贷方余额为 100 万元，“受托代销商品”科目借方余额 400 万元，“受托代销商品款”科目贷方余额为 400 万元。

（4）乐居房地产公司计划出售一项固定资产，该固定资产于 2×19 年 12 月 31 日被划分为持有待售固定资产，其账面价值为 315 万元，从划归为持有待售的下个月起停止计提折旧，不考虑其他因素。

（5）“固定资产”科目借方余额为 4 000 万元，“累计折旧”科目贷方余额为 2 000 万元，“固定资产减值准备”科目贷方余额为 500 万元，“固定资产清理”科目借方余额为 500 万元。

（6）“无形资产”科目借方余额为 800 万元，“累计摊销”科目贷方余额为 200 万元，“无形资产减值准备”科目贷方余额为 100 万元。

（7）“短期借款”科目贷方的明细项目如下：银行质押借款 10 万元，信用借款 40 万元。

（8）“应付票据”科目贷方的明细项目如下：25 万元的银行承兑汇票，10 万元的商业承兑汇票。

（9）“应付职工薪酬”科目贷方的明细项目为：工资、奖金、津贴和补贴70万元，社会保险费（含医疗保险、工伤保险）5万元，设定提存计划（含基本养老保险费）2.5万元，住房公积金2万元，工会经费和职工教育经费0.5万元。

（10）“长期借款”科目贷方余额为155万元，其中自乙银行借入的5万元借款将于一年内到期，乐居房地产公司不具有自主展期清偿的权利。

（11）乐居房地产公司是由A公司于2×01年3月1日注册成立的股份有限公司，注册资本为人民币5 000万元，A公司以货币资金5 000万元人民币出资，占注册资本的100%，持有乐居房地产公司100%的权益。上述实收资本已于2×01年3月1日经相关会计师事务所出具的验资报告验证。该资本投入自2×01年至2×19年末未发生变动。

本例中，2×19年12月31日，乐居房地产公司资产负债表应填列如下。

（1）“货币资金”项目“期末余额”栏的列报金额=0.1+100.9+99=200（万元）。

（2）“应收票据”项目“期末余额”栏的列报金额=1 300-45=1 255（万元）。

（3）“存货”项目“期末余额”栏的列报金额=800+300+100+200-25-100+500+400-400=1 275（万元）。

（4）“持有待售资产”项目“期末余额”栏的列报金额为315万元。

（5）“固定资产”项目“期末余额”栏的列报金额=4 000-2 000-500+500=2 000（万元）。

（6）“无形资产”项目“期末余额”栏的列报金额=800-200-100=500（万元）。

（7）乐居房地产公司资产负债表中“短期借款”项目“期末余额”栏的列报金额=10+40=50（万元）。

（8）“应付票据”项目“期末余额”栏的列报金额=25+10=35（万元）。

（9）“应付职工薪酬”项目“期末余额”栏的列报金额=70+5+2.5+2+0.5=80（万元）。

（10）“长期借款”项目“期末余额”栏的列报金额=155-5=150（万元），“一年内到期的非流动负债”项目“期末余额”栏的列报金额为5万元。

（11）“实收资本（或股本）”项目“期末余额”栏的列报金额为5 000万元。

据此，乐居房地产公司编制的2×19年12月31日的资产负债表如表9-2所示。

表 9–2　资产负债表

会企 01 表

编制单位：乐居房地产公司　　2×19 年 12 月 31 日　　单位：元

资产	期末余额	上年年末余额	负债和所有者权益（或股东权益）	期末余额	上年年末余额
流动资产：			流动负债：		
货币资金	2 000 000		短期借款	500 000	
交易性金融资产			交易性金融负债		
衍生金融资产			衍生金融负债		
应收票据	12 550 000		应付票据	350 000	
应收账款			应付账款		
应收款项融资			预收款项		
预付款项			合同负债		
其他应收款			应付职工薪酬	800 000	
存货	12 750 000		应交税费		
合同资产			其他应付款		
持有待售资产	3 150 000		持有待售负债		
一年内到期的非流动资产			一年内到期的非流动负债	50 000	
其他流动资产			其他流动负债		
流动资产合计	30 450 000		流动负债合计	1 700 000	
非流动资产：			非流动负债：		
债权投资			长期借款	1 500 000	
其他债权投资			应付债券		
长期应收款			其中：优先股		
长期股权投资			永续债		
其他权益工具投资			租赁负债		

续表

资产	期末余额	上年年末余额	负债和所有者权益（或股东权益）	期末余额	上年年末余额
其他非流动金融资产			长期应付款		
投资性房地产			预计负债		
固定资产	20 000 000		递延收益		
在建工程			递延所得税负债		
生产性生物资产			其他非流动负债		
油气资产			非流动负债合计	1 500 000	
使用权资产			负债合计	3 200 000	
无形资产	5 000 000		所有者权益（或股东权益）：		
开发支出			实收资本（或股本）	50 000 000	
商誉			其他权益工具		
长期待摊费用			其中：优先股		
递延所得税资产			永续债		
其他非流动资产			资本公积		
非流动资产合计	25 000 000		减：库存股		
			其他综合收益		
			专项储备		
			盈余公积		
			未分配利润	2 250 000	
			所有者权益（或股东权益）合计	52 250 000	
资产总计	55 450 000		负债和所有者权益（或股东权益）总计	55 450 000	

9.2　利润表

利润表，又称损益表，是反映企业在一定会计期间的经营成果的报表。

利润表，可以反映企业在一定会计期间收入、费用、利润（或亏损）的金额和构成情况，为财务报表使用者全面了解企业的经营成果和分析企业的获利能力及盈利增长趋势，以及做出经济决策提供依据。

9.2.1　利润表的结构

利润表的结构有单步式和多步式两种。单步式利润表是将当期所有的收入列在一起，所有的费用列在一起，然后将两者相减得出当期净损益。我国企业的利润表采用多步式结构，即通过对当期的收入、费用、支出项目按性质加以归类，按利润形成的主要环节列示一些中间性利润指标，分步计算当期净损益，以便财务报表使用者理解企业经营成果的不同来源。

利润表一般由表头、表体两部分组成。表头部分应列明报表名称、编制单位名称、编制日期、报表编号和计量单位。表体部分为利润表的主体，列示了形成经营成果的各个项目和计算过程。

为了使财务报表使用者通过比较不同期间利润的实现情况，判断企业经营成果的未来发展趋势，企业需要比较利润表。为此，利润表金额栏分为“本期金额”和“上期金额”两栏。我国一般企业利润表的格式如表 9-3 所示。

表 9-3　利润表

会企 02 表

编制单位：　　　　　　　年　　　月　　　　　　　　单位：元

项目	本期金额	上期金额
一、营业收入		
减：营业成本		
税金及附加		
销售费用		
管理费用		

续表

项目	本期金额	上期金额
研发费用		
财务费用		
其中：利息费用		
利息收入		
加：其他收益		
投资收益（损失以“-”号填列）		
其中：对联营企业和合营企业的投资收益		
以摊余成本计量的金融资产终止确认收益（损失以“-”号填列）		
净敞口套期收益（损失以“-”号填列）		
公允价值变动收益（损失以“-”号填列）		
信用减值损失（损失以“-”号填列）		
资产减值损失（损失以“-”号填列）		
资产处置收益（损失以“-”号填列）		
二、营业利润（亏损以“-”号填列）		
加：营业外收入		
减：营业外支出		
三、利润总额（亏损总额以“-”号填列）		
减：所得税费用		
四、净利润（净亏损以“-”号填列）		
（一）持续经营净利润（净亏损以“-”号填列）		
（二）终止经营净利润（净亏损以“-”号填列）		
五、其他综合收益的税后净额		
（一）不能重分类进损益的其他综合收益		
1. 重新计量设定受益计划变动额		
2. 权益法下不能转损益的其他综合收益		

续表

项目	本期金额	上期金额
3. 其他权益工具投资公允价值变动		
4. 企业自身信用风险公允价值变动		
……		
（二）将重分类进损益的其他综合收益		
1. 权益法下可转损益的其他综合收益		
2. 其他债权投资公允价值变动		
3. 金融资产重分类计入其他综合收益的金额		
4. 其他债权投资信用减值准备		
5. 现金流量套期		
6. 外币财务报表折算差额		
……		
六、综合收益总额		
七、每股收益：		
（一）基本每股收益		
（二）稀释每股收益		

9.2.2　利润表的编制

利润表编制的原理是“收入 - 费用 = 利润”的会计平衡公式和收入与费用的配比原则。企业在生产经营中不断地取得各项收入，同时发生各种费用，收入减去费用剩余的部分为企业的盈利。如果企业经营不善，发生的生产经营费用超过取得的收入，超过部分为企业的亏损。将取得的收入和发生的相关费用进行对比，对比结果表现为企业的经营成果。企业将经营成果的核算过程和结果编成报表，即利润表。

（一）利润表项目的填列方法

我国一般企业利润表的主要编制步骤和内容如下。

第一步，以营业收入为基础，减去营业成本、税金及附加、销售费用、管理费用、研发费用、财务费用，加上其他收益、投资收益（或减去投资损失）、净敞口套期收益（或减去净敞口套期损失）、公允价值变动收益（或减去公允价值变动损失）、资产减值损失、信用减值损失、资产处置收益（或减去资产处置损失），计算出营业利润。

第二步，以营业利润为基础，加上营业外收入，减去营业外支出，计算出利润总额。

第三步，以利润总额为基础，减去所得税费用，计算出净利润（或净亏损）。

第四步，以净利润（或净亏损）为基础，计算出每股收益。

第五步，以净利润（或净亏损）和其他综合收益为基础，计算出综合收益总额。

利润表各项目均需填列“本期金额”和“上期金额”两栏。其中“上期金额”栏内各项数字，应根据上年该期利润表的“本期金额”栏内数字填列。“本期金额”栏内各期数字，除“基本每股收益”和“稀释每股收益”项目外，应当按照相关科目的发生额分析填列。如“营业收入”项目，根据“主营业务收入”“其他业务收入”科目的发生额分析计算填列；“营业成本”项目，根据“主营业务成本”“其他业务成本”科目的发生额分析计算填列。

（二）利润表主要项目的填列说明

（1）“营业收入”项目，反映企业经营主要业务和其他业务所确认的收入总额。本项目应根据“主营业务收入”和“其他业务收入”科目的发生额分析填列。

（2）“营业成本”项目，反映企业经营主要业务和其他业务所发生的成本总额。本项目应根据“主营业务成本”和“其他业务成本”科目的发生额分析填列。

（3）“税金及附加”项目，反映企业经营业务应负担的消费税、城市维护建设税、教育费附加、资源税、土地增值税、房产税、车船税、城镇土地使用税、印花税等相关税费。本项目应根据“税金及附加”科目的发生额分析填列。

（4）“销售费用”项目，反映企业在销售商品过程中发生的包装费、广告费等费用和为销售本企业商品而专设的销售机构的职工薪酬、业务费等经营费用。本项目应根据“销售费用”科目的发生额分析填列。

（5）“管理费用”项目，反映企业为组织和管理生产经营发生的管理费用。本项目应根据“管理费用”科目的发生额分析填列。

（6）“研发费用”项目，反映企业研究与开发过程中发生的费用化支出以及计入管理费用的自行开发无形资产的摊销。本项目应根据“管理费用”科目下的“研发费用”明细科目的发生额，以及“管理费用”科目下“无形资产摊销”

明细科目的发生额分析填列。

（7）“财务费用”项目，反映企业为筹集生产经营所需资金等而发生的费用。本项目应根据“财务费用”科目的相关明细科目发生额分析填列。其中：“利息费用”项目，反映企业为筹集生产经营所需资金等而发生的应予费用化的利息支出，本项目应根据“财务费用”科目的相关明细科目的发生额分析填列。“利息收入”项目，反映企业应冲减财务费用的利息收入，本项目应根据“财务费用”科目的相关明细科目的发生额分析填列。

（8）“其他收益”项目，反映计入其他收益的政府补助，以及其他与日常活动相关且计入其他收益的项目。本项目应根据“其他收益”科目的发生额分析填列。企业作为个人所得税的扣缴义务人，根据《中华人民共和国个人所得税法》收到的扣缴税款手续费，应作为其他与日常活动相关的收益在本项目中填列。

（9）“投资收益”项目，反映企业以各种方式对外投资所取得的收益。本项目应根据“投资收益”科目的发生额分析填列。如为投资损失，本项目以“-”号填列。

（10）“净敞口套期收益”项目，反映净敞口套期下被套期项目累计公允价值变动转入当期损益的金额或现金流量套期储备转入当期损益的金额。本项目应根据“净敞口套期损益”科目的发生额分析填列；如为套期损失，本项目以“-”号填列。

（11）“公允价值变动收益”项目，反映企业应当计入当期损益的资产或负债的公允价值变动收益。本项目应根据“公允价值变动损益”科目的发生额分析填列，如为净损失，本项目以“-”号填列。

（12）“信用减值损失”项目，反映企业按照《企业会计准则第22号——金融工具确认和计量》（2018）的要求计提的各项金融工具信用减值准备所确认的信用损失。本项目应根据“信用减值损失”科目的发生额分析填列。

（13）“资产减值损失”项目，反映企业有关资产发生的减值损失。本项目应根据“资产减值损失”科目的发生额分析填列。

（14）“资产处置收益”项目，反映企业出售划分为持有待售的非流动资产（金融工具、长期股权投资和投资性房地产除外）或处置组（子公司和业务除外）时确认的处置利得或损失，以及处置未划分为持有待售的固定资产、在建工程、生产性生物资产及无形资产而产生的处置利得或损失。债务重组中因处置非流动资产（金融工具、长期股权投资和投资性房地产除外）产生的利得或损失和非货币性资产交换中换出非流动资产（金融工具、长期股权投资和投资性房地产除外）产生的利得或损失也包括在本项目内。本项目应根据“资产处置损益”科目的发生额分析填列；如为处置损失，本科目以“-”号填列。

（15）“营业利润”项目，反映企业实现的营业利润。如为亏损，本科目以“-”号填列。

（16）“营业外收入”项目，反映企业发生的除营业利润以外的收益，主要包括与企业日常活动无关的政府补助、盘盈利得、捐赠利得（企业接受股东或股东的子公司直接或间接的捐赠，经济实质属于股东对企业的资本性投入的除外）等。本项目应根据“营业外收入”科目的发生额分析填列。

（17）“营业外支出”项目，反映企业发生的除营业利润以外的支出，主要包括公益性捐赠支出、非常损失、盘亏损失、非流动资产毁损报废损失等。本项目应根据“营业外支出”科目的发生额分析填列。非流动资产毁损报废损失通常包括因自然灾害发生毁损、已丧失使用功能等而报废清理产生的损失。企业在不同交易中形成的非流动资产毁损报废利得和损失不得相互抵销，应分别在“营业外收入”项目和“营业外支出”项目进行填列。

（18）“利润总额”项目，反映企业实现的利润。如为亏损，本项目以“-”号填列。

（19）“所得税费用”项目，反映企业应从当期利润总额中扣除的所得税费用。本项目应根据“所得税费用”科目的发生额分析填列。

（20）“净利润”项目，反映企业实现的净利润。如为亏损，本项目以“-”号填列。

（21）“其他综合收益的税后净额”项目，反映企业根据企业会计准则规定未在损益中确认的各项利得和损失扣除所得税影响后的净额。

（22）“综合收益总额”项目，反映企业净利润与其他综合收益（税后净额）的合计金额。

（23）“每股收益”项目，包括基本每股收益和稀释每股收益两项指标，反映普通股或潜在普通股已公开交易的企业，以及正处在公开发行普通股或潜在普通股过程中的企业的每股收益信息。

（24）“（一）持续经营净利润”和“（二）终止经营净利润”项目，分别反映净利润中与持续经营相关的净利润和与终止经营相关的净利润；如为净亏损，以“-”号填列。这两个项目应按照《企业会计准则第 42 号——持有待售的非流动资产、处置组和终止经营》的相关规定分别列报。

（25）“其他权益工具投资公允价值变动”项目，反映企业指定为以公允价值计量且其变动计入其他综合收益的非交易性权益工具投资发生的公允价值变动。该项目应根据“其他综合收益”科目的相关明细科目的发生额分析填列。

（26）“企业自身信用风险公允价值变动”项目，反映企业指定为以公允价值计量且其变动计入当期损益的金融负债，由企业自身信用风险变动引起的公允价值变动而计入其他综合收益的金额。该项目应根据“其他综合收益”科目的相关明细科目的发生额分析填列。

（27）“其他债权投资公允价值变动”项目，反映企业分类为以公允价值计量且其变动计入其他综合收益的债权投资发生的公允价值变动。企业将一项以公允价值计量且其变动计入其他综合收益的金融资产重分类为以摊余成本计量的金融资产，或重分类为以公允价值计量且其变动计入当期损益的金融资产时，之前计入其他综合收益的累计利得或损失从其他综合收益中转出的金额作为该项目的减项。该项目应根据“其他综合收益”科目下的相关明细科目的发生额分析填列。

（28）“金融资产重分类计入其他综合收益的金额”项目，反映企业将一项以摊余成本计量的金融资产重分类为以公允价值计量且其变动计入其他综合收益的金融资产时，计入其他综合收益的原账面价值与公允价值之间的差额。该项目应根据“其他综合收益”科目下的相关明细科目的发生额分析填列。

（29）“其他债权投资信用减值准备”项目，反映企业按照《企业会计准则第 22 号——金融工具确认和计量》（财会〔2017〕7 号）第十八条分类为以公允价值计量且其变动计入其他综合收益的金融资产的损失准备。该项目应根据“其他综合收益”科目下的“信用减值准备”明细科目的发生额分析填列。

（30）“现金流量套期储备”项目，反映企业套期工具产生的利得或损失中属于套期有效的部分。该项目应根据“其他综合收益”科目下的“套期储备”明细科目的发生额分析填列。

【例 9-2】企业利润表编制　华珍房地产开发公司为一家房地产企业，其经营范围包括房屋销售、自持物业的出租等，其2×19年度经营情况如下。

（1）“主营业务收入”科目发生额明细如下所示：房屋销售收入合计8 000万元，出租房屋收入合计1 400万元。“其他业务收入”科目发生额合计600万元。

（2）“主营业务成本”科目发生额合计7 500万元，“其他业务成本”科目发生额合计500万元。

（3）“税金及附加”科目的发生额明细如下：城市维护建设税合计50万元，教育费附加合计30万元，房产税合计400万元，城镇土地使用税合计20万元。

（4）“管理费用”科目发生额合计数为600万元。

（5）“财务费用”科目的发生额明细如下所示：银行长期借款利息费用合计400万元，银行短期借款利息费用90万元，银行存款利息收入合计8万元，银行手续费支出合计18万元。

（6）“投资收益”科目的发生额明细如下所示：按权益法核算的长期股权投资收益合计290万元，按成本法核算的长期股权投资收益合计200万元，处置长期股权投资发生的投资损失合计500万元。

（7）“资产减值损失”科目的发生额明细如下所示：存货减值损失合计85万元，固定资产减值损失合计189万元，无形资产减值损失合计26万元。

（8）“营业外收入”科目的发生额明细如下所示：接受无偿捐赠利得68万元，现金盘盈利得合计2万元。

（9）“营业外支出”科目的发生额明细如下所示：固定资产盘亏损失14万元，罚没支出合计10万元，捐赠支出合计4万元，其他支出2万元。

（10）华珍房地产开发公司2×19年度“所得税费用”科目的发生额合计36万元。

本例中，2×19年12月31日，华珍房地产开发公司经营情况应填列如下。

（1）“营业收入”项目“本期金额”栏的列报金额=8 000+1 400+600=10 000（万元）。

（2）“营业成本”项目“本期金额”栏的列报金额=7 500+500=8 000（万元）。

（3）“税金及附加”项目“本期金额”栏的列报金额=50+30+400+20=500（万元）。

（4）“管理费用”项目“本期金额”栏的列报金额为600万元。

（5）“财务费用”项目“本期金额”栏的列报金额=400+90−8+18=500（万元）。

（6）“投资收益”项目“本期金额”栏的列报金额 =290+200−500=−10（万元）。

（7）“资产减值损失”项目“本期金额”栏的列报金额 =85+189+26=300（万元）。

（8）“营业外收入”项目“本期金额”栏的列报金额 =68+2=70（万元）。

（9）“营业外支出”项目“本期金额”栏的列报金额 =14+10+4+2=30（万元）。

（10）“所得税费用”项目“本期金额”栏的列报金额为 36 万元。

据此，华珍房地产开发公司编制的 2×19 年度利润表如表 9-4 所示。

表 9-4　利润表

会企 02 表

编制单位：华珍房地产开发公司　　　　2×19 年 12 月　　　　单位：元

项目	本期金额	上期金额
一、营业收入	100 000 000	
减：营业成本	80 000 000	
税金及附加	5 000 000	
销售费用		
管理费用	6 000 000	
研发费用		
财务费用	5 000 000	
其中：利息费用	5 080 000	
利息收入	80 000	
加：其他收益		
投资收益（损失以“−”号填列）	−100 000	
其中：对联营企业和合营企业的投资收益	2 900 000	
以摊余成本计量的金融资产终止确认收益（损失以“−”号填列）		
净敞口套期收益（损失以“−”号填列）		
公允价值变动收益（损失以“−”号填列）		
信用减值损失（损失以“−”号填列）		

续表

项目	本期金额	上期金额
资产减值损失（损失以“–”号填列）	–3 000 000	
资产处置收益（损失以“–”号填列）		
二、营业利润（亏损以“–”号填列）	900 000	
加：营业外收入	700 000	
减：营业外支出	300 000	
三、利润总额（亏损总额以“–”号填列）	1 300 000	
减：所得税费用	360 000	
四、净利润（净亏损以“–”号填列）	940 000	
（一）持续经营净利润（净亏损以“–”号填列）	940 000	
（二）终止经营净利润（净亏损以“–”号填列）		
五、其他综合收益的税后净额		
（一）不能重分类进损益的其他综合收益		
1．重新计量设定受益计划变动额		
2．权益法下不能转损益的其他综合收益		
3．其他权益工具投资公允价值变动		
4．企业自身信用风险公允价值变动		
……		
（二）将重分类进损益的其他综合收益		
1．权益法下可转损益的其他综合收益		
2．其他债权投资公允价值变动		
3．金融资产重分类计入其他综合收益的金额		
4．其他债权投资信用减值准备		
5．现金流量套期		
6．外币财务报表折算差额		
……		
六、综合收益总额	940 000	

续表

项目	本期金额	上期金额
七、每股收益：		
（一）基本每股收益		
（二）稀释每股收益		

9.3　现金流量表

现金流量表是反映企业在一定会计期间现金和现金等价物流入和流出的报表。

现金流量表，可以为报表使用者提供企业一定会计期间内现金和现金等价物流入和流出的信息，便于报表使用者了解和评价企业获取现金和现金等价物的能力，据以预测企业未来现金流量。

9.3.1　现金流量表的结构

我国企业现金流量表采用报告式结构，将现金流按企业业务活动的性质和现金流量的来源分为经营活动产生的现金流量、投资活动产生的现金流量和筹资活动产生的现金流量，分别进行反映，最后汇总反映企业某一期间现金及现金等价物的净增加额。我国企业现金流量表的格式如表 9-5 所示。

现金流量表涉及现金流量、现金、现金等价物的概念：现金流量是指一定会计期间内企业现金和现金等价物的流入和流出，包括企业从银行提取现金、用现金购买短期到期的国库券等，但是现金和现金等价物之间的转换不属于现金流量；会计上对现金有狭义和广义之分。狭义的现金仅仅指库存现金，广义的现金是指企业库存现金以及可以随时用于支付的存款，包括库存现金、银行存款和其他货币资金（如外埠存款、银行汇票存款、银行本票存款等）等，但是不能随时用于支付的存款不属于现金；现金等价物是指企业持有的期限短、流动性强、易于转换为已知金额现金、价值变动风险很小的投资，其中，期限短，一般是指从购买日起三个月内到期，通常包括三个月内到期的债券投资等。需要注意的是，权益性投资变现的金额通常不确定，因而不属于现金等价物。企业应当根据具体情况，确定现金等价物的范围，一经确定不得随意变更。

经营活动产生的现金流量，是指来源企业经营活动的现金流量。经营活动产生的现金流量包括企业投资活动和筹资活动以外的所有交易和事项产生的现金流，具体是销售商品或提供劳务、购买商品、接受劳务、支付工资和缴纳税款等流入和流出的现金和现金等价物。

投资活动产生的现金流量，是指来源于企业投资活动的现金流量。投资活动产生的现金流量包括企业长期资产的购建和不包括在现金等价物范围内的投资及其处置活动产生的现金流，具体是购建固定资产、处置子公司及其他营业单位等流入和流出的现金和现金等价物。

筹资活动产生的现金流量，是指来源于企业筹资活动的现金流量。筹资活动产生的现金流量包括导致企业资本及债务规模和构成发生变化的活动产生的现金流，具体是吸收投资、发行股票、分配利润、发行债券、偿还债务等流入和流出的现金和现金等价物。偿付应付账款、应付票据等商业应付款等属于经营活动，不属于筹资活动。

表 9–5　现金流量表

会企 03 表

编制单位：　　　　　　　　　年　　月　　　　　　　　　单位：元

项目	本期金额	上期金额
一、经营活动产生的现金流量：		
销售商品、提供劳务收到的现金		
收到的税费返还		
收到其他与经营活动有关的现金		
经营活动现金流入小计		
购买商品、接受劳务支付的现金		
支付给职工以及为职工支付的现金		

续表

项目	本期金额	上期金额
支付的各项税费		
支付其他与经营活动有关的现金		
经营活动现金流出小计		
经营活动产生的现金流量净额		
二、投资活动产生的现金流量：		
收回投资收到的现金		
取得投资收益收到的现金		
处置固定资产、无形资产和其他长期资产收回的现金净额		
处置子公司及其他营业单位收到的现金净额		
收到其他与投资活动有关的现金		
投资活动现金流入小计		
购建固定资产、无形资产和其他长期资产支付的现金		
投资支付的现金		
取得子公司及其他营业单位支付的现金净额		
支付其他与投资活动有关的现金		
投资活动现金流出小计		
投资活动产生的现金流量净额		
三、筹资活动产生的现金流量：		
吸收投资收到的现金		
取得借款收到的现金		
收到其他与筹资活动有关的现金		
筹资活动现金流入小计		
偿还债务支付的现金		
分配股利、利润或偿付利息支付的现金		
支付其他与筹资活动有关的现金		

续表

项目	本期金额	上期金额
筹资活动现金流出小计		
筹资活动产生的现金流量净额		
四、汇率变动对现金及现金等价物的影响		
五、现金及现金等价物净增加额		
加：期初现金及现金等价物余额		
六、期末现金及现金等价物余额		

9.3.2 现金流量表的编制

（一）现金流量表项目的填列方法

企业应当采用直接法列示经营活动产生的现金流量，并通过现金收入和现金支出的主要类别列示经营活动的现金流量。采用直接法编制经营活动的现金流量时，一般以利润表中的营业收入为起算点，调整与经营活动有关的项目的增减变动，然后计算出经营活动的现金流量。采用直接法具体编制现金流量表时，可以采用工作底稿法或 T 型账户法，也可以采用分析填列法进行填列。

1. 工作底稿法

工作底稿法是以工作底稿为手段，以资产负债表和利润表数据为基础，对每一项目进行分析并编制调整分录，从而编制现金流量表的一种方法。

2. T 型账户法

T 型账户法是以 T 型账户为手段，以资产负债表和利润表数据为基础，对每一项目进行分析并编制调整分录，从而编制现金流量表的一种方法。

3. 分析填列法

分析填列法是直接根据资产负债表、利润表和有关会计科目明细账的记录，分析计算出现金流量表各项目的金额，并据以编制现金流量表的一种方法。

（二）现金流量表项目的填列说明

1. 经营活动产生的现金流量项目的填列说明

（1）“销售商品、提供劳务收到的现金”项目反映企业本年销售商品、提供劳务收到的现金，以及以前年度销售商品、提供劳务本年收到的现金（包括应向购买者收取的增值税销项税额）和本年预收的款项，减去本年销售本年退回商品和以前年度销售本年退回商品支付的现金。企业销售材料和代购代销业务收到的现金，也在本项目反映。

（2）“收到的税费返还”项目反映企业收到返还的所得税、增值税、消费税、关税和教育费附加等各种税费返还款。

（3）“收到其他与经营活动有关的现金”项目反映企业经营租赁收到的租金等其他与经营活动有关的现金流入，金额较大的应当单独列示。企业实际收到的政府补助，无论是与资产相关还是与收益相关，均在“收到其他与经营活动有关的现金”项目填列。

（4）“购买商品、接受劳务支付的现金”项目反映企业本年购买商品、接受劳务实际支付的现金（包括增值税进项税额），以及本年支付以前年度购买商品、接受劳务的未付款项和本年预付款项，减去本年发生的购货退回收到的现金。企业购买材料和代购代销业务支付的现金，也在本项目反映。

（5）“支付给职工以及为职工支付的现金”项目反映企业本年实际支付给职工的工资、资金、各种津贴和补贴等职工薪酬（包括代扣代缴的职工个人所得税）。

（6）“支付的各项税费”项目反映企业本年发生并支付、以前各年发生本年支付以及预缴的各项税费，包括所得税、增值税、消费税、印花税、房产税、土地增值税、车船使用税、教育费附加等。

（7）“支付其他与经营活动有关的现金”项目反映企业经营租赁支付的租金、支付的差旅费、业务招待费、保险费、罚款支出等其他与经营活动有关的现金流出，金额较大的应当单独列示。

2. 投资活动产生的现金流量的项目说明

（1）“收回投资收到的现金”项目反映企业出售、转让或到期收回除现金等价物以外的对其他企业长期股权投资而收到的现金，但处置子公司及其他营业单位收到的现金净额除外。

（2）“取得投资收益收到的现金”项目反映企业除现金等价物以外的对其他企业的长期股权投资等分回的现金股利和利息等。

（3）“处置固定资产、无形资产和其他长期资产收回的现金净额”项目反映企业出售、报废固定资产、无形资产和其他长期资产所取得的现金（包括因资产毁损而收到的保险赔偿收入），减去为处置这些资产而支付的有关费用后的净额。

（4）“处置子公司及其他营业单位收到的现金净额”项目反映企业处置子公司及其他营业单位取得的现金，减去相关处置费用以及子公司及其他营业单位持有的现金和现金等价物后的净额。

（5）“购建固定资产、无形资产和其他长期资产支付的现金”项目反映企业购买、建造、取得固定资产、无形资产和其他长期资产所支付的现金（含增值税款等），以及用现金支付的应由在建工程和无形资产负担的职工薪酬。

（6）“投资支付的现金”项目反映企业取得除现金等价物以外的对其他企业的长期股权投资所支付的现金以及支付的佣金、手续费等附加费用，但取得子公司及其他营业单位支付的现金净额除外。

（7）“取得子公司及其他营业单位支付的现金净额”项目反映企业购买子公司及其他营业单位购买出价中以现金支付的部分，减去子公司及其他营业单位持有的现金和现金等价物后的净额。

（8）“收到其他与投资活动有关的现金”与“支付其他与投资活动有关的现金”项目反映企业除上述（1）至（7）项目外收到或支付的其他与投资活动有关的现金，金额较大的应当单独列示。

3. 筹资活动产生的现金流量的项目说明

（1）“吸收投资收到的现金”项目反映企业以发行股票、债券等方式筹集资金实际收到的款项，减去直接支付的佣金、手续费、宣传费、咨询费、印刷费等发行费用后的净额。

（2）“取得借款收到的现金”项目反映企业举借各种短期、长期借款而收到的现金。

（3）“偿还债务支付的现金”项目反映企业为偿还债务本金而支付的现金。

（4）“分配股利、利润或偿付利息支付的现金”项目反映企业实际支付的现金股利、支付给其他投资单位的利润或用现金支付的借款利息、债券利息。

（5）“收到其他与筹资活动有关的现金”“支付其他与筹资活动有关的现金”

项目反映企业除上述（1）至（4）项目外收到或支付的其他与筹资活动有关的现金，金额较大的应当单独列示。

4. 汇率变动对现金及现金等价物的影响项目说明

（1）企业外币现金流量折算为记账本位币时，采用现金流量发生日的即期汇率近似的汇率折算的金额（编制合并现金流量表时折算境外子公司的现金流量，应当比照处理）。

（2）企业外币现金及现金等价物净增加额按年末汇率折算的金额填列。

【例 9–3】 企业利润表编制　天业房地产公司相关资料如下。

（1）2×19 年度天业房地产公司利润表有关项目的资料如下，利润表如表 9–6 所示。

表 9–6　利润表

会企 02 表

编制单位：天业房地产公司　　　　2×19 年　　　　单位：元

项目	本期金额	上期金额
一、营业收入	2 470 000	
减：营业成本	732 000	
税金及附加	20 000	
销售费用	180 000	
管理费用	153 100	
研发费用		
财务费用	40 500	
其中：利息费用		
利息收入		
加：其他收益		
投资收益（损失以“–”号填列）	95 000	
其中：对联营企业和合营企业的投资收益	0	
以摊余成本计量的金融资产终止确认收益（损失以“–”号填列）		

续表

项目	本期金额	上期金额
净敞口套期收益（损失以“–”号填列）		
公允价值变动收益（损失以“–”号填列）	0	
信用减值损失（损失以“–”号填列）		
资产减值损失（损失以“–”号填列）	–30 800	800
资产处置收益（损失以“–”号填列）		
二、营业利润（亏损以“–”号填列）	1 408 600	
加：营业外收入	150 000	
减：营业外支出	18 500	
三、利润总额（亏损总额以“–”号填列）	1 540 100	
减：所得税费用	205 000	
四、净利润（净亏损以“–”号填列）	133 510	
（一）持续经营净利润（净损失以“–”号填列）		
（二）终止经营净利润（净损失以“–”号填列）		
五、其他综合收益的税后净额		
（一）不能重分类进损益的其他综合收益		
1. 重新计量设定受益计划变动额		
2. 权益法下不能转损益的其他综合收益		
3. 其他权益工具投资公允价值变动		
4. 企业自身信用风险公允价值变动		
……		
（二）将重分类进损益的其他综合收益		
1. 权益法下可转损益的其他综合收益		
2. 其他债券投资公允价值变动		
3. 金融资产重分类计入其他综合收益的金额		
4. 其他债权投资信用减值准备		
5. 现金流量套期		

续表

项目	本期金额	上期金额
6. 外币财务报表折算差额		
……		
六、综合收益总额		
七、每股收益：		
（一）基本每股收益		
（二）稀释每股收益		

①管理费用的组成：职工薪酬80 000元，无形资产摊销30 000元，折旧费20 000元，支付其他费用23 100元。

②财务费用的组成：计提借款利息10 500元，支付应收票据（银行承兑汇票）贴现利息30 000元。

③资产减值损失的组成：计提坏账准备800元，计提固定资产减值准备30 000元。上年年末坏账准备余额为800元。

④投资收益的组成：收到股息收入90 500元，与本金一起收回的交易性股票投资收益500元，自公允价值变动损益结转投资收益4 000元。

⑤营业外收入的组成：处置固定资产净收益150 000元（被处置固定资产原价为400 000元，累计折旧为250 000元。收到处置收入300 000元）。假定不考虑与固定资产处置有关的税费。

⑥营业外支出的组成：报废固定资产净损失18 500元（被报废固定资产原价为200 000元，累计折旧为180 000元，支付清理费用300元，收到残值收入1 800元）。

⑦所得税费用的组成：当期所得税费用212 500元，递延所得税收益7 500元。

除上述项目外，利润表中的销售费用180 000元至期末已经支付。

（2）2×19年度天业房地产公司资产负债表有关项目的资料如下，资产负债表如表9-7所示。

表 9-7　资产负债表

会企 01 表

编制单位：天业房地产公司　　　　2×19 年 12 月 31 日　　　　单位：元

资产	期末余额	上年年末余额	负债和所有者权益（或股东权益）	期末余额	上年年末余额
流动资产：			流动负债：		
货币资金	712 200	1 406 300	短期借款	50 000	300 000
交易性金融资产	0	15 000	交易性金融负债	0	0
衍生金融资产	0	0	衍生金融负债	0	0
应收票据	46 000	246 000	应付票据	100 000	200 000
应收账款	598 500	299 100	应付账款	603 800	953 800
应收款项融资	0	0	预收款项	350 000	500 000
预付款项	100 000	100 000	合同负债	0	0
其他应收款	5 000	5 000	应付职工薪酬	180 000	110 000
存货	2 574 700	2 580 000	应交税费	100 000	36 600
合同资产	0	0	其他应付款	150 000	50 000
持有待售资产	0	0	持有待售负债	0	0
一年内到期的非流动资产	0	0	一年内到期的非流动负债	0	501 000
其他流动资产	7 125	100 000	其他流动负债	0	0
流动资产合计	4 043 525	4 751 400	流动负债合计	1 533 800	2 651 400
非流动资产：			非流动负债：		
债权投资	0	0	长期借款	1 160 000	600 000
其他债权投资	0	0	应付债券	0	0
长期应收款	0	0	其中：优先股	0	0
长期股权投资	250 000	250 000	永续债	0	0
其他权益工具投资	0	0	租赁负债	0	0

续表

资产	期末余额	上年年末余额	负债和所有者权益（或股东权益）	期末余额	上年年末余额
其他非流动金融资产	0	0	长期应付款	0	0
投资性房地产	0	0	预计负债	0	0
固定资产	2 231 000	1 100 000	递延收益	0	0
在建工程	703 933.2	1 500 000	递延所得税负债	0	0
生产性生物资产	0	0	其他非流动负债	0	0
油气资产	0	0	非流动负债合计	1 160 000	600 000
使用权资产	0	0	负债合计	2 693 800	3 251 400
无形资产	570 000	600 000	所有者权益（或股东权益）：		
开发支出	0	0	实收资本（或股本）	5 000 000	5 000 000
商誉	0	0	其他权益工具	0	0
长期待摊费用	0	0	其中：优先股	0	0
递延所得税资产	7 500	0	永续债	0	0
其他非流动资产	162 500	200 000	资本公积	0	0
非流动资产合计	3 924 933.2	3 650 000	减：库存股	0	0
			其他综合收益	0	0
			专项储备	0	0
			盈余公积	166 621.1	100 000
			未分配利润	108 037.15	50 000
			所有者权益（或股东权益）合计	5 274 658.2	5 150 000
资产总计	7 968 458.2	8 401 400	负债和股东权益（或股东权益）总计	7 968 458.2	8 401 400

①本期收回交易性股票投资本金 15 000 元、公允价值变动 4 000 元，同时实现投资收益 500 元。

②存货中生产成本、制造费用的组成：职工薪酬353 800元，折旧费90 000元。

③应交税费的组成：本期增值税进项税额165 512元，增值税销项税额207 536元，已缴增值税10 000元；应交所得税期末余额为21 376元，应交所得税期初余额为0；应交税费期末数中应由在建工程负担的部分为100 000元。

④应付职工薪酬的期初数无应付在建工程人员的部分，本期支付在建工程人员职工薪酬200 000元。应付职工薪酬的期末数中应付在建工程人员的部分为25 000元。

⑤应付利息均为短期借款利息，其中本期计提利息10 500元，支付利息10 500元。

⑥本期用现金购买固定资产1 200 000元、工程物资100 000元。

⑦本期用现金偿还短期借款250 000元，偿还一年内到期的长期借款501 000元；借入长期借款560 000元。

（3）根据以上资料，采用分析填列法，编制天业房地产公司2×19年度的现金流量表。

天业房地产公司2×19年度现金流量表各项目金额，分析确定如下。

①销售商品、提供劳务收到的现金＝主营业务收入＋应交税费（应交增值税——销项税额）＋（应收账款年初余额－应收账款期末余额）＋（应收票据年初余额－应收票据期末余额）－当期计提的坏账准备－票据贴现的利息＋（预收账款期末余额－预收账款年初余额）=2 470 000+207 536+（299 100-598 500）+（246 000-46 000）-800-30 000+（350 000-500 000）=2 397 336（元）。

②购买商品、接受劳务支付的现金＝主营业务成本＋应交税费（应交增值税——进项税额）－（存货年初余额－存货期末余额）＋（应付账款年初余额－应付账款期末余额）＋（应付票据年初余额－应付票据期末余额）＋（预付账款期末余额－预付账款年初余额）－当期列入生产成本、制造费用的职工薪酬－当期列入生产成本、制造费用的折旧费和固定资产修理费=732 000+165 512 －（2 580 000-2 574 700）＋（953 800-603 800）+(200 000-100 000)+(100 000-100 000)-353 800-90 000=898 412(元)。

③支付给职工以及为职工支付的现金＝生产成本、制造费用、管理费用中职工薪酬＋（应付职工薪酬年初余额－应付职工薪酬期末余额）－[应付职工薪酬（在建工程）年初余额－应付职工薪酬（在建工程）期末余额]=353 800+80 000+（110 000-180 000）－（0-25 000）=388 800（元）。

④支付的各项税费＝当期所得税费用＋税金及附加＋应交税费（应交增值税——已交税金）－（应交所得税期末余额－应交所得税期初余额）=212 500 +

20 000+100 000-（21 376-0）=311 124（元）。

⑤支付其他与经营活动有关的现金＝其他管理费用＋销售费用 =23 100+180 000=203 100（元）。

⑥收回投资收到的现金＝交易性金融资产贷方发生额＋与交易性金融资产一起收回的投资收益＝（15 000+4 000）+500=19 500（元）。

⑦取得投资收益所收到的现金＝收到的股息收入 =90 500（元）。

⑧处置固定资产收回的现金净额 =300 000+（1 800-300）=301 500（元）。

⑨购建固定资产支付的现金＝用现金购买的固定资产、工程物资＋支付给在建工程人员的薪酬 =1 200 000+100 000+200 000=1 500 000（元）。

⑩取得借款所收到的现金 =560 000（元）。

⑪偿还债务支付的现金 =250 000+501 000=751 000（元）。

⑫偿还利息支付的现金 =10 500（元）。

根据上述数据，编制现金流量表（见表 9-8）。

表 9-8 现金流量表

会企 03 表

编制单位：天业房地产开发公司 2×19 年 单位：元

项目	本期金额	上期金额
一、经营活动产生的现金流量：		
销售商品、提供劳务收到的现金	2 397 336	
收到的税费返还	0	
收到其他与经营活动有关的现金	0	
经营活动现金流入小计	2 397 336	
购买商品、接受劳务支付的现金	898 412	
支付给职工以及为职工支付的现金	388 800	
支付的各项税费	311 124	
支付其他与经营活动有关的现金	203 100	
经营活动现金流出小计	1 801 436	
经营活动产生的现金流量净额	595 900	
二、投资活动产生的现金流量：		

续表

项目	本期金额	上期金额
收回投资收到的现金	19 500	
取得投资收益收到的现金	90 500	
处置固定资产、无形资产和其他长期资产收回的现金净额	301 500	
处置子公司及其他营业单位收到的现金净额	0	
收到其他与投资活动有关的现金	0	
投资活动现金流入小计	411 500	
购建固定资产、无形资产和其他长期资产支付的现金	1 500 000	
投资支付的现金	0	
取得子公司及其他营业单位支付的现金净额	0	
支付其他与投资活动有关的现金	0	
投资活动现金流出小计	1 500 000	
投资活动产生的现金流量净额	–1 088 500	
三、筹资活动产生的现金流量：		
吸收投资收到的现金	0	
取得借款收到的现金	560 000	
收到其他与筹资活动有关的现金	0	
筹资活动现金流入小计	560 000	
偿还债务支付的现金	751 000	
分配股利、利润或偿付利息支付的现金	10 500	
支付其他与筹资活动有关的现金	0	
筹资活动现金流出小计	761 500	
筹资活动产生的现金流量净额	–201 500	
四、汇率变动对现金及现金等价物的影响	0	
五、现金及现金等价物净增加额	–694 100	
加：期初现金及现金等价物余额	1 406 300	
六、期末现金及现金等价物余额	712 200	

9.4　所有者权益变动表

所有者权益变动表是指反映构成所有者权益各组成部分当期增减变动情况的报表。

所有者权益变动表，既可以为财务报表使用者提供所有者权益总量增减变动的信息，也能为其提供所有者权益增减变动的结构性信息，特别是能够让财务报表使用者理解所有者权益增减变动的根源。

9.4.1　所有者权益变动表的结构

在所有者权益变动表上，企业至少应当单独列示反映下列信息的项目。

（1）综合收益总额。

（2）会计政策变更和差错更正的累积影响金额。

（3）所有者投入资本和向所有者分配利润等。

（4）提取的盈余公积。

（5）实收资本、其他权益工具、资本公积、其他综合收益、专项储备、盈余公积、未分配利润的期初和期末余额及其调节情况。

所有者权益变动表以矩阵的形式列示：一方面，列示导致所有者权益变动的交易或事项，即所有者权益变动的来源，对一定时期所有者权益的变动情况进行全面反映；另一方面，按照所有者权益各组成部分（即实收资本、其他权益工具、资本公积、库存股、其他综合收益、盈余公积、未分配利润）列示交易或事项对所有者权益各部分的影响。

我国一般企业所有者权益变动表的格式如表 9-9 所示。

会企 04 表

表 9–9　所有者权益变动表

编制单位：美禾房地产开发公司　　　　2×19 年度　　　　单位：元

项目	本年金额											上年金额										
	实收资本（或股本）	其他权益工具			资本公积	减：库存股	其他综合收益	专项储备	盈余公积	未分配利润	所有者权益合计	实收资本（或股本）	其他权益工具			资本公积	减：库存股	其他综合收益	专项储备	盈余公积	未分配利润	所有者权益合计
		优先股	永续债	其他									优先股	永续债	其他							
一、上年年末余额																						
加：会计政策变更																						
前期差错更正																						
其他																						
二、本年年初余额																						
三、本年增减变动金额（减少以“–”号填列）																						
（一）综合收益总额																						
（二）所有者投入和减少资本																						

续表

项目	本年金额												上年金额											
	实收资本（或股本）	其他权益工具			资本公积	减：库存股	其他综合收益	专项储备	盈余公积	未分配利润	所有者权益合计		实收资本（或股本）	其他权益工具			资本公积	减：库存股	其他综合收益	专项储备	盈余公积	未分配利润	所有者权益合计
		优先股	永续债	其他										优先股	永续债	其他							
1. 所有者投入的普通股																							
2. 其他权益工具持有者投入资本																							
3. 股份支付计入所有者权益的金额																							
4. 其他																							
（三）利润分配																							
1. 提取盈余公积																							
2. 对所有者（或股东）的分配																							
3. 其他																							
（四）所有者权益内部结转																							

续表

项目	本年金额											上年金额										
	实收资本（或股本）	其他权益工具			资本公积	减：库存股	其他综合收益	专项储备	盈余公积	未分配利润	所有者权益合计	实收资本（或股本）	其他权益工具			资本公积	减：库存股	其他综合收益	专项储备	盈余公积	未分配利润	所有者权益合计
		优先股	永续债	其他									优先股	永续债	其他							
1．资本公积转增资本（或股本）																						
2．盈余公积转增资本（或股本）																						
3．盈余公积弥补亏损																						
4．设定受益计划变动额结转留存收益																						
5．其他综合收益结转留存收益																						
6．其他																						
四、本年年末余额																						

9.4.2 所有者权益变动表的编制

（一）所有者权益变动表项目的填列方法

所有者权益变动表各项目均需填列“本年金额”和“上年金额”两栏。

所有者权益变动表“上年金额”栏内各项数字，应根据上年度所有者权益变动表“本年金额”栏内所列数字填列。上年度所有者权益变动表规定的各个项目的名称和内容同本年度不一致的，应对上年度所有者权益变动表各项目的名称和数字按照本年度的规定进行调整，填入所有者权益变动表的“上年金额”栏。

所有者权益变动表“本年金额”栏内各项数字一般应根据“实收资本（或股本）”“其他权益工具”“资本公积”“库存股”“其他综合收益”“专项储备”“盈余公积”“利润分配”“以前年度损益调整”科目的发生额分析填列。

企业的净利润及其分配情况作为所有者权益变动的组成部分，不需要单独编制利润分配表列示。

（二）所有者权益变动表的主要项目说明

（1）“上年年末余额”项目，反映企业上年资产负债表中实收资本（或股本）、其他权益工具、资本公积、库存股、其他综合收益、专项储备、盈余公积、未分配利润的年末余额。

（2）“会计政策变更”“前期差错更正”项目，分别反映企业采用追溯调整法处理的会计政策变更的累积影响金额和采用追溯重述法处理的会计差错更正的累积影响金额。

（3）“本年增减变动金额”项目。

①“综合收益总额”项目，反映净利润和其他综合收益扣除所得税影响后的净额相加后的合计金额。

②“所有者投入和减少资本”项目，反映企业当年所有者投入的资本和减少的资本。

a.“所有者投入的普通股”项目，反映企业接受投资者投入形成的实收资本（或股本）和资本溢价或股本溢价。

b.“其他权益工具持有者投入资本”项目，反映企业发行的除普通股以外分类为权益工具的金融工具的持有者投入资本的金额。

c.“股份支付计入所有者权益的金额”项目，反映企业处于等待期中的权益结算的股份支付当年计入资本公积的金额。

③“利润分配”项目，反映企业当年的利润分配金额。

a.“提取盈余公积”项目，反映企业按照规定提取的盈余公积。

b.“对所有者（或股东）的分配”项目，反映对所有者（或股东）分配的利润（或股利）金额。

④“所有者权益内部结转”项目，反映企业构成所有者权益的组成部分之间当年的增减变动情况。

a.“资本公积转增资本（或股本）”项目，反映企业当年以资本公积转增资本或股本的金额。

b.“盈余公积转增资本（或股本）”项目，反映企业当年以盈余公积转增资本或股本的金额。

c.“盈余公积弥补亏损”项目，反映企业当年以盈余公积弥补亏损的金额。

d.“设定受益计划变动额结转留存收益”项目，反映企业因重新计量设定受益计划净负债或净资产所产生的变动计入其他综合收益，结转至留存收益的金额。

e.“其他综合收益结转留存收益”项目，主要反映：第一，企业指定为以公允价值计量且其变动计入其他综合收益的非交易性权益工具投资终止确认时，之前计入其他综合收益的累计利得或损失从其他综合收益中转入留存收益的金额；第二，企业指定为以公允价值计量且其变动计入当期损益的金融负债终止确认时，之前由企业自身信用风险变动引起而计入其他综合收益的累计利得或损失从其他综合收益中转入留存收益的金额等。

【例 9-4】企业所有者权益表编制　美禾房地产开发公司 2×18 年 12 月 31 日所有者权益各项目余额如下：股本 5 000 000 元，盈余公积 100 000 元，未分配利润 50 000 元。2×19 年，美禾房地产开发公司获得综合收益总额为 280 000 元（其中，净利润 200 000 元），提取盈余公积 20 000 元，分配现金股利 100 000 元，美禾房地产开发公司 2×19 年度所有者权益变动表如表 9-10 所示。

表 9–10　所有者权益变动表

会企 04 表

编制单位：美禾房地产开发公司　　　　2×19 年度　　　　单位：元

项目	本年金额											上年金额										
	实收资本（或股本）	其他权益工具			资本公积	减：库存股	其他综合收益	专项储备	盈余公积	未分配利润	所有者权益合计	实收资本（或股本）	其他权益工具			资本公积	减：库存股	其他综合收益	专项储备	盈余公积	未分配利润	所有者权益合计
		优先股	永续债	其他									优先股	永续债	其他							
一、上年年末余额	5 000 000								100 000	50 000	5 150 000											
加：会计政策变更																						
前期差错更正																						
其他																						
二、本年年初余额	5 000 000								100 000	50 000	5 150 000											
三、本年增减变动金额（减少以“–”号填列）																						
（一）综合收益总额							80 000			200 000	280 000											
（二）所有者投入和减少资本																						

续表

项目	本年金额											上年金额										
	实收资本（或股本）	其他权益工具			资本公积	减：库存股	其他综合收益	专项储备	盈余公积	未分配利润	所有者权益合计	实收资本（或股本）	其他权益工具			资本公积	减：库存股	其他综合收益	专项储备	盈余公积	未分配利润	所有者权益合计
		优先股	永续债	其他									优先股	永续债	其他							
1．所有者投入的普通股																						
2．其他权益工具持有者投入资本																						
3．股份支付计入所有者权益的金额																						
4．其他																						
（三）利润分配																						
1．提取盈余公积									20 000	20 000	0											
2．对所有者（或股东）的分配										-1 00 000	-100 000											
3．其他																						
（四）所有者权益内部结转																						

续表

项目	本年金额											上年金额										
	实收资本（或股本）	其他权益工具			资本公积	减：库存股	其他综合收益	专项储备	盈余公积	未分配利润	所有者权益合计	实收资本（或股本）	其他权益工具			资本公积	减：库存股	其他综合收益	专项储备	盈余公积	未分配利润	所有者权益合计
		优先股	永续债	其他									优先股	永续债	其他							
1. 资本公积转增资本（或股本）																						
2. 盈余公积转增资本（或股本）																						
3. 盈余公积弥补亏损																						
4. 设定受益计划变动额结转留存收益																						
5. 其他综合收益结转留存收益																						
6. 其他																						
四、本年年末余额	5 000 000						80 000		120 000	130 000	5 330 000	5 000 000								100 000	50 000	5 150 000

9.5 附注

附注是对资产负债表、利润表、现金流量表和所有者权益变动表等报表中列示项目的文字描述或明细资料，以及对未能在这些报表中列示项目的说明等。

附注主要有两方面的作用。第一，附注的披露，是对资产负债表、利润表、现金流量表和所有者权益变动表列示项目含义的补充说明，以帮助财务报表使用者更准确地把握其含义。例如，通过阅读附注中披露的固定资产折旧政策的说明，财务报表使用者可以掌握报告企业与其他企业在固定资产折旧政策上的异同，以便进行更准确的比较。第二，附注提供了对资产负债表、利润表、现金流量表和所有者权益变动表中未列示项目的详细或明细说明。例如，通过阅读附注中披露的存货增减变动情况，财务报表使用者可以了解资产负债表中未单列的存货分类信息。

通过附注与资产负债表、利润表、现金流量表和所有者权益变动表列示项目的相互参照关系，以及对未能在财务报表中列示项目的说明，财务报表使用者可以全面了解企业的财务状况、经营成果、现金流量以及所有者权益的情况。

9.5.1 附注的主要内容

附注是财务报表的重要组成部分。根据企业会计准则的规定，企业应当按照如下顺序披露附注的内容：

（一）企业的基本情况

（1）企业注册地、组织形式和总部地址。

（2）企业的业务性质和主要经营活动。

（3）母公司以及集团最终母公司的名称。

（4）财务报告的批准报出者和财务报告的批准报出日。

（5）营业期限有限的企业，还应当披露有关营业期限的信息。

（二）财务报表的编制基础

财务报表的编制基础是指财务报表是在持续经营基础上还是非持续经营基础上编制的。企业一般是在持续经营基础上编制财务报表，清算、破产属于非持续经营基础。

（三）遵循企业会计准则的声明

企业应当声明编制的财务报表符合企业会计准则的要求，真实、完整地反映了企业的财务状况、经营成果和现金流量等有关信息，以此明确企业编制财务报表所依据的制度基础。

如果企业编制的财务报表只是部分地遵循了企业会计准则，附注中不得做出这种表述。

（四）重要会计政策和会计估计

企业应当披露采用的重要会计政策和会计估计，不重要的会计政策和会计估计可以不披露。在披露重要会计政策和会计估计时，企业应当披露重要会计政策的确定依据和财务报表项目的计量基础，以及会计估计中所采用的关键假设和不确定因素。

会计政策的确定依据，主要是指企业在运用会计政策过程中所做的对报表中确认的项目金额具有影响的判断，有助于财务报表使用者理解企业选择和运用会计政策的背景，增加财务报表的可理解性。财务报表项目的计量基础，是指企业计量该项目采用的是历史成本、重置成本、可变现净值、现值还是公允价值，这直接影响财务报表使用者对财务报表的理解和分析。

在确定财务报表中确认的资产和负债的账面价值过程中，企业需要对不确定的未来事项在资产负债表日对这些资产和负债的影响加以估计，如企业预计固定资产未来现金流量采用的折现率和假设。这类假设的变动对这些资产和负债项目金额的确定影响很大，有可能会在下一个会计年度内做出重大调整，因此，强调这一披露要求，有助于提高财务报表的可理解性。

（五）会计政策和会计估计变更以及差错更正的说明

企业应当按照《企业会计准则第 28 号——会计政策、会计估计变更和差错更正》及其应用指南的规定，披露会计政策和会计估计变更以及差错更正的有关情况。

（六）报表重要项目的明细说明

企业对报表重要项目的说明，应当按照资产负债表、利润表、现金流量表、所有者权益变动表及其项目列示的顺序，采用文字和数字描述相结合的方式进行披露。

报表重要项目的明细金额合计应当与报表项目金额相衔接，报表重要项目主要包括：应收款项、存货、长期股权投资、投资性房地产、固定资产、无形资产、职工薪酬、应交税费、短期借款和长期借款、应付债券、长期应付款、营业收入、公允价值变动收益、投资收益、资产减值损失、营业外收入、营业外支出、所得税费用、其他综合收益、政府补助、借款费用。

（七）或有和承诺事项、资产负债表日后非调整事项、关联方关系及其交易等需要说明的事项。

（1）本企业的母公司有关信息披露格式如表 9-11 所示。

表 9-11　本企业的母公司有关信息的披露格式

母公司名称	注册地	业务性质	注册资本	母公司对本企业的持股比例	母公司对本企业的表决权

母公司不是本企业最终控制方的，企业应说明最终控制方名称。

母公司和最终控制方均不对外提供财务报表的，说明母公司之上与其最相近的对外提供财务报表的母公司名称。

（2）母公司对本企业的持股比例和表决权比例的披露格式如表 9-12 所示。

表 9-12　母公司对本企业持股表决权比例的披露格式

子公司名称	注册地	业务性质	注册资本	本企业合计持股比例	本企业合计享有的表决权

（3）本企业的合营企业有关信息披露格式如表 9-13 所示。

表 9-13　合营企业有关信息的披露格式

被投资单位名称	注册地	业务性质	注册资本	本企业持股比例	本企业在被投资单位表决权比例	期末资产总额	期末负债总额	本期营业收入总额	本期净利润

注：有联营企业的，比照合营企业进行披露。

（4）本企业与关联方发生交易的，分别说明各关联方关系的性质、交易类型及交易要素。交易要素至少应当包括以下几个方面。

①交易的金额。

②未结算项目的金额、条款和条件，以及有关提供或取得担保的信息。

③未结算应收项目的坏账准备金额。

④定价政策。

（八）有助于财务报表使用者评价企业管理资本的目标、政策及程序的信息

资本管理受行业监管部门监管要求的金融等行业企业，除遵循相关监管要求外，比如我国商业银行遵循中国银行业监督管理委员会《商业银行资本管理办法（试行）》进行有关资本充足率等的信息披露，还应当按照准则的规定，在财务报表附注中披露有助于财务报表使用者评价企业管理资本的目标、政策及程序的信息。

根据本准则的规定，企业应当基于可获得的信息充分披露以下内容。

（1）企业资本管理的目标、政策及程序的定性信息，包括：对企业资本管理的说明；受制于外部强制性资本要求的企业，应当披露这些要求的性质以及企业如何将这些要求纳入其资本管理；企业如何实现其资本管理的目标。

（2）资本结构的定量数据摘要，包括资本与所有者权益之间的调节关系等。例如，有的企业将某些金融负债（如次级债）作为资本的一部分，有的企业将资本视作扣除某些权益项目（如现金流量套期产生的利得或损失）后的部分。

（3）自前一会计期间开始上述（1）和（2）中的所有变动。

（4）企业当期是否遵循了其受制的外部强制性资本要求；以及当企业未遵循外部强制性资本要求时，其未遵循的后果。

企业按照总体对上述信息披露不能提供有用信息时，还应当对每项受管制的资本要求单独披露上述信息。例如，跨行业、跨国家或地区经营的企业集团可能受一系列不同的资本要求监管。

9.5.2 报表重要项目的说明

1. 货币资金

货币资金的披露格式如表 9-14 所示。

表 9-14 货币资金的披露格式

项目	原币	折算汇率	折合人民币
现金			
银行存款			
其他货币资金			
合计			

2. 应收款项

（1）应收账款按账龄结构披露的格式如表 9-15 所示。

表 9-15 应收账款按账龄结构披露的格式

账龄结构	年末账面余额	年初账面余额
1 年以内（含 1 年）		
1 年至 2 年（含 2 年）		
2 年至 3 年（含 3 年）		
3 年以上		
合计		

注：有应收票据、预付账款、长期应收款、其他应收款的，比照应收账款进行披露。

（2）应收账款按客户类别披露的格式如表 9-16 所示。

表 9-16 应收账款按客户类别披露的格式

客户类别	年末账面余额	年初账面余额
客户 1		
……		
其他客户		
合计		

注：有应收票据、预付账款、长期应收款、其他应收款的，比照应收账款进行披露。

3. 存货

（1）存货需要披露确定发出存货成本采用的方法，其披露格式如表 9-17 所示。

表 9-17　存货的披露格式

存货种类	年初账面余额	本年增加额	本年减少额	年末账面余额
1. 原材料				
2. 在产品				
3. 库存商品				
4. 周转材料				
5. 消耗性生物资产				
……				
合计				

（2）说明消耗性生物资产的期末实物数量，并按下列格式披露金额信息，如表 9-18 所示。

表 9-18　消耗性生物资产的披露格式

项目	年初账面余额	本年增加额	本年减少额	年末账面余额
一、种植业				
1.				
……				
二、畜牧养殖业				
1.				
……				
三、林业				
1.				
……				
四、水产业				
1.				

续表

项目	年初账面余额	本年增加额	本年减少额	年末账面余额
……				
合计				

（3）存货跌价准备的计提方法，其披露格式如表 9-19 所示。

表 9-19　存货计提跌价准备的披露格式

存货种类	年初账面余额	本年计提额	本年减少额		年末账面余额
			转回	转销	
1. 原材料					
2. 在产品					
3. 库存商品					
4. 周转材料					
5. 消耗性生物资产					
6. 建造合同形成的资产					
……					
合计					

4. 其他流动资产

其他流动资产的披露格式如表 9-20 所示。

表 9-20　其他流动资产的披露格式

项目	年末账面价值	年初账面价值
1.		
……		
合计		

注：有长期待摊费用、其他非流动资产的，比照其他流动资产进行披露。

5. 金融资产（债权投资、其他债券投资、交易性金融资产、其他权益工具投资）

（1）首次执行金融工具确认计量准则、金融资产转移准则和套期会计准则的，应当用表格形式对每一类别的金融资产和金融负债披露下列信息。

① 执行金融工具确认计量准则之前存在的金融工具的原计量类别和账面价值。

② 根据金融工具确认计量准则确定的新计量类别和账面价值。

③ 资产负债表中之前被指定为以公允价值计量且其变动计入当期损益但不再做出这一指定的所有金融资产和金融负债的金额，并分别根据相关准则规定做出重分类，以及企业选择在首次执行日进行重分类两种情况进行披露，并说明原因。

（2）其他债权投资的披露格式如表 9-21 所示。

表 9-21　其他债权投资的披露格式

项目	年末公允价值	年初公允价值
其他债权投资		
其他债权投资减值准备		
其他		
合计		

6. 债权投资

债权投资的披露格式如表 9-22 所示。

表 9-22　债权投资的披露格式

项目	年末账面余额	年初账面余额
债权投资		
债权投资减值准备		
……		
合计		

7. 长期股权投资

（1）长期股权投资的披露格式如表 9-23 所示。

表 9-23　长期股权投资的披露格式

被投资单位	年末账面余额	年初账面余额
1. 对合营企业的投资		
2. 对联营企业的投资		
合计		

（2）被投资单位由于所在国家或地区及其他方面的影响，其向投资企业转移资金的能力受到限制的，应当披露受限制的具体情况。

（3）应当披露当期及累计未确认的投资损失金额。

8. 投资性房地产

（1）企业采用成本模式进行后续计量的，应当披露下列信息，如表 9-24 所示。

表 9-24　投资性房地产的披露格式

项目	年初账面余额	本年增加额	本年减少额	年末账面余额
一、原价合计				
1. 房屋、建筑物				
2. 土地使用权				
二、累计折旧和累计摊销合计				
1. 房屋、建筑物				
2. 土地使用权				
三、投资性房地产减值准备累计金额合计				
1. 房屋、建筑物				
2. 土地使用权				
四、投资性房地产账面价值合计				
1. 房屋、建筑物				
2. 土地使用权				

（2）企业采用公允价值模式进行后续计量的，应当披露投资性房地产公允价值的确定依据及公允价值金额的增减变动情况。

（3）如有房地产转换的，应当说明房地产转换的原因及其影响。

（4）应当披露当期处置的投资性房地产及其对损益的影响。

9. 固定资产

（1）固定资产的披露格式如表 9-25 所示。

表 9-25　固定资产的披露格式

项目	年初账面余额	本年增加额	本年减少额	年末账面余额
一、原价合计				
其中：房屋、建筑物				
机器设备				
运输工具				
……				
二、累计折旧合计				
其中：房屋、建筑物				
机器设备				
运输工具				
……				
三、固定资产减值准备累计金额合计				
其中：房屋、建筑物				
机器设备				
运输工具				
……				
四、固定资产账面价值合计				
其中：房屋、建筑物				
机器设备				
运输工具				

（2）企业确有准备处置固定资产的，应当说明准备处置的固定资产名称、账面价值、公允价值、预计处置费用和预计处置时间等。

10. 生产性生物资产和公益性生物资产

（1）说明各类生物资产的期末实物数量，并按下列格式披露金额信息，如表 9-26 所示。

表 9-26　各类生物资产的披露格式

项目	年初账面价值	本年增加额	本年减少额	年末账面价值
一、种植业				
1.				
……				
二、畜牧养殖业				
1.				
……				
三、林业				
1.				
……				
四、水产业				
1.				
……				
合计				

如有天然起源的生物资产，还应披露该资产的类别、取得方式和数量等。

（2）应当披露各类生物资产的预计使用寿命、预计净残值、折旧方法、累计折旧和减值准备累计金额。

（3）应当披露用于担保的生物资产的账面价值。

（4）应当披露与生物资产相关的风险情况与管理措施。

（5）应当披露与生物资产增减变动有关的下列信息。

① 因购买而增加的生物资产。

② 因自行培育而增加的生物资产。

③ 因出售而减少的生物资产。

④ 因盘亏或死亡、毁损而减少的生物资产。

⑤ 计提的折旧及计提的跌价准备或减值准备。

⑥ 其他变动。

11. 油气资产

（1）披露当期在国内和国外发生的取得矿区权益、油气勘探和油气开发各项支出的总额。

（2）油气资产的披露格式如表 9-27 所示。

表 9-27　油气资产的披露格式

项目	年初账面余额	本年增加额	本年减少额	年末账面余额
一、原价合计				
1. 探明矿区权益				
2. 未探明矿区权益				
3. 井及相关设施				
二、累计折耗合计				
1. 探明矿区权益				
2. 井及相关设施				
三、油气资产减值准备累计金额合计				
1. 探明矿区权益				
2. 未探明矿区权益				
3. 井及相关设施				
四、油气资产账面价值合计				
1. 探明矿区权益				
2. 未探明矿区权益				
3. 井及相关设施				

12. 无形资产

（1）各类无形资产的披露格式如表 9-28 所示。

表 9-28　无形资产的披露格式

项目	年初账面余额	本年增加额	本年减少额	年末账面余额
一、原价合计				
1.				
……				
二、累计摊销额合计				
1.				
……				
三、无形资产减值准备累计金额合计				
1.				
……				
四、无形资产账面价值合计				
1.				
……				

（2）使用寿命有限的无形资产，应披露其使用寿命的估计情况；使用寿命不确定的无形资产，其使用寿命不确定的判断依据。

（3）应披露无形资产的摊销方法。

（4）应披露用于担保的无形资产账面价值、当期摊销额等情况。

（5）应披露计入当期损益和确认为无形资产的研究开发支出金额。

（6）应披露当期确认为费用的研究开发支出总额。

13. 商誉的形成来源、账面价值的增减变动情况

14. 递延所得税资产和递延所得税负债

(1)已确认递延所得税资产和递延所得税负债的披露格式如表 9-29 所示。

表 9-29　已确认递延所得税资产和递延所得税负债的披露格式

项目	年末账面余额	年初账面余额
一、递延所得税资产		
1.		
……		
合计		
二、递延所得税负债		
1.		
……		
合计		

(2)应披露未确认递延所得税资产的可抵扣暂时性差异、可抵扣亏损等的金额(存在到期日的,还应披露到期日)。

15. 资产减值准备

资产减值准备的披露格式如表 9-30 所示。

表 9-30　资产减值准备的披露格式

项目	年初账面余额	本年计提额	本年减少额		年末账面余额
			转回	转销	
一、坏账准备					
二、存货跌价准备					
三、可供出售金融资产减值准备					
四、持有至到期投资减值准备					
五、长期股权投资减值准备					
六、投资性房地产减值准备					
七、固定资产减值准备					
八、工程物资减值准备					

续表

项目	年初账面余额	本年计提额	本年减少额		年末账面余额
			转回	转销	
九、在建工程减值准备					
十、生产性生物资产减值准备					
其中：成熟生产性生物资产减值准备					
十一、油气资产减值准备					
十二、无形资产减值准备					
十三、商誉减值准备					
十四、其他					
合计					

16. 所有权受到限制的资产

（1）应披露资产所有权受到限制的原因。

（2）所有权受到限制的资产金额的披露格式如表 9-31 所示。

表 9-31　所有权受到限制的资产金额的披露格式

所有权受到限制的资产类别	年初账面价值	本年增加额	本年减少额	年末账面价值
一、用于担保的资产				
1.				
……				
二、其他原因造成所有权受到限制的资产				
1.				
……				
合计				

17. 职工薪酬

（1）应付职工薪酬的披露格式如表 9-32 所示。

表 9-32　应付职工薪酬的披露格式

项目	年初账面余额	本年增加额	本年支付额	年末账面余额
短期薪酬				
离职后福利——设定提存计划				
辞退福利				
合计				

（2）短期薪酬的披露格式如表 9-33 所示。

表 9-33　短期薪酬的披露格式

项目	年初账面余额	本年增加额	本年支付额	年末账面余额
一、工资、奖金、津贴和补贴				
二、职工福利费				
三、社会保险费				
其中：医疗保险费				
工伤保险费				
生育保险费				
四、住房公积金				
五、其他				
其中：工会经费和职工教育经费				
合计				

（3）应披露企业本期为职工提供的各项非货币性福利形式、金额及其计算依据。

（4）离职后福利——设定提存计划的披露格式如表 9-34 所示。

表 9-34　离职后福利——设定提存计划的披露格式

项目	年初账面余额	本年增加额	本年支付额	年末账面余额
基本养老保险				
失业保险费				
合计				

（5）企业应当披露与设定受益计划有关的下列信息。

① 设定受益计划的特征及与之相关的风险。

② 设定受益计划在财务报表中确认的金额及其变动。

③ 设定受益计划对企业未来现金流量金额、时间和不确定性的影响。

④设定受益计划义务现值所依赖的重大精算假设及有关敏感性分析的结果。

（6）企业应当披露支付的因解除劳动关系所提供辞退福利及其期末应付未付金额。

（7）企业应当披露提供的其他长期职工福利的性质、金额及其计算依据。

18. 应交税费

应交税费的披露格式如表 9-35 所示。

表 9-35　应交税费的披露格式

税费项目	年末账面余额	年初账面余额
增值税		
……		
合计		

19. 其他流动负债

其他流动负债的披露格式如表 9-36 所示。

表 9-36　其他流动负债的披露格式

项目	年末账面余额	年初账面余额
1.		
……		
合计		

注：有预计负债、其他非流动负债的，比照其他流动负债进行披露。

20. 短期借款和长期借款

（1）短期借款和长期借款的披露格式如表 9-37 所示。

表 9-37　短期借款和长期借款的披露格式

项目	短期借款		长期借款	
	年末账面余额	年初账面余额	年末账面余额	年初账面余额
信用借款				
抵押借款				
质押借款				
保证借款				
合计				

（2）对于期末逾期借款，应分别对贷款单位、借款金额、逾期时间、年利率、逾期未偿还原因和预期还款期等进行披露。

21. 应付债券

应付债券的披露格式如表 9-38 所示。

表 9-38　应付债券的披露格式

项目	年初账面余额	本年增加额	本年减少额	年末账面余额
1.				
……				
合计				

22. 长期应付款

长期应付款的披露格式如表 9-39 所示。

表 9-39　长期应付款的披露格式

项目	年末账面价值	年初账面价值
1.		
……		
合计		

23. 营业收入

（1）营业收入的披露格式如表 9-40 所示。

表 9-40　营业收入的披露格式

项目	本年发生额	上年发生额
1. 主营业务收入		
2. 其他业务收入		
合计		

企业根据企业会计准则第十七条规定因预计客户取得商品控制权与客户支付价款间隔未超过一年而未考虑合同中存在的重大融资成分，或者根据企业会计准则第二十八条规定因合同取得成本的摊销期限未超过一年而将其在发生时计入当期损益的，应当披露该事实。

（2）披露建造合同当期预计损失的原因和金额，同时按下列格式披露，如表 9-41 所示。

表 9-41　建造合同当期损失的披露格式

合同项目		总金额	累计已发生成本	累计已确认毛利（亏损以“–”号表示）	已办理结算的价款金额
固定造价合同	1.				
	……				
	合计				
成本加成合同	1.				
	……				
	合计				

与合同相关的信息，应披露以下信息。

① 本期确认收入相关的信息，包括与客户之间的合同产生的收入。

② 与应收款项、合同资产和合同负债的账面价值相关的信息。

③ 与履约义务相关的信息。

④ 与分摊至剩余履约义务的交易价格相关的信息。

24. 公允价值变动收益

公允价值变动收益的披露格式如表 9-42 所示。

表 9-42　公允价值变动收益的披露格式

产生公允价值变动收益的来源	本年发生额	上年发生额
1.		
……		
合计		

25. 投资收益

（1）投资收益的披露格式如表 9-43 所示。

表 9-43　投资收益的披露格式

产生投资收益的来源	本年发生额	上年发生额
1.		
……		
合计		

（2）企业应披露按照权益法核算的长期股权投资，直接以被投资单位的账面净损益计算确认投资损益的事实及原因。

26. 资产减值损失

资产减值损失的披露格式如表 9-44 所示。

表 9-44　资产减值损失的披露格式

项目	本年发生额	上年发生额
一、坏账损失		
二、存货跌价损失		
三、可供出售金融资产减值损失		
四、持有至到期投资减值损失		
五、长期股权投资减值损失		
六、投资性房地产减值损失		
七、固定资产减值损失		

续表

项目	本年发生额	上年发生额
八、工程物资减值损失		
九、在建工程减值损失		
十、生产性生物资产减值损失		
十一、油气资产减值损失		
十二、无形资产减值损失		
十三、商誉减值损失		
十四、其他		
合计		

27. 营业外收入

营业外收入的披露格式如表 9-45 所示。

表 9-45　营业外收入的披露格式

项目	本年发生额	上年发生额
非流动资产处置利得合计		
其中：固定资产处置利得		
无形资产处置利得		
债务重组利得		
非货币性资产交换利得		
接受捐赠		
政府补助		
其他		
合计		

28. 营业外支出

营业外支出的披露格式如表 9-46 所示。

表 9-46　营业外支出的披露格式

项目	本年发生额	上年发生额
非流动资产处置损失合计		
其中：固定资产处置损失		
无形资产处置损失		
债务重组损失		
非货币性资产交换损失		
对外捐赠		
其他		
合计		

29. 所得税费用

（1）企业应当披露所得税费用（收益）的组成，包括当期所得税、递延所得税。

（2）企业应当披露所得税费用（收益）与会计利润的关系。

30. 政府补助

企业应当披露取得政府补助的种类及金额，计入当期损益的政府补助金额，本期退回的政府补助金额及原因。

31. 每股收益

（1）企业应当披露基本每股收益和稀释每股收益分子、分母的计算过程。

（2）企业应当披露列报期间不具有稀释性但以后期间很可能具有稀释性的潜在普通股。

（3）企业应当披露在资产负债表日至财务报告批准报出日之间，企业发行在外普通股或潜在普通股股数发生重大变化的情况，如股份发行、股份回购、潜在普通股发行、潜在普通股转换或行权等。

32. 利润表

企业可以按照费用的性质分类披露利润表。

33. 非货币性资产交换

企业应当披露下列与非货币性资产交换相关的信息。

（1）非货币性资产交换是否具有商业实质及其原因。

（2）换入资产、换出资产的类别。

（3）换入资产成本的确定方式。

（4）换入资产、换出资产的公允价值及换出资产的账面价值。

34. 股份支付

企业应当披露下列与股份支付相关的信息。

（1）当期授予、行权和失效的各项权益工具总额。

（2）期末发行在外股份期权或其他权益工具行权价的范围和合同剩余期限。

（3）当期行权的股份期权或其他权益工具以其行权日价格计算的加权平均价格。

（4）权益工具公允价值的确定方法。企业对性质相似的股份支付信息可以合并披露。

（5）股份支付交易对当期财务状况和经营成果的影响，如下所示。

① 当期因以权益结算的股份支付而确认的费用总额。

② 当期因以现金结算的股份支付而确认的费用总额。

③ 当期以股份支付换取的职工服务总额及其他方服务总额。

35. 债务重组

（1）债权人应当根据债务重组方式，分组披露债权账面价值和债务重组相关损益；债务重组导致的对联营企业或合营企业的权益性投资增加额，以及该投资占联营企业或合营企业股份总额的比例。

（2）债务人应当根据债务重组方式，分组披露债务账面价值和债务重组相关损益；债务重组导致的股本等所有者权益的增加额。

36. 借款费用

（1）企业应当披露当期资本化的借款费用金额。

（2）企业应当披露当期用于计算确定借款费用资本化金额的资本化率。

37. 外币折算

企业应当披露下列与外币折算相关的信息。

（1）企业及其境外经营选定的记账本位币及选定的原因，记账本位币发生变更的，说明变更理由。

（2）采用近似汇率的，近似汇率的确定方法。

（3）计入当期损益的汇兑差额。

（4）处置境外经营对外币财务报表折算差额的影响。

38. 企业合并

（1）企业合并发生当期的期末，合并方应当在附注中披露与同一控制下企业合并有关的下列信息：参与合并企业的基本情况；属于同一控制下企业合并的判断依据；合并日的确定依据；以支付现金、转让非现金资产以及承担债务作为合并对价的，所支付对价在合并日的账面价值；以发行权益性证券作为合并对价的，合并中发行权益性证券的数量及定价原则，以及参与合并各方交换有表决权股份的比例；被合并方的资产、负债在上一会计期间资产负债表日及合并日的账面价值；被合并方自合并当期期初至合并日的收入、净利润、现金流量等情况；合并合同或协议约定将承担被合并方或有负债的情况；被合并方采用的会计政策与合并方不一致所做调整情况的说明；合并后已处置或准备处置被合并方资产、负债的账面价值、处置价格等。

（2）企业合并发生当期的期末，合并方应当在附注中披露与非同一控制下企业合并有关的下列信息：参与合并企业的基本情况；合并日的确定依据；合并成本的构成及其账面价值、公允价值及公允价值的确定方法；被合并方各项可辨认资产、负债在上一会计期间资产负债表日及购买日的账面价值和公允价值；合并合同或协议约定将承担被合并方或有负债的情况；被合并方自合并日起至报告期期末的收入、净利润和现金流量等情况；商誉的金额及其确定方法；因合并成本小于合并中取得的被合并方可辨认净资产公允价值的份额计入当期损益的金额；合并后已处置或准备处置被购买方资产、负债的账面价值、处置价格等。

39. 租赁

（1）租赁出租人应当披露下列信息。

① 与融资租赁有关的信息，包括：销售损益、租赁投资净额的融资收益以

及与未纳入租赁投资净额的可变租赁付款额相关的收入；资产负债表日后连续五个会计年度每年将收到的未折现租赁收款额，以及剩余年度将收到的未折现租赁收款额总额；未折现租赁收款额与租赁投资净额的调节表。

② 与经营租赁有关的信息，包括租赁收入，并单独披露与未计入租赁收款额的可变租赁付款额相关的收入；将经营租赁固定资产与出租人持有自用的固定资产分开，并按经营租赁固定资产的类别提供《企业会计准则第 4 号——固定资产》要求披露的信息；资产负债表日后连续五个会计年度每年将收到的未折现租赁收款额，以及剩余年度将收到的未折现租赁收款额总额。

③ 有关租赁活动的其他定性和定量信息，包括租赁活动的性质，如对租赁活动基本情况的描述；对其在租赁资产中保留的权利进行风险管理的情况；其他相关信息。

与融资租赁有关的信息如表 9-47 所示。

表 9-47　与融资租赁有关的信息

剩余租赁期	最低租赁收款额
1 年以内（含 1 年）	
1 年以上 2 年以内（含 2 年）	
2 年以上 3 年以内（含 3 年）	
3 年以上	
合计	

经营租赁出租人各类租出资产的披露格式如表 9-48 所示。

表 9-48　各类租出资产的披露格式

经营租赁租出资产类别	年末账面价值	年初账面价值
1. 机器设备		
2. 运输工具		
……		
合计		

（2）租赁承租人应当披露以下信息。

① 各类使用权资产的期初余额、本期增加额、期末余额以及累计折旧额和

减值金额；租赁负债的利息费用；计入当期损益的按企业会计准则第三十二条简化处理的短期租赁费用和低价值资产租赁费用；未纳入租赁负债计量的可变租赁付款额；转租使用权资产取得的收入；与租赁相关的总现金流出；售后租回交易产生的相关损益；其他按照《企业会计准则第 37 号——金融工具列报》应当披露的有关租赁负债的信息。

对短期租赁和低价值资产租赁进行简化处理的，应当披露这一事实。

② 有关租赁活动的其他定性和定量信息，包括租赁活动的性质，如对租赁活动基本情况的描述；未纳入租赁负债计量的未来潜在现金流出；租赁导致的限制或承诺；其他相关信息。

融资租赁承租人披露以后年度将支付的最低租赁付款额的格式如表 9-49 所示。

表 9-49　融资租赁承租人应当披露的相关信息

剩余租赁期	最低租赁付款额
1 年以内（含 1 年）	
1 年以上 2 年以内（含 2 年）	
2 年以上 3 年以内（含 3 年）	
3 年以上	
合计	

对于重大的经营租赁，经营租赁承租人应当披露下列信息，如表 9-50 所示。

表 9-50　经营租赁承租人应当披露的相关信息

剩余租赁期	最低租赁付款额
1 年以内（含 1 年）	
1 年以上 2 年以内（含 2 年）	
2 年以上 3 年以内（含 3 年）	
3 年以上	
合计	

40. 终止经营

终止经营的披露格式如表 9-51 所示。

表 9-51　终止经营的披露格式

项目	本年发生额	上年发生额
一、终止经营收入		
减：终止经营费用		
二、终止经营利润总额		
减：终止经营所得税费用		
三、终止经营净利润		

41. 分部报告

（1）主要报告形式是业务分部的披露格式，如表 9-52 所示。

表 9-52　业务分部的披露格式

项目	××业务		××业务		……	××业务		××业务		××业务	
	本年	上年	本年	上年		本年	上年	本年	上年	本年	上年
一、营业收入											
其中：对外交易收入											
分部间交易收入											
二、对联营和合营企业的投资收益											
三、资产减值损失											
四、折旧费和摊销费											
五、利润总额											
六、所得税费用											
七、净利润											
八、资产总额											
九、负债总额											

续表

项目	××业务		××业务		……	××业务		××业务		××业务	
	本年	上年	本年	上年		本年	上年	本年	上年	本年	上年
十、其他重要的非现金项目											
折旧费和摊销费以外的其他非现金费用											
对联营企业和合营企业的长期股权投资											
长期股权投资以外的其他非流动资产增加额											

注：主要报告形式是地区分部的，比照业务分部格式进行披露。

分布的日常活动是金融性质的，利息收入和利息费用应当作为分布收入和分布费用进行披露。

（2）在主要报告形式的基础上，对于次要报告形式，企业还应披露对外交易收入、分部资产总额、对主要客户的依赖程度，还要注意分布信息总额与企业信息总额的衔接以及比较信息。

42. 费用的补充资料

费用按照性质分类的利润表补充资料，可将费用分为耗用的原材料、职工薪酬费用、折旧费用、摊销费用等。具体的披露格式如表 9-53 所示。

表 9-53　费用按照性质分类的补充资料

项目	本年金额	上年金额
耗用的原材料		
产成品及在产品存货变动		
职工薪酬费用		
折旧费和摊销费用		
非流动资产减值损失		

续表

项目	本年金额	上年金额
支付的租金		
财务费用		
其他费用		
……		
合计		

43. 其他综合收益

关于其他综合收益各项目应披露的信息，包括以下几项。

（1）其他综合收益各项目及其所得税影响。

（2）其他综合收益各项目原计入其他综合收益、当期转出计入当期损益的金额。

（3）其他综合收益各项目的期初和期末余额及其调节情况。

上述（1）和（2）的具体披露格式如表 9-54 所示，（3）的具体披露格式如表 9-55 所示。

表 9-54　其他综合收益各项目及其所得税影响和转入损益情况

项目	本期发生额			上期发生额		
	税前金额	所得税	税后金额	税前金额	所得税	税后金额
一、以后不能重分类进损益的其他综合收益						
1. 重新计量设定受益计划净负债或净资产的变动						
2. 权益法下在被投资单位不能重分类进损益的其他综合收益中享有的份额						
……						
二、以后将重分类进损益的其他综合收益						
1. 权益法下在被投资单位以后将重分类进损益的其他综合收益中享有的份额						
减：前期计入其他综合收益当期转入损益						

续表

项目	本期发生额			上期发生额		
	税前金额	所得税	税后金额	税前金额	所得税	税后金额
小计						
2. 可供出售金融资产公允价值变动损益						
减：前期计入其他综合收益当期转入损益						
小计						
3. 持有至到期投资重分类为可供出售金融资产损益						
减：前期计入其他综合收益当期转入损益						
小计						
4. 现金流量套期损益的有效部分						
减：前期计入其他综合收益当期转入损益						
转为被套期项目初始金额的调整额						
小计						
5. 外币财务报表折算差额						
减：前期计入其他综合收益当期转入损益						
小计						
……						
三、其他综合收益合计						

表 9–55　其他综合收益各项目的调节情况

项目	重新计量设定受益计划净负债或净资产的变动	权益法下在被投资单位不能重分类进损益的其他综合收益中享有的份额	权益法下在被投资单位以后将重分类进损益的其他综合收益中享有的份额	可供出售金融资产公允价值变动损益	持有至到期投资重分类为可供出售金融资产损益	现金流量套期损益的有效部分	……	其他综合收益合计
一、上年年初余额								
二、上年增减变动金额（减少以“–”号填列）								
三、本年年初余额								
四、本年变动金额（减少以“–”号填列）								
五、本年年末余额								

44. 股利

企业应当披露在资产负债表日后、财务报告批准报出日前提议或宣布发放的股利总额和每股股利金额（或向投资者分配的利润总额）。

45. 利润

企业应当披露终止经营的收入、费用、利润总额、所得税费用和净利润，以及归属于母公司所有者的终止经营利润。上述数据应当是针对终止经营在整个报告期间的经营成果。

其中，终止经营，是指满足下列条件之一的已被企业处置或被企业划归为持有待售的、在经营和编制财务报表时能够单独区分的组成部分：① 该组成部分代表一项独立的主要业务或一个主要经营地区；② 该组成部分是拟对一项独立的主要业务或一个主要经营地区进行处置计划的一部分；③ 该组成部分仅是为了再出售而取得的子公司。其中，企业的组成部分，是指企业的一个部分，其经营和现金流量无论从经营上还是从财务报告目的上考虑，均能与企业内其他部分清楚划分。企业组成部分在其经营期间是一个现金产出单元或一组现金产出单元，通常可能是一个子公司、一个事业部或事业群，拥有经营的资产，也可能承担负债，由企业高管负责。

企业组成部分（或非流动资产，下同），同时满足下列条件的，应当确认为持有待售：① 该组成部分必须在其当前状况下仅根据出售此类组成部分的通常和惯用条款即可立即出售；② 企业已经就处置该组成部分做出决议，如按规定需得到股东批准的，应当已经取得股东大会或相应权力机构的批准；③ 企业已经与受让方签订了不可撤销的转让协议；④ 该项转让将在一年内完成。其中：上述条件 ① 强调，被划分为持有待售的企业组成部分必须是在当前状态下可立即出售，因此企业应当具有在当前状态下出售该资产或处置的意图和能力，而出售此类组成部分的通常和惯用条款不应当包括出售方所提出的条件；上述条件 ② 至 ④ 强调，被划分为持有待售的企业组成部分其出售必须是极可能发生的，实务中需要结合具体情况进行判断。